BEAUTÉS

DE L'HISTOIRE

DES VOYAGES.

PARIS. — IMPRIMERIE DE COSSON.
Rue Saint-Germain-des-Prés, n. 9.

Sacrifice du Chameau.

BEAUTÉS

DE L'HISTOIRE

DES VOYAGES

LES PLUS FAMEUX

AUTOUR DU MONDE

ET DANS LES DEUX HÉMISPHÈRES;

PAR J.-B.-J. DE CHANTAL.

DEUXIÈME PARTIE.

AVEC HUIT JOLIES GRAVURES.

TOME PREMIER.

PARIS,

FRUGER ET BRUNET, LIBRAIRES,

RUE MAZARINE, N° 30.

—

1836.

AVANT-PROPOS.

De nos jours, les courses des voyageurs sont devenues si fréquentes, leurs explorations si instructives, leurs découvertes tellement nombreuses, qu'il nous a semblé indispensable, pour tenir nos jeunes lecteurs au courant des connaissances actuelles sous ce rapport, de donner une seconde partie des *Beautés de l'histoire des voyages.*

Aucun ouvrage n'est plus que celui-là susceptible d'être continué; non seulement à cause des détails intéressans qui se rencontrent dans la plupart de nos voyages modernes, mais encore parce que le temps qui modifie, qui change tout, a fait sentir son influence dans une foule de contrées, ou les a montrées aux modernes observateurs avec des traits caractéristiques qu'il n'avait pas été donné à leurs devanciers de bien connaître ou même d'apercevoir. Les anciens voyageurs ne pouvaient examiner que d'une manière superficielle et presque furtive la physionomie de certains peuples. Objets de cette défiance qui s'attache presque toujours à des étrangers, ils étaient obligés souvent de ne faire leurs observations qu'à la dérobée, de s'abstenir des plus simples questions de peur de faire naître des soupçons qui, dans certains cas, auraient pu leur coûter la vie ou la liberté. De là tant de lacunes dans leurs récits; de là tant de détails incomplets et parfois absurdes à défaut de commentaires; de là enfin des notions inexactes ou entièrement fausses.

La civilisation, en pénétrant progressivement chez presque toutes les nations de l'univers, aplanit chaque jour les obstacles qui s'opposaient aux recherches curieuses de ces premiers explorateurs. Aujourd'hui, nos voyageurs, encouragés par une plus grande facilité de relations de peuple à peuple, se hasardent plus volontiers à travers des régions dont jusqu'ici on connaissait à peine les véritables noms. A cette heure même, un grand nombre de ces intrépides amis de la science se trouvent disséminés sur les plages les plus lointaines du globe. Ils ne sont arrêtés, ni par les montagnes de glaces qui obstruent les mers polaires, ni par les solitudes arides et sablonneuses des déserts, ni par les hordes de brigands sauvages qui infestent un grand nombre de contrées. Toutes les tribus de l'Amérique, la plupart des royaumes de l'Inde, les monts du Thibet, regardés si long-temps comme inaccessibles, l'intérieur mystérieux de l'Afrique; rien de tout cela n'a pu se dérober à l'investigation des Européens. De hardis voyageurs ont navigué sur le Niger; d'autres ont vu Temboctou, ville africaine qui nous semblait en quelque sorte fabuleuse; d'autres ont parcouru le Pendjab et le Kachemyr; et l'on ne se douterait guère que l'un des personnages les plus importans de la cour souveraine de Lahore est un Français, un ancien aide-de-camp de l'infortuné maréchal Brune.

Beaucoup de lumières nouvelles ont dû jaillir de ces observations. Les usages, les coutumes des peuples ont été mieux observés, mieux expliqués; les costumes et les lieux décrits avec plus de fidélité; l'histoire naturelle et la géographie ont fait de leur côté une ample moisson de documens et de matériaux. On n'a pas négligé non plus l'histoire de chacune des nations visitées. Il est résulté de l'ensemble de ces travaux divers, une masse de connaissances qui, au mérite de l'exactitude la plus scrupuleuse, joignent l'attrait piquant de la nouveauté.

C'est cette mine féconde qui nous a fourni les élémens de cette seconde partie des *Beautés de l'histoire des voyages.*

Toutefois, cette seconde partie n'a point pour objet de tenir lieu de la première; elle n'en est que la continuation et doit prendre place après elle dans la bibliothèque de l'enfance et de la jeunesse. Ce sont deux ouvrages qui forment un corps de notions utiles et de faits attachans, mais qui ne peuvent pas plus se remplacer mutuellement, que l'histoire du règne de Louis XIV ne pourrait le faire à l'égard de l'histoire des règnes de nos autres souverains.

On connaît généralement l'utilité des voyages pour l'éducation de l'homme. Mais il est peu de personnes qui disposent des moyens nécessaires pour procurer à leurs familles ce genre d'éducation, qui est extrêmement dispendieux. Il faut donc y suppléer; et on le fera en mettant entre les mains des enfans des livres dans lesquels ils puissent apprendre à connaître les habitans des différentes régions du globe sur lequel nous vivons, les divers caractères nationaux, les institutions et les causes qui leur ont donné lieu, les productions du sol, les monumens des arts, les curiosités et les phénomènes de la nature, les traits historiques ou anecdotiques qui peignent tout un peuple, les usages singuliers et quelquefois bizarres de quelques contrées, les mœurs des animaux particuliers à quelques autres; en un mot tout ce qui peut servir à faire connaître l'histoire physique et morale de tous les pays. Il est également important que ces livres puissent, par la variété et par le choix des matières, présenter une lecture attrayante qui frappe et captive l'imagination des lecteurs, qui ait le don de fixer dans leur mémoire une foule de détails instructifs, débarrassés de tout l'attirail de la science. Il faut enfin, dans ces sortes d'ouvrages, amuser, intéresser, si l'on veut instruire.

C'est aussi ce que nous n'avons pas perdu de vue, en composant cette suite des *Beautés de l'histoire des voyages*. Nous n'avons eu d'ailleurs qu'à nous conformer au plan déjà tracé par l'auteur de la première partie. Comme lui, et à son exemple, nous avons recueilli tout ce qui nous a paru curieux dans les voyages en Amérique, en Asie, en Afrique, dans les principales îles, aux terres polaires, et sur les différentes mers. Comme lui, tout en adoptant des divisions particulières pour chaque partie du monde, nous avons affecté une marche qui pourrait paraître peu méthodique dans la disposition de nos divers articles; mais cette marche a un but, celui de contraindre le jeune lecteur à consulter son atlas pour connaître la véritable situation des lieux dont il est question dans notre ouvrage. C'est offrir aux enfans le moyen de se familiariser, comme en se jouant, avec les plus grandes difficultés de la géographie.

Nous avons eu peu à parler de l'Europe.

Dans cette partie du monde, centre de la civilisation et des lumières, les caractères originaux des principaux peuples vont s'effaçant de jour en jour sous le frottement des relations journalières. Par conséquent il n'y avait que fort peu de choses frappantes et curieuses à dire sur ce sujet. Nous avons été amplement dédommagés de cette pénurie par l'abondance de matières que nous offraient les autres parties de la terre.

Travaillant principalement pour le jeune âge, nous avons apporté une vigilante attention pour que, dans la composition de ce recueil, rien ne pût effaroucher les bonnes mœurs ou donner lieu à des questions embarrassantes ou peut-être à des réflexions dangereuses. Les bonnes mœurs sont le résultat de la bonne éducation et doivent être continuellement le point de mire de tout écrivain consciencieux qui veut rendre sa plume véritablement utile à la jeunesse.

Il nous reste maintenant à parler des principales sources où nous avons puisé nos matériaux. Ce sera en même temps une preuve de reconnaissance et un moyen de nous accréditer plus sûrement auprès du public. Les voyages des Humboldt, des Caillié, des Gau, des Valentia, des Dumont d'Urville, des Freycinet, des Jacquemont, des frères Lander, des Douville et d'une foule d'autres voyageurs connus, ont été nos principaux guides. Souvent on s'apercevra que nous les laissons parler eux-mêmes, dans la crainte d'altérer l'intérêt de leur récit si nous y eussions fait le moindre retranchement. Nous avons aussi consulté fréquemment plusieurs recueils qui se tiennent constamment au niveau des connaissances et au courant des découvertes, notamment les *Nouvelles annales des voyages*, immense répertoire dans lequel sont enregistrées, presque jour par jour, les courses de nos voyageurs modernes.

Tel est le but de cet ouvrage; telles sont les intentions qui nous ont engagé à le composer; tels sont aussi les moyens d'exécution auxquels nous avons eu recours. Nous aimons à espérer que nos jeunes lecteurs nous sauront quelque gré de notre travail, et qu'ils nous le prouveront en montrant quelque empressement à parcourir, dans leurs momens de loisir, cette espèce de panorama de l'univers que nous offrons aujourd'hui à leur curiosité studieuse!

BEAUTÉS

DE L'HISTOIRE

DES VOYAGES.

AMÉRIQUE.

LACS DU CANADA.

Le trop-plein du lac Érié va se décharger dans le lac Ontario, après avoir formé la fameuse cataracte de Niagara. C'était autour du lac Ontario que les Indiens trouvaient le baume blanc dans le bananier, le sucre dans l'érable, le noyer et le merisier, la teinture rouge dans l'écorce de la perousse, le toit de leurs cabanes dans l'écorce du bois blanc. Les grappes rouges du vinaigrier leur fournissaient le vinaigre; la fleur de l'asperge sauvage, le miel et le coton. Ils avaient dans la *plante universelle* une panacée pour les blessures. Depuis que les Européens ont envahi ces contrées, les productions de l'art ont remplacé ces bienfaits de la nature : la nature sauvage disparaît sous les pas de la civilisation.

Le lac Érié a plus de cent lieues de circonférence. Il s'y élève quelquefois des tempêtes terribles. Cela n'empêche pas les Indiens de s'y aventurer sur leurs frêles nacelles d'écorce. Ils suspendent leurs munitions à la poupe de leurs embarcations, et s'élancent au milieu des tourbillons de neige, entre les vagues furieuses. Les chiens des sauvages, les pates appuyées sur le bord du canot, poussent des hurlemens lamentables, tandis que leurs maîtres rament en silence.

Le lac Érié est aussi fameux par ses serpens. A l'ouest de ce lac, dans un espace de plus de vingt milles, s'étendent de larges nénuphars dont les feuilles sont couvertes, en été, de serpens entrelacés les uns aux autres. C'est un spectacle horrible à voir que cette formidable fourmilière. Lorsque ces reptiles viennent à se mettre en mouvement sous les rayons d'un soleil ardent, on voit rouler leurs anneaux d'azur, de pourpre, d'or et d'ébène; on ne distingue dans ces horribles nœuds doublement, triplement formés, que des yeux étincelans, des langues armées de dards, des queues avec des aiguillons ou des sonnettes qui s'agitent en l'air comme des fouets.

Le lac Huron est très-riche en poissons. On y pêche des truites qui pèsent deux cents livres.

Le lac Supérieur a cent lieues de large et environ deux cents de long, donnant une circonférence d'à peu près six cents lieues. Les sauvages avaient fait de ce lac l'objet principal de leur culte. Les eaux du lac Supérieur, dans les plus grandes chaleurs, sont froides comme la neige, à un demi-pied au dessous de leur surface; ces mêmes eaux gèlent rarement dans les hivers rigoureux de ces climats, alors même que la mer est gelée.

Tous ces lacs du Canada ont un flux et reflux plus ou moins sensible.

LA PÊCHE CHEZ LES INDIENS.

Les sauvages ont une grande habileté pour la pêche; ils ont des hameçons et des filets pour prendre le poisson; ils savent aussi mettre les étangs à sec. Il y a chez eux de grandes pêches publiques qui se font avec beaucoup de solennité.

La plus célèbre de ces pêches était celle de l'esturgeon, qui avait lieu sur le Mississipi. Elle commençait par une cérémonie à laquelle on donnait le nom du mariage du filet. Six guerriers et six matrones portaient ce filet au milieu des spectateurs sur la place publique, demandant en mariage pour leur fils, le filet, deux jeunes filles qu'ils désignaient. Les parens des jeunes filles donnaient leur consentement, et les jeunes filles et le filet étaient mariés par le jongleur, avec le cérémonial usité dans le pays.

Après les noces du filet et les danses de caractère qui les accompagnaient, on se rendait au fleuve, au bord duquel étaient réunis les canots et les pirogues. Les nouvelles épouses, enveloppées dans le filet, étaient portées à la tête du cortége. La flotte cherchait quelque baie fréquentée par l'esturgeon. Chemin faisant, on pêchait toutes les autres espèces de poissons.

Quand on a rencontré l'esturgeon, on le frappe d'un dard attaché à une corde, qui est nouée à la barre intérieure du canot. Le poisson frappé fuit en entraînant avec lui le canot; mais peu à peu sa fuite se ralentit, et il vient mourir à la surface de l'eau.

A minuit, le jongleur donnait le signal de la retraite, déclarant que le filet voulait se retirer avec ses deux épouses. Alors les pirogues se rangeaient sur deux lignes; des flambeaux de pin, horizontalement placés au bord des canots, brûlaient entre chaque rameur. On chantait l'épithalame du filet, qui était déclaré vainqueur de l'esturgeon. On peignait dans ces chants la déroute de l'armée entière des poissons, et l'on consacrait quelques mots à la douleur de leurs veuves. Après quoi, le filet était invité à dormir dans les bras de ses deux épouses.

LE KAÏMAN OU CROCODILE DES FLORIDES.

Quand le crocodile de ces contrées a pris toute sa croissance, il a environ vingt à vingt-quatre pieds de la tête à la queue. Son corps est de la grosseur de celui d'un cheval. Ce reptile aurait exactement la forme du lézard commun, si sa queue n'était comprimée des deux côtés comme celle d'un poisson. Il est cuirassé d'é-cailles à l'épreuve de la balle, excepté auprès de la tête et entre les pates. Sa tête a environ trois pieds de long; ses naseaux sont larges; la mâ-choire supérieure de l'animal est la seule qui soit mobile; au dessous sont placées deux grosses dents comme les défenses des sangliers, ce qui donne au monstre un aspect formidable.

La femelle du kaïman pond à terre des œufs blanchâtres, qu'elle recouvre d'herbes et de vase. Ces œufs, quelquefois au nombre de cent, forment, avec le limon dont ils sont recouverts, de petites meules de quatre pieds de haut et de cinq pieds de diamètre à leur base; le soleil et la fermentation de la vase font éclore ces œufs. Une femelle ne distingue point ses propres œufs; elle prend pour siennes toutes les couvées du soleil.

Ces animaux ne sont dangereux que dans l'eau, surtout au moment d'un débarquement. A terre, un enfant peut aisément les devancer en marchant d'un pas ordinaire. Pour éviter leurs embûches, on met le feu aux herbes et aux roseaux.

EDUCATION DES ENFANS INDIENS DE L'AMÉRIQUE.

Les Indiennes s'occupaient de divers ouvrages, réunies ensemble au pied d'un gros hêtre pourpre. Leurs plus petits enfans étaient suspendus dans des roseaux aux branches de l'arbre; la brise des bois les berçait d'un mouvement presque insensible. De temps en temps, les mères se levaient pour voir si leurs enfans dormaient et s'ils n'avaient pas été éveillés par une multitude d'oiseaux qui chantaient et voltigeaient à l'entour.

A quelque distance, de jeunes garçons prenaient leurs ébats; mais, au milieu de leurs jeux, en sautant, en courant, en lançant des balles, ils ne prononçaient pas un mot. On n'entendait pas l'étourdissante criaillerie des enfans d'Europe. Ces jeunes sauvages bondissaient comme des chevreuils, et ils étaient muets comme eux. Un grand garçon de sept à huit ans interrompait quelquefois ses jeux pour venir téter sa mère, et retournait ensuite rejoindre ses camarades. Dans ce pays, on ne sèvre jamais les enfans de force.

Les enfans ne connaissent que l'autorité de leur mère et celle des vieillards. Un crime réputé affreux, et sans exemple chez les Indiens, est celui d'un fils rebelle à sa mère. Lorsqu'elle est devenue vieille, il doit la nourrir. A l'égard du père, l'enfant le compte pour rien; mais lorsqu'il avance en âge, son fils l'honore non comme son père, mais comme vieillard, c'est-à-dire comme un homme de bon conseil et d'expérience.

Malgré cette manière d'élever les enfans dans toute leur indépendance, ceux des sauvages n'ont ni caprices ni humeur. S'il arrive à un enfant de pleurer pour une chose que sa mère n'a pas, on lui dit d'aller prendre cette chose où il l'a vue; or, comme il n'est pas le plus fort, et qu'il sent sa faiblesse, il oublie l'objet de sa convoitise. Si l'enfant sauvage n'obéit à personne, personne ne lui obéit; c'est là qu'est le secret de sa gaîté ou de sa raison.

Les enfans indiens ne se querellent point, ne se battent point; ils ne sont ni bruyans, ni tra-cassiers, ni hargneux. Ils ont dans l'air quelque chose de sérieux comme le bonheur. Quand un jeune Indien sent naître en lui le goût de la pê-che, de la chasse, de la guerre, il commence à étudier les arts qu'il voit pratiquer à son père; il apprend à coudre un canot, à tresser un filet, à manier l'arc, le fusil, le casse-tête, la hache, à couper un arbre, à bâtir une hutte.

Les filles jouissent de la même liberté que les garçons; elles font à peu près ce qu'elles veu-

lent ; mais elles restent davantage avec leurs
mères, qui leur enseignent les travaux du ménage ; quand une jeune Indienne ne s'est pas
bien comportée à l'égard de sa mère, celle-ci se
contente de lui jeter des gouttes d'eau au visage
et de lui dire : *Tu me déshonores*. Ce reproche
manque rarement son effet.

DANSES.

La danse, chez les sauvages comme chez les
anciens peuples de l'antiquité, se mêle à toutes
les actions de la vie. On danse pour les mariages ; pour recevoir un hôte, pour les moissons,
pour la naissance d'un enfant; on danse surtout
pour les morts. Il y a une danse pour chaque
chasse. Cette danse consiste dans l'imitation du
mouvement, des mœurs et des cris de l'animal
que l'on va poursuivre; on grimpe comme un
ours, on bâtit comme un castor, on galope en
rond comme un bison, on bondit comme un
chevreuil, etc.

Dans la danse de la guerre, les guerriers,
complétement armés, se rangent sur deux lignes; un enfant marche devant eux, un chichi-
koué à la main; c'est l'enfant *des songes*, l'enfant
qui a rêvé sous l'inspiration des bons ou des
mauvais manitous. Derrière les guerriers vient
le jongleur, ou l'augure interprète des songes
de l'enfant. Les danseurs forment bientôt un

Danse de la guerre chez les sauvages d'amérique.

double cercle en mugissant sourdement, tandis que l'enfant, demeuré au centre de ce cercle, prononce, les yeux baissés, quelques mots inintelligibles. Quand l'enfant lève la tête, les guerriers sautent et mugissent plus fort ; ils se vouent à Athaënsis, divinité de la haine et de la vengeance. Une espèce de coryphée marque la mesure en frappant sur un tambourin. Quelquefois les danseurs attachent à leurs pieds de petites sonnettes achetées des Européens. Si l'on est au moment de partir pour l'expédition, un chef prend la place de l'enfant, harangue les guerriers, frappe à coups de massue l'image du manitou de l'ennemi ; les guerriers imitent son exemple avec de grands hurlemens.

Au retour de l'expédition, la danse de la guerre est encore plus affreuse ; des têtes, des cœurs, des membres mutilés, des crânes avec leurs chevelures sanglantes sont suspendus à des piquets plantés en terre. On danse autour de ces trophées, et les prisonniers qui doivent être brûlés assistent à ces horribles réjouissances.

JEUX.

Les sauvages américains ont les jeux de l'enfance, les jeux gymnastiques, et ceux de hasard, à peu près comme on les trouve en Europe. Les jeux de leurs enfans sont ceux des nôtres. La balle, la paume, la course, le tir de l'arc pour la jeunesse, sont leurs récréations les plus habituelles.

Il y a aussi le jeu des plumes, exercice fort curieux, qui rappelle un ancien jeu de chevalerie. Les guerriers et les jeunes filles dansent autour de quatre poteaux sur lesquels sont attachées des plumes de différentes couleurs; de temps en temps, un jeune homme sort des quadrilles et enlève une plume de la couleur que porte sa maîtresse : il attache cette plume dans ses cheveux, et rentre dans le quadrille. Il y a des guerriers qui prennent des plumes d'une couleur dont aucune danseuse n'est parée; cela signifie qu'il n'aime point ou n'est point aimé.

Parmi les jeux de hasard, celui des osselets joue le plus grand rôle; il y a des Indiens qui risquent à ce jeu leurs femmes, leurs enfans, leur liberté. Les joueurs se préparent quelquefois à leur ruine par des pratiques religieuses. Ils jeûnent, ils veillent, ils prient. Le moment décisif est souvent signalé par des actes qui tiennent de la folie. Enfin, quand le dernier coup se joue, il est peu d'Indiens qui aient le courage d'en soutenir la vue. La plupart se précipitent à terre, fermant les yeux, se bouchant les oreilles, et attendant l'arrêt du sort comme on attend une sentence de vie ou de mort.

SERPENS D'AMÉRIQUE.

Le nombre des serpens est très-considérable

en Amérique, et leurs espèces y sont infiniment variées. Comme l'a remarqué un célèbre voyageur, ce continent est comme la patrie des serpens.

Le plus fameux est le serpent à sonnettes. Les dents dont il se sert pour répandre son poison ne sont point celles avec lesquelles il mange. On peut lui arracher les premières, et il ne reste plus alors qu'un assez beau serpent, plein d'intelligence et sensible aux charmes de la musique. Aux ardeurs du midi, dans le plus profond silence des forêts, il fait entendre sa sonnette pour appeler sa femelle. Ce bruit est le seul qui frappe alors l'oreille du voyageur.

La femelle porte quelquefois vingt petits; quand ceux-ci sont poursuivis, ils se réfugient dans la gueule de leur mère, comme s'ils rentraient dans le sein maternel.

Les serpens en général, et surtout le serpent à sonnettes, sont en grande vénération chez les indigènes d'Amérique, qui leur attribuent un esprit divin; ils les apprivoisent au point de les faire venir coucher l'hiver dans des boîtes placées au foyer de leur cabane. Au printemps, les serpens sortent de ces espèces de tabernacles pour retourner dans les bois.

Il y a un serpent qui porte un anneau noir au cou; il est assez malfaisant. Un autre serpent tout noir, sans poison, monte sur les arbres et donne la chasse aux oiseaux et aux écureuils. Il fascine, il charme l'oiseau par ses regards, c'est-à-dire qu'il l'effraie.

Le serpent ruban, le serpent vert, le serpent piqué prennent ces noms de leurs couleurs et des dessins de leur peau; ils ne sont nullement nuisibles, et sont d'une beauté remarquable. Le plus beau de tous est le serpent appelé *de verre*, à cause de la fragilité de son corps, qui se brise au moindre contact. Ce reptile a une sorte de transparence; il reflète les couleurs comme un prisme. Il est long comme une petite couleuvre, et ne vit que d'insectes. Il n'a aucune qualité malfaisante.

Le serpent à épines est court et gros. Sa queue est armée d'un dard dont la blessure donne la mort. Le serpent à deux têtes est rare. Il a assez de ressemblance avec la vipère; toutefois, ses têtes ne sont pas comprimées.

Quant à l'espèce du serpent siffleur, elle est fort multipliée dans la Géorgie et dans les Florides. Il a dix-huit pouces de longueur; sa peau est sablée de noir sur un fond vert. Lorsqu'on approche de lui, il s'aplatit, prend différentes couleurs, et ouvre la gueule en sifflant. L'atmosphère qui l'environne est empoisonnée; ce reptile a le pouvoir de décomposer l'air autour de lui. Si l'on a le malheur de respirer cet air, on tombe en langueur, on dépérit, et, au bout de quelques mois, on meurt de consomption.

NAISSANCE DES ENFANS.

Vers la fin du neuvième mois de la grossesse, la femme se retire à la hutte des purifications, où elle est assistée par les matrones. Les hommes, sans en excepter le mari, ne peuvent entrer dans cette hutte. La femme y demeure trente ou quarante jours après ses couches, selon qu'elle a mis au monde une fille ou un garçon.

Lorsque le père a reçu la nouvelle de la naissance de son enfant, il prend un calumet de paix, dont il entoure le tuyau avec des pampres de vigne-vierge, et court annoncer l'heureuse nouvelle aux divers membres de la famille. Il se rend d'abord chez les parens maternels, parce que l'enfant appartient exclusivement à la mère. S'approchant du Sachem le plus âgé, après avoir fumé vers les quatre points cardinaux, il lui présente sa pipe en disant : « Ma femme est mère. » Le Sachem prend la pipe, fume à son tour, et dit, en ôtant le calumet de sa bouche : « Est-ce un guerrier ? »

Si la réponse est affirmative, le Sachem fume trois fois vers le soleil; si la réponse est négative, le Sachem ne fume qu'une fois. Le père est reconduit en cérémonie plus ou moins loin, selon le sexe de l'enfant. Un sauvage devenu père prend une tout autre autorité dans la nation;

sa dignité d'homme commence avec sa pater-
nité.

Après les trente ou quarante jours de purifi-
cation, l'accouchée se dispose à revenir à sa cabane; les parens s'y rassemblent pour donner
un nom à l'enfant. On éteint le feu, on jette au
vent les anciennes cendres du foyer; on prépare
un bûcher composé de bois odorans; le prêtre
ou jongleur, une mèche à la main, se prépare à
allumer le bûcher nouveau; on purifie les lieux
d'alentour en les aspergeant avec de l'eau de
fontaine.

Bientôt s'avance la jeune mère : elle vient
seule, vêtue d'une robe nouvelle; elle ne doit
rien porter de ce qui lui a servi autrefois. Sa
mamelle gauche est découverte; elle y suspend
son enfant complétement nu; elle pose un pied
sur le seuil de sa porte.

Le prêtre met le feu au bûcher : le mari s'a-
vance et reçoit son enfant des mains de sa
femme. Il le reçonnaît d'abord, et l'avoue à
haute voix. Chez quelques tribus, les parens du
même sexe que l'enfant assistent seuls aux rele-
vailles. Après avoir baisé les lèvres de son enfant,
le père le remet au plus vieux Sachem; le nouveau-né passe ainsi entre les bras de toute sa famille; il reçoit la bénédiction du prêtre et les
vœux des matrones.

On procède ensuite au choix d'un nom; la
mère reste toujours sur le seuil de la cabane.

Chaque famille a ordinairement trois ou quatre noms qui reviennent tour à tour; mais il n'est jamais question que de ceux du côté maternel. Selon l'opinion des sauvages, c'est le père qui crée l'âme de l'enfant, la mère n'en engendre que le corps; on trouve juste que le corps ait un nom qui vienne de la mère.

Quand on veut faire un grand honneur à l'enfant, on lui confère le nom le plus ancien dans sa famille. Dès ce moment, l'enfant occupe la place de la femme dont il a recueilli le nom; on lui donne, en lui parlant, le degré de parenté que son nom fait revivre : ainsi un oncle peut saluer un neveu du titre de *grand'mère*, coutume qui prêterait à rire, si elle n'était infiniment touchante, puisqu'elle rend, pour ainsi dire, la vie aux aïeux.

Après l'imposition du nom, la mère entre dans la cabane; on lui rend son enfant, qui n'appartient plus qu'à elle. Elle le met dans un berceau formé d'une petite planche du bois le plus léger, qui porte un lit de mousse ou de coton sauvage; l'enfant est déposé tout nu sur cette couche : deux bandes d'une peau moelleuse l'y retiennent et préviennent sa chute, sans lui ôter le mouvement. Au dessus de la tête du nouveau-né est un cerceau sur lequel on étend un voile pour éloigner les insectes, et pour donner de la fraîcheur et de l'ombre à l'enfant.

FUNÉRAILLES INDIENNES.

Chez les tribus sauvages de l'Amérique septentrionale, il est d'usage de se ruiner pour mieux honorer la mémoire des morts. La famille distribue ce qu'elle possède aux convives du festin funèbre. On mange et on boit tout ce qui se trouve dans la cabane. Au lever du soleil, on pousse de grands hurlemens sur le cercueil d'écorce où le cadavre est déposé ; quand le soleil se couche, les hurlemens recommencent ; cela dure trois jours, au bout desquels a lieu l'inhumation. On recouvre le défunt du mont du tombeau. Un poteau peint en rouge marque sa sépulture, s'il a figuré parmi les guerriers renommés.

Dans plusieurs tribus, les parens du mort se font des blessures aux jambes et aux bras. Pendant un mois entier, on continue les cris de douleur au coucher et au lever du soleil, et l'anniversaire de la perte que l'on a faite est célébré pendant plusieurs années. Quand un sauvage meurt l'hiver à la chasse, son corps est conservé sur les branches des arbres ; on ne lui rend les derniers honneurs qu'après le retour des guerriers au village de sa tribu.

Les prières et les cérémonies changent, suivant le degré de parenté, la dignité, l'âge et le sexe de la personne décédée.

Les sauvages de l'Amérique ont une grande vénération pour les morts. Dans les calamités nationales, la première chose à laquelle on pense, c'est de sauver les os des aïeux. Faut-il fuir la terre qui les a vus naître; ils emportent avec eux ces précieux ossemens, qui sont leur unique richesse et leurs principaux dieux.

CHASSE DU BISON.

C'est pendant l'été que l'on fait la chasse du bison, dans les savanes qui bordent le Missouri et ses affluens. Les Indiens, battant la plaine, poussent les troupeaux vers le courant d'eau. Quand ils refusent de fuir, on embrase les herbes, et les bisons se trouvent resserrés entre l'incendie et le fleuve. Quelques milliers de ces pesans animaux, mugissant à la fois, traversant la flamme ou les eaux, tombant sous les balles ou sous l'épieu, offrent un spectacle étonnant.

Les sauvages emploient encore d'autres moyens d'attaque contre les bisons : tantôt ils se déguisent en loup, afin de les approcher; tantôt ils attirent les vaches, en imitant le mugissement des taureaux. Aux derniers jours de l'automne, lorsque les rivières sont à peine gelées, deux ou trois tribus réunies dirigent les troupeaux vers ces rivières. Un sauvage, revêtu de la peau d'un bison, franchit le fleuve sur la glace encore mince; trompés par la ressemlance, les bisons le suivent; la glace s'enfonce sous le lourd bétail, que l'on massacre au milieu des débris flottans. Dans ces occasions, les chasseurs font usage de la flèche, dont le coup muet n'épouvante pas le gibier.

On a soin de prendre les bisons sous le vent, parce qu'ils flairent l'homme à une grande distance. Le taureau blessé revient sur le coup; il défend la génisse et meurt souvent pour elle.

MÉDECINE CHEZ LES INDIENS.

Les Indiens ont dans leur médecine une foule de pratiques superstitieuses et de jongleries qui en neutralisent quelquefois l'efficacité. S'ils pouvaient bannir toutes ces superfétations ridicules du traitement des maladies, ils connaîtraient tout ce qu'il peut y avoir d'essentiel dans l'art de guérir. On pourrait même dire que cet art est aussi avancé chez eux que chez les peuples civilisés.

Ils connaissent beaucoup de simples propres à fermer et à cicatriser les blessures. Ils coupent les fièvres intermittentes avec la seconde écorce du sassafras. Ils ont aussi des remèdes pour la gangrène, pour les ulcères.

Dans l'opinion des Indiens, la forme des plantes a des analogies et des ressemblances avec les différentes parties du corps humain que ces plantes sont destinées à guérir, ou avec les animaux malfaisans dont elles combattent le venin.

Les bains de vapeur sont un des grands moyens qu'ils emploient dans beaucoup de maladies. Ils ont à cet effet une cabane qu'ils appellent la *cabane des sueurs.* Elle est construite avec des branches d'arbres plantées en rond et attachées ensemble par le sommet, de manière à former un cône; on les garnit en dehors de peaux de différens animaux; on y ménage une très-petite ouverture pratiquée contre terre, et par laquelle on entre en se traînant sur les genoux et sur les mains. Au milieu de cette étuve est un bassin plein d'eau que l'on fait bouillir en y jetant des cailloux rougis au feu; la vapeur qui s'élève de ce bassin est brûlante, et, en moins de quelques minutes, le malade se couvre de sueur.

La chirurgie est beaucoup plus arriérée que la médecine chez les Indiens. Cependant ils ont suppléé à nos instrumens par des inventions ingénieuses. Ils entendent très-bien les bandages pour les fractures simples; ils ont des os aussi pointus que des lancettes pour saigner et pour scarifier les membres rhumatisés. Des courges pleines de matières combustibles remplacent nos ventouses.

Dans chaque famille, on conserve ce qu'on appelle *le sac de médecine;* c'est un sac rempli de manitous et de différens simples d'une grande puissance.

SAUVAGES ASSEMBLÉS EN CONSEIL.

Les nations indiennes tiennent conseil, quand il s'agit de délibérer sur quelque grand intérêt. Ces conseils se composent des chefs de tribus, des chefs militaires, des matrones, des orateurs, des jongleurs, des médecins. C'est un spectacle extrêmement pittoresque que celui d'un conseil de sauvages. Quand la cérémonie du calumet est achevée, un orateur prend la parole. Les membres du conseil sont assis ou couchés à terre dans diverses attitudes : les uns n'ont pour vêtement qu'une peau de buffle ; les autres, tatoués de la tête aux pieds, ressemblent à des statues égyptiennes ; d'autres entremêlent des ornemens européens à des ornemens sauvages, à des plumes, à des becs d'oiseaux, à des griffes d'ours, à des cornes de buffles, à des os de castor, à des dents de poisson. Les visages sont bariolés, ou peints de blanc et de noir.

On prête la plus grande attention à l'orateur ; et l'on accueille chacune de ses pauses par le cri d'applaudissement : *Oah! oah!* On traite souvent des affaires les plus importantes et les plus variées : tantôt c'est une ambassade à envoyer à une tribu pour la féliciter de ses victoires ; tantôt c'est un pacte d'alliance à faire ou à renouveler, ou bien c'est une députation à faire partir pour aller pleurer sur la mort d'un chef, un suffrage à donner dans une diète, un chef à élire, une médiation à offrir ou à accepter pour amener la paix entre deux peuples, ou une balance à maintenir, afin d'arrêter les envahissemens d'une nation.

On discute toutes ces questions avec ordre; les raisons pour et contre sont déduites avec clarté. On a connu des Sachems qui possédaient à fond toutes ces matières, et qui parlaient avec une profondeur de vues et de jugement dont peu d'hommes d'état en Europe seraient capables.

Des colliers de diverses couleurs servent à marquer les délibérations du conseil; ce sont en quelque sorte les archives de l'état contenant les traités de guerre, de paix et d'alliance, avec toutes les conditions et clauses de ces traités. D'autres colliers renferment les harangues prononcées dans les divers conseils. Les Iroquois ont une mémoire artificielle dont ils usent pour retenir un long discours. Le travail se partageait entre des guerriers qui, au moyen de quelques osselets, apprenaient par cœur, ou plutôt écrivaient dans leur mémoire là partie du discours qu'ils étaient chargés de retenir.

Quelquefois on grave sur les arbres les arrêtés des Sachems en signes énigmatiques. Le temps, qui ronge nos vieilles chroniques, détruit aussi celles des sauvages, mais d'une autre manière; il étend une nouvelle écorce sur le papyrus qui garde l'histoire d'une nation; et peu d'années suffisent pour opérer la disparition.

FUNÉRAILLES DES CHEFS DES NATCHEZ.

Quand la corruption des mœurs eut commencé à remplacer leur pureté primitive chez les Natchez, la superstition ne tarda pas à se montrer : elle vint pour le malheur de ces peuplades. Les prêtres s'étudièrent à fortifier la tyrannie en dégradant la raison du peuple. Ce devint un honneur insigne, une action méritoire pour le ciel, de se tuer sur le tombeau d'un noble ; il y avait des chefs dont les funérailles entraînaient le massacre de plus de cent victimes. On était tellement façonné à l'esclavage, qu'on semblait obéir à un cadavre. Bien plus, on sollicitait quelquefois, dix ans d'avance, l'honneur d'accompagner *le soleil* ou premier chef au pays des cieux. Le ciel permettait une justice : ces mêmes Allouez qui formaient la garde du soleil et de la femme-chef, et par qui la servitude avait été établie, recueillaient le fruit de leurs œuvres ; l'opinion les obligeait de se percer de leurs poignards aux obsèques de leurs maîtres.

Une femme-chef étant morte, son mari, qui n'était pas noble, fut étouffé. La fille aînée de la femme-chef, qui lui succédait en dignité, ordonna l'étranglement de douze enfans ; ces douze corps furent rangés autour de ceux de l'ancienne femme-chef et de son mari. Ces quatorze cadavres étaient déposés sur un brancard richement décoré. Quatorze Allouez enlevèrent le lit funèbre, et le convoi se mit en marche ; les pères et les mères des enfans étranglés ouvraient la marche, marchant lentement deux à deux, et portant leurs enfans morts dans leurs bras. Quatorze victimes qui s'étaient vouées à la mort escortaient le lit funèbre, tenant dans leurs mains le cordon fatal qu'elles avaient filé elles-mêmes. Les plus proches parens de ces victimes les environnaient. Le cortége était fermé par la famille de la femme-chef.

De dix pas en dix pas, les pères et les mères qui précédaient le convoi, laissaient tomber les corps de leurs enfans ; les hommes qui portaient le brancard marchaient sur ces corps, de sorte que, lorsqu'on arriva au temple, les corps de ces tendres victimes étaient en lambeaux.

Le convoi s'arrêta au lieu de la sépulture. On déshabilla les personnes dévouées ; elles s'assirent à terre ; un Allouez s'assit sur les genoux de chacune d'elles ; un autre leur tint les mains par derrière ; on leur fit avaler trois morceaux de tabac et boire un peu d'eau ; on leur passa le lacet au cou, et les parens de la femme-chef tirèrent en chantant sur les deux bouts du lacet.

ÉPREUVE DES JEUNES SAUVAGES POUR LA GUERRE.

Entre autres cérémonies que célèbrent les Indiens avant de partir pour une expédition guerrière, il y a l'épreuve des jeunes gens. C'est une initiation terrible et qui offre un spectacle souvent effrayant.

On insulte les jeunes guerriers, on leur fait des reproches outrageans, on répand des cendres brûlantes sur leurs cheveux, on les frappe avec des fouets, on leur jette des tisons à la tête; il leur faut supporter ces traitemens avec la plus parfaite insensibilité. Celui qui laisserait échapper le moindre signe d'impatience, serait déclaré indigne de lever la hache et de marcher à l'ennemi.

COMBATS DES TRIBUS INDIENNES.

Lorsque deux troupes indiennes en viennent aux mains, la mêlée est épouvantable; c'est un grand duel, comme dans les combats antiques. Les cris de mort, les chansons de guerre, les insultes mutuelles font retentir le champ du carnage; les guerriers s'insultent comme les héros d'Homère; ils se connaissent tous par leur nom : « Ne te souvient-il plus, se disent-ils, du jour où tu désirais que tes pieds eussent la vitesse du vent pour fuir devant ma flèche? Vieille femme, te ferai-je apporter de la sagamite nouvelle, et de la cassine brûlante dans le nœud de roseau ? — Chef babillard, à la large bouche ! répondent les autres, on voit bien que tu es accoutumé à porter le jupon; ta langue est comme la feuille du tremble, elle remue sans cesse. »

C'est ainsi que s'apostrophent les combattans, qu'ils se reprochent leurs imperfections mutuelles ; ils se donnent les noms de boiteux, de louche, de petit ; ces blessures faites à leur amour-propre augmentent leur rage. L'affreuse coutume de scalper l'ennemi active encore la férocité du combat. On met le pied sur le cou du vaincu ; de la main gauche, on saisit le toupet de cheveux que les Indiens gardent sur le sommet de la tête ; de la main droite, on trace, à l'aide d'un étroit couteau, un cercle dans le crâne autour de la chevelure. Ce trophée est souvent enlevé avec tant d'adresse, que la cervelle reste à découvert sans avoir été entamée par la pointe de l'instrument.

Lorsque deux partis-ennemis se rencontrent en rase campagne, et que l'un est plus faible que l'autre, le plus faible creuse des trous dans la terre ; il y descend et s'y bat, ainsi que dans ces villes de guerre, dont les ouvrages presque de niveau avec le sol, présentent peu de surface au boulet. Les assiégeans lancent leurs flèches comme des bombes, avec tant de justesse, qu'elles retombent sur la tête des assiégés.

Des honneurs militaires sont décernés à ceux qui ont abattu le plus d'ennemis : on leur permet de porter des plumes de killiou. Pour éviter les injustices, les passe-droits, les flèches de chaque guerrier portent une marque particulière ; en les retirant du corps de la victime, on reconnaît la main qui les a lancées.

LE MEURTRIER INDIEN.

Le meurtre, chez les sauvages, ne se compense que par la mort du meurtrier. Dans les peuplades du nord de l'Amérique, la famille de l'homicide ne vient pas à son secours, mais les parens du mort se font un devoir de le venger. Le criminel, ne rencontrant d'asile, ni dans les bois où les alliés de l'homicidé le poursuivent, ni chez les tribus étrangères qui le livreraient, ni à son foyer domestique qui ne le sauverait pas, devient si misérable que la mort lui semblerait un bienfait. Enfin, las d'une vie errante et toujours poursuivie, ne trouvant pas de tribunal vengeur pour le juger, il se remet entre les mains d'une famille particulière qui l'immole. Ce sont ordinairement les parens et les amis de l'homme tué qui remplissent les fonctions de juge et de bourreau.

Le meurtre involontaire s'expiait quelquefois par des présens. Chez les Abénaquis, l'une de ces tribus sauvages, voici la sentence que portait la loi à cet égard : on exposait le corps de l'homme assassiné sur une espèce de claie en l'air ; l'assassin, attaché à un poteau, était condamné à prendre sa nourriture, et à passer plusieurs jours à ce pilori de la mort.

ÉTAT ACTUEL DES SAUVAGES DE L'AMÉRIQUE SEPTENTRIONALE.

Les relations nombreuses qui se sont établies entre les gouvernemens civilisés de l'Amérique et les tribus sauvages de cette partie du globe, ont dû altérer sensiblement l'ensemble des mœurs et l'originalité des coutumes de ces nations. La forme primitive de leurs constitutions a même disparu en grande partie. Les divers territoires qu'elles occupaient ont été progressivement envahis et usurpés; leurs races même sont considérablement réduites, et de jour en jour la population blanche tend à les soumettre entièrement.

Poussées par les races européennes vers le nord-ouest de l'Amérique septentrionale, les populations sauvages viennent, par une singulière destinée, expirer au rivage même sur lequel elles débarquèrent dans des siècles inconnus, pour prendre possession de l'Amérique.

Il y a d'ailleurs d'autres causes que les causes politiques qui concourent à cette dépopulation toujours croissante : l'abus des liqueurs fortes, les vices, les maladies que nous avons multipliées chez les Indiens, ont précipité la destruction de ces peuples. La dégradation des mœurs indiennes a marché de front avec la dépopulation de ces tribus. Les traditions religieuses sont deve-

nues plus confuses. Les institutions politiques
ont été altérées par l'irruption des étrangers.
Toute leur machine gouvernementale a été dé-
rangée : leurs conseils ont perdu toute leur influence : nos présens, nos vices, nos armes ont
acheté, corrompu ou tué les personnages dont
se composaient ces divers pouvoirs.

Maintenant les tribus indiennes sont conduites
simplement par un chef : celles qui se sont con-
fédérées se réunissent quelquefois dans des diètes
générales : mais, aucune loi ne réglant ces as-
semblées, elles se séparent presque toujours
sans avoir rien arrêté ; elles sentent qu'elles sont
annihilées, et leur faiblesse les décourage.

L'établissement des postes militaires américains et anglais au milieu des bois a aussi beaucoup contribué à dégrader le gouvernement des
sauvages. Là, un chef militaire se constitue le
protecteur des Indiens dans le désert. A l'ombre
de cette protection toute tyrannique, il dispose
des terrains, fixe les limites, commande en véritable maître, finit par faire croire au sauvage
qu'il n'est pas le légitime propriétaire du sol
dont on dispose sans son aveu, et l'accoutume
à se regarder comme d'une espèce inférieure au
blanc.

Ainsi la civilisation, en entrant, par le commerce, chez les tribus américaines, au lieu de
développer leur intelligence, les a abruties. L'Indien est devenu perfide, intéressé, menteur,

dissolu ; les vertus ont fui de sa cabane. Quand il était nu, ou couvert de peaux de bêtes, il avait quelque chose de fier et de grand : aujourd'hui des haillons européens, sans couvrir sa nudité, attestent seulement sa misère.

En résumé, les plus fières nations de l'Amérique septentrionale n'ont conservé de leur race que la langue et le vêtement ; encore, celui-ci est-il altéré. Elles ont un peu appris à cultiver la terre et à élever des troupeaux. De guerrier fameux qu'il était, le sauvage du Canada est devenu un pâtre obscur.

La France avait dans cette contrée des colonies qui auraient pu être, pour nous et pour les Indiens, une source de prospérité commune. Des gouvernemens inhabiles ont laissé périr ces établissemens. Nous avons été dépossédés. La plupart de ces États appartiennent maintenant aux États-Unis par la cession des Anglais et des Espagnols, nos premiers héritiers dans le Canada et dans la Louisiane.

Sans cette dépossession, qui fut un malheur pour la France, plus des deux tiers de l'Amérique septentrionale reconnaîtraient les lois de notre pays. Ces vastes contrées, situées au-delà des mers, auraient pu offrir un asile à l'excédant de notre population, ouvrir un marché considérable à notre commerce, un aliment à notre marine. Bien loin de là, nous nous trouvons forcés d'ensevelir dans nos prisons des coupables condamnés par les tribunaux, faute d'un coin de terre pour y déposer ces malheureux. Nous sommes exclus du nouvel univers où le genre humain recommence. Bien plus, les langues anglaise et espagnole servent à l'interprétation de la pensée en Afrique, en Asie, dans les îles de la mer du sud, dans les deux Amériques, et la langue française y est presque ignorée. A peine si on l'entend parler dans quelques bourgades de la Louisiane et du Canada. Ainsi donc la France a disparu de l'Amérique septentrionale.

DES ÉTATS-UNIS D'AMÉRIQUE.

Les habitans des États-Unis, peuple civilisé, transplanté au milieu des peuplades sauvages de l'Amérique, sont des enfans de la vieille Angleterre, et présentent par conséquent de grandes analogies de mœurs et de caractère avec l'Anglais. Ils parlent la même langue ; ils obéissent aux mêmes lois, suivent la même religion, imitent ses usages, montrent les mêmes habitudes ; en un mot, ils forment une autre Angleterre qui existe dans un autre continent.

Cependant, à cause de leur situation exceptionnelle, peut-être ne sera-t-il pas sans instruction et sans intérêt pour nos lecteurs, de trouver ici quelques détails sur cette fameuse république déjà si forte, mais qui n'est pourtant point encore parvenue à l'apogée de sa puissance. Sans doute les autres nations américaines, qui sont encore en dehors de la civilisation, nous fourniront des détails plus extraordinaires, plus bizarres, plus surprenans. Mais il n'en sera pas moins curieux de rechercher les traits caractéristiques qui distinguent les Anglais américains.

Outre l'avantage d'une étendue de côtes de près de 2,000 milles sur l'Atlantique, avec des ports, des rades et des baies sans nombre, les États-Unis ont vu s'élever dans leur sein un nouvel empire qui s'est agrandi des pays bornés au nord par les lacs Erié, Huron et le lac Supérieur, à l'ouest par les montagnes, au sud par le golfe du Mexique et à l'est par les monts Alleghany, renfermant 1,500,000 milles carrés avec un grand nombre de rivières favorables aux transports et à toutes les communications.

Tout cet immense territoire est habité par une immense population, puissante de force et d'activité, dure au travail, essentiellement industrieuse et commerçante, d'une persévérance à toute épreuve. Après la Russie, la nation anglo-américaine est celle qui possède le territoire le plus étendu. La Chine doit être mise hors de tous ces calculs, étant un empire isolé qui jamais probablement n'acquerra d'influence sur les nations du globe.

POPULATION ET ACCROISSEMENT SUCCESSIF DES ÉTATS-UNIS.

Le progrès de la population dans les États-Unis n'est pas uniforme pour chacun de ces états, quoiqu'il soit vrai de dire qu'elle est crois·sante dans tous. L'état de New-York, par exem-ple, dont le territoire est de dix milles plus étendu que celui de l'Angleterre et du pays de Galles réunis, n'avait pas, en 1783, une population égale à celle du Massachussets, du Maryland et de la Virginie; et au dénombrement de 1817, sa population a surpassé celle de tous les autres états réunis. En 1783, New-York n'avait pas plus de 26,000 habitans; en 1790, elle en comp-tait 33,000; en 1800, plus de 60,000; et dans le dénombrement de 1817, elle a été reconnue de 122,000, se quintuplant ainsi dans le court espace de trente-quatre années.

Son port, formé par l'union du détroit d'Hud-son avec celui de Sund, nommé la rivière de l'Est, présente une rade capable de contenir toutes les marines du monde. Son commerce surpasse celui de toutes les autres villes de l'A-mérique, et n'aura bientôt plus pour rival que celui de Londres. Il est l'entrepôt de toutes les denrées qui se consomment dans le Raritan et dans le Connecticut, dans l'espace de 130 milles de côtes, et entre l'Océan et les lacs, dans une étendue intérieure de 400 milles.

Il y a cinquante ans que le nom de Baltimore était inconnu ; et maintenant, c'est une ville riche, magnifique, d'un commerce florissant, dont la population s'élève à plus de 60,000 âmes.

En 1770, il n'existait pas un habitant blanc au Kentucky ; en 1790, vingt années plus tard, on en comptait près de 74,000 ; en 1800, 221,000, et en 1817, environ 700,000.

La Nouvelle-Orléans n'était habitée, en 1785, que par quelques misérables Espagnols, qui y faisaient un petit trafic de contrebande. On y compte aujourd'hui 40,000 habitans ; et ses exportations, pendant la dernière guerre, ont surpassé celles de tous les États-Unis ensemble. Les bateaux à vapeur ont été inventés pour remonter le fameux Mississipi, et désormais la concurrence, pour fournir tous les états de l'ouest de marchandises étrangères, existera entre la Nouvelle-Orléans, New-York, Montréal et Philadelphie. Avant cette heureuse invention des bateaux à vapeur, l'approvisionnement de l'ouest présentait de grandes difficultés.

Aujourd'hui, Montréal paraît avoir l'avantage, parce qu'il peut fournir les objets étrangers à meilleur compté ; et cette différence dans les prix a pour cause des moyens plus parfaits de transport, la navigation n'éprouvant aucun obstacle pour les vaisseaux, de cette ville jusqu'au lac Érié ; et il en doit être ainsi jusqu'à ce qu'un canal ait été ouvert entre ce lac et le lac Hudson.

La population de la Nouvelle-Orléans s'est considérablement augmentée par l'émigration des autres états de l'Amérique et de presque tous les pays de l'Europe. Les exportations de la Louisiane excèdent déjà celles des états de la Nouvelle-Angleterre. Plus de quatre cents vaisseaux en partent ou y arrivent annuellement. Le Mississipi fait à lui seul dix millions de livres de sucre et à peu près vingt mille balles de coton.

En général, le climat est plus sain aux Etats-Unis qu'en Europe. Les hommes y sont actifs, robustes, et capables de supporter de grandes fatigues ; les femmes y sont grandes et belles. La vie, d'après des calculs positifs, est plus longue aux Etats-Unis que sur l'ancien continent. Le terme moyen de la mortalité, aux Etats-Unis, est d'un sur quarante ; dans les grandes cités de l'Europe, il est d'un sur vingt-huit. A en juger d'après toutes les statistiques, on ne compte en Europe que trois individus par mille qui arrivent à quatre-vingt-dix ans ; tandis qu'aux Etats-Unis, la proportion est de cinq sur mille.

' La mesure d'une population quelconque est toujours en raison de l'état de civilisation et de prospérité d'un pays. Chez les peuples barbares, tels que sont encore les Indiens dans quelques parties du continent américain, un mille carré suffit à peine à l'homme qui ne vit que de la chassé. Quand le nombre des habitans excède cette proportion, les peuples barbares ou demi-sauvages reconnaissent la nécessité de la guerre pour prévenir la famine. De là ces combats qui sont de véritables boucheries, et l'extermination des tribus vaincues. Dans un état un peu plus avancé, trois ou quatre individus peuvent vivre sur un mille carré : telle est l'Arabie, une grande partie de l'Asie et de l'Afrique. Mais lorsque l'agriculture, le commerce, les arts ont atteint un grand degré de perfection, la population n'a pour ainsi dire aucune limite fixe. En Chine, le nombre des habitans est de 300 au moins par mille carré; en Angleterre, en Irlande, dans les Pays-Bas et en Italie, le terme moyen est de 200; en Écosse, de 70; dans le Massachussets, Rhode-Island et Connecticut, de 52; en Virginie, de 15; et dans les Etats-Unis, pris ensemble, de 4.

Un fait particulier très-remarquable, c'est que, dans l'état de Virginie, on trouve trois races d'hommes très-distinctes : l'une près des bords de la mer, indolente et faible; dans l'intérieur, une autre robuste, athlétique; et près des montagnes, la troisième est de petite taille, mais active, hardie, entreprenante.

D'après tous ces détails curieux, quoique très-sommaires, détails que nous avons extraits de l'ouvrage de John Bristed sur les États-Unis d'Amérique, il est facile de prévoir que cet état fédératif, qui pourtant compte à peine un demi-siècle d'existence, et qui se présente déjà comme un empire puissant, se placera un jour au premier rang des grandes nations. Formé de vingt états divers et souverains, unis entre eux par une puissance exécutive, législative et judiciaire qui surveille tous les intérêts locaux avec bienveillance, et dirige avec sagesse tous les rapports extérieurs et commerciaux, le territoire de ce peuple nouveau, plus étendu que toute l'Europe, riche de toutes les productions qui satisfont aux besoins de la vie et aux caprices du luxe, est susceptible de nourrir cinq cent millions d'individus, et il est devenu pour les malheureux de toutes les nations un lieu d'asile où ils trouvent l'indépendance, le repos et les moyens de vivre qui manquent rarement à la bonne conduite, à l'industrie et au travail.

DES HABITANS DES ÉTATS-UNIS D'AMÉRIQUE. — DÉTAILS DE MŒURS.

La majeure partie des habitans des États-Unis d'Amérique était primitivement composée d'Anglais, mais non pas, comme on le croit vulgairement, de vagabonds, de mendians, de criminels. Ceux qui jetèrent les premiers fondemens de cette colonie étaient sans doute des hommes hardis, entreprenans, mais honnêtes, et dont les principes reposaient sur la morale, la religion et sur toutes les vertus sociales. Voulant échapper aux persécutions civiles et religieuses auxquelles ils étaient en butte dans l'Angleterre, leur patrie, ils cherchèrent un asile dans cette partie du monde. Ils y formèrent une nation chez laquelle on trouve encore la rudesse des puritains, la fierté des républicains et tout le courage de ses ancêtres.

La Nouvelle-Angleterre, proprement dite, est tout entière composée d'Anglais d'origine, à l'exception d'une colonie irlandaise dans la partie montagneuse du Massachussets et quelques Écossais dans le New-Hampshire. A cela près, la population des État-Unis est toute anglaise. Il en est de même des états du centre et d'une partie de ceux du midi.

Les Irlandais son en général établis dans la Pensylvanie et le Maryland. On en trouve un grand nombre dans les autres états. La population, d'origine allemande, forme environ le quart des habitans de la Pensylvanie, de New-York et de New-Jersey. Mais ces Allemands ont oublié leurs usages, leurs habitudes et même leur langue, et sont complétement anglais.

Des Français protestans se sont établis à la Nouvelle-Rochelle, à New-York, à Charlestown, et dans la Caroline du Sud. La population américaine est renforcée, chaque année, par des étrangers, mais en bien plus petit nombre qu'on ne le suppose. Il est à remarquer que les états de la Nouvelle-Angleterre sont exempts de ce mélange d'étrangers ; et la garde nationale ou *yeomanry* y est uniquement composée de véritables Américains.

Il existe dans les États-Unis 817,000,000 esclaves nègres et à peu près 200,000 hommes de couleur libres. Le nombre de ces derniers diminue tous les jours par leur mélange avec les blancs. C'est principalement dans les états du Sud que sont les nègres américains. Ces esclaves nègres sont dans un déplorable état d'ignorance. Celle des Indiens est pire encore ; leur incapacité à participer aux devoirs d'une communauté régulière les place au dessous des esclaves africains. Ils n'ont aucune idée du genre de soumission volontaire qu'exige l'existence d'une société civilisée. Les sauvages américains ne connaissent qu'une servilité absolue, ou un despotisme sans borne et sans frein ; ils savent que le devoir de l'esclave est d'obéir et de travailler, et que le droit du maître est de commander.

Des philanthropes, animés des meilleures intentions, ont souvent plaidé avec chaleur contre l'esclavage. Mais il est reconnu que l'émancipation des esclaves, en masse, est à peu près impraticable: il y a une si grande différence entre les habitudes de l'esclave et celles de l'homme libre : l'esclave ignore ce que c'est que l'industrie, qui est la base de toute prospérité sociale : il n'a d'autre pensée, d'autre motif d'action, que la peur du châtiment qni le menace sans cesse. Libre, il serait obligé de s'occuper des moyens d'assurer son existence et celle des siens; il lui faudrait en outre remplir ses devoirs dé citoyen ou de sujet. Avant de donner la liberté à un esclave, il est indispensable de lui apprendre à penser et à réfléchir; sans cela, une fois qu'il sera libre, il sera hors d'état de se livrer à aucun travail, de pourvoir à sa subsistance.

Il est à remarquer que les nègres libres, en grand nombre dans les états du nord et du centre, sont généralement fainéans et débauchés, et demeurent étrangers, pour la plupart, à toute pratique religieuse; les crimes, très-fréquens parmi eux, prouvent suffisamment leur corruption profonde. Il y a quelques années qu'une bande de ces misérables avait formé l'horrible complot de mettre le feu à des rangées entières de maisons à New-York, pour se livrer, dans la confusion et le désordre de l'incendie, au pillage et à la dévastation. En 1817, un nègre fut pris et pendu pour ce crime; aussitôt toutes les tentatives d'incendie cessèrent.

Le peuple américain est sans contredit celui de tous les peuples qui se déplace le plus souvent. Lors même qu'un Américain est bien dans un lieu, il est volontiers prêt à changer son domicile, à déranger ses habitudes, toute son existence, et à se transporter avec courage et même gaîment sur un point éloigné et sans aucun de

ces graves motifs qui obligent ailleurs à se dé-
placer. En 1817, on voyait entre Baltimore et
Philadelphie, et se dirigeant vers Pittsburg et
de l'autre côté des montagnes Alleghany, plus
de vingt mille fourgons chargés chacun d'un
poids d'environ quatre milliers, dont le port aurait
coûté plus de deux millions de dollars; le nombre des piétons et des chevaux répondait à celui
des voitures, et peut donner une idée de la
marche des émigrations dans un espace de plus
de trois cents milles.

Les voyageurs des états de l'est laissent souvent
leurs chevaux à Pittsburg, descendent ensuite
l'Ohio, tandis que les voyageurs des états de
l'ouest se transportent dans l'est au moyen des
diligences. Les femmes voyagent souvent à cheval, avec une redingote, un parapluie, et avec
leurs enfans couchés dans une couverture; elles
vont ainsi de Ténessée jusqu'à Pittsburg, distance
de 1,200 milles anglais, environ 400 lieues. Un
voyageur a rencontré, à Washington, un fer-
mier et sa femme bien équipés, qui avaient ainsi
voyagé, des environs de Cincinnati en Ohio,
pour aller voir leurs amis et leurs parens à New-
York et à Philadelphie, quoique la distance soit
d'environ 700 milles; et ce qui prouve l'excellence des chevaux du pays, c'est que ces
voyageurs avaient déjà fait 270 milles en sept
jours et que leurs montures n'annonçaient aucune fatigue.

La classe supérieure par la fortune et l'éducation a, en Amérique comme partout, les usages et les formes de la bonne compagnie d'Europe. Les femmes américaines ont des manières fort agréables, en général de la beauté, et beaucoup de grâce. La société offre un aspect assez bizarre. La facilité avec laquelle un étranger est admis dans les premiers cercles est tout à-fait inexplicable. On n'a besoin que d'une simple lettre de crédit pour obtenir une place honorable dans la meilleure compagnie.

Quoique l'origine des habitans des Etats-Unis ne soit pas homogène, cependant les causes qui les ont amenés sur ce continent sont à peu près semblables. La liberté de leurs institutions sociales, leur propre intérêt et leurs besoins communs ont rendu leurs manières et leurs habitudes uniformes, à tel point que, quoiqu'une faible population soit répartie sur un très-vaste territoire, on ne remarque presque aucune différence dans les manières des habitans. Les neuf dixièmes parlent la même langue, lien d'une grande force pour les individus qui composent une nation, et qui n'existe peut-être chez aucune autre. Les lois, le gouvernement, la politique, les intérêts, la religion et les opinions, sont pour ainsi dire les mêmes et ont du moins de grands rapports. La liberté commerciale est partout; les institutions et la tolérance religieuse tendent à assurer l'indépendance générale : il n'existe point de divisions choquantes entre les diverses classes ou professions. Les habitans des Etats-Unis sont réellement un peuple souverain.

AUTRES DÉTAILS DE MŒURS CONCERNANT LES ÉTATS-UNIS.

Ajoutons au tableau qui vient d'être présenté quelques traits propres à le compléter ou à en offrir la confirmation. Nous les avons extraits des *Mémoires de M. le comte de Ségur*, qui avait vu et bien vu les hommes et les choses. « Je trouvai partout, dit-il, dans tous les bourgs, dans toutes les villes, dans toutes les maisons particulières où je m'arrêtai, la même simplicité de mœurs, la même urbanité, la même hospitalité, le même zèle pour la cause commune, et le même empressement pour me faciliter les moyens d'arriver promptement à ma destination.

» A chaque pas, sur ma route, j'éprouvais deux impressions contraires; l'une produite par le spectacle des beautés d'une nature sauvage, et l'autre par la fertilité, la variété d'une culture industrieuse et d'un monde civilisé. Tantôt seul, au milieu de ces immenses forêts, de ces arbres, majestueux que jamais la cognée ne toucha, et dont plusieurs, succombant au poids des siècles, n'attestent plus leur antique existence que par des monticules de leurs troncs réduits en poussière, je me transportais en idée au moment où les premiers navigateurs européens portaient leurs pas sur cet hémisphère inconnu. Tantôt, j'admirais de jolis vallons cultivés avec soin, des prés sur lesquels erraient de nombreux troupeaux, des maisons propres, élégantes, peintes en diverses couleurs, entourées de petits jardins et de jolies barrières; plus loin, après d'autres masses de bois, des bourgs bien peuplés, des villes où tout vous rappelle la civilisation perfectionnée, des écoles, des temples, des universités; nulle part l'indigence ni la grossièreté; partout la fertilité, l'aisance, l'urbanité; chez tous les individus, cette fierté modeste et tranquille de l'homme indépendant, qui ne voit au dessus de lui que les lois, et qui ne connaît ni la vanité, ni les préjugés, ni la servilité de nos sociétés européennes : tel est le tableau qui, pendant tout mon voyage, surprit et fixa mon attention.

» Là, nulle profession utile n'est ridiculisée ni méprisée; et dans des conditions inégales, tous conservent des droits égaux. L'oisiveté seule y serait honteuse. Les grades militaires et les emplois n'empêchent personne d'avoir une profession à lui. Chacun y est ou marchand, ou cultivateur, ou artisan; les moins aisés sont domestiques, ouvriers ou matelots; loin de ressembler aux hommes des classes inférieures de l'Europe, ceux-ci méritent les égards qu'on a pour eux, et qu'ils exigent par la décence de leur ton et de leur conduite.

» Dans les premiers momens, j'étais un peu surpris, en entrant dans une taverne, de la voir tenue par un capitaine, par un major, par un colonel, qui me parlait également bien de ses campagnes contre les Anglais, de l'exploitation de ses terres, de la vente de ses fruits et de ses denrées.

» J'étais encore plus étonné lorsque, après avoir répondu aux questions de quelques uns sur ma famille, et leur ayant dit que mon père était général et ministre, ils me demandaient quelle était sa profession et son métier.

» Je trouvais partout des chambres propres, des tables bien servies, une chère abondante, mais saine et simple, des boissons un peu trop fortes de rum et de cannelle, un café trop faible et du thé excellent. Deux choses seulement me choquèrent plus qu'on ne peut le dire : l'une était l'habitude, au moment des toasts, de faire circuler autour de la table un grand bol de punch, dans lequel chaque convive était successivement obligé de boire; et l'autre de voir, lorsqu'on était couché, un nouvel arrivant venir sans façon partager vos draps et votre lit. »

QUELQUES VILLES DES ÉTATS-UNIS : DOUVRES, CHESTER.

Nous allons emprunter au voyageur que nous venons de citer quelques descriptions rapides de plusieurs villes des États-Unis. Le laps de temps qui s'est écoulé depuis qu'elles ont été visitées par lui a dû y apporter de notables changemens ; mais, d'après ce qu'on a lu précédemment, il sera facile de se faire une idée de leur état actuel. Les cités se sont agrandies, leur population s'est accrue; mais cet accroissement successif n'a pu rien changer à leur physionomie primitive.

« Je ne pus voir Douvres qu'en la traversant, dit notre voyageur ; c'était la première ville américaine où le sort m'avait conduit. Son aspect me frappa ; elle était environnée de bois épais parce que, là comme dans les autres parties des treize états, la population était encore éparse sur un vaste territoire dont une faible partie était cultivée.

» Toutes les maisons de Douvres présentaient aux regards des formes simples, mais élégantes ; elles étaient bâties en bois, mais peintes avec des couleurs variées ; cette variété des bâtimens, la propreté qui y régnait, les marteaux de porte, d'un cuivre brillant et poli, annonçaient à la fois l'ordre, l'activité, l'intelligence et la prospérité des habitans.

» Un œil accoutumé au spectacle de nos magnifiques cités, à l'afféterie de nos jeunes élégans, et au contraste que présente chez nous le luxe des premières classes avec la grossièreté des costumes de nos paysans et les haillons de la foule

innombrable de nos pauvres, est surpris, en arrivant dans les États-Unis, de n'y voir nulle part
l'excès du faste ni celui de la misère.

» Tous les Américains que nous rencontrions
portaient des habits bien coupés et d'une bonne
étoffe, des bottes bien cirées ; leur maintien libre, franc, familier, également éloigné d'une
rudesse grossière et d'une politesse maniérée,
nous montrait l'homme indépendant mais soumis aux lois, fier de ses droits et respectant ceux
des autres. Leur aspect vous disait que vous vous
trouviez dans la patrie de la raison, de l'ordre
et de la liberté.

» Chester est très-riche et très-commerçante ;
sa position sur la Delaware présente une vue
délicieuse ; l'élégance de ses maisons annonce
qu'on est près d'une capitale. Tous les vaisseaux
qui naviguent sur la Delaware s'arrêtent dans
le port de Chester, avant d'aller à Philadelphie.

PHILADELPHIE.

» A la vue de Philadelphie, il était difficile de
ne pas pressentir les grandes et prospères destinées de l'Amérique.

» Cette ville, dont le nom signifie la *ville des
frères*, est située sur la rive ouest de la Delaware,
à deux petites lieues du confluent de ce fleuve
et de la rivière de Schuylkill. Elle contenait
alors 100,000 habitans ; ses rues larges de

soixante pieds et tirées au cordeau, ses beaux trottoirs, la propreté et l'élégance simple de ses maisons, frappent agréablement les regards, malgré l'irrégularité des divers petits quais que chaque négociant a construits selon sa fantaisie sur le bord du fleuve, à la porte de son magasin, avec des enfoncemens pour y mettre ses vaisseaux à l'abri de la débâcle des glaces : cette partie est basse, malsaine, humide.

» Penn, fondateur de cette ville, avait projeté pour elle un plan immense et régulier. Les rêves de cet homme de bien n'ont pas eu plus de durée que ceux de maints grands politiques ; mais son nom vivra toujours, car il fut le seul Européen qui fonda légalement un état en Amérique, et qui ne le cimenta pas du sang des infortunés peuples de cet hémisphère.

» Sa secte, simple, morale et pacifique, celle des *frères* qu'on a vainement voulu rendre ridicules en les appelant *quakers* ou *trembleurs*, subsiste encore comme monument de la seule société qui jamais peut-être ait professé et pratiqué, sans aucun mélange et sans aucun préjugé, la morale évangélique et la charité chrétienne dans toute leur simplicité et dans toute leur pureté. L'intérêt même de leur fortune ne pourrait les obliger à profaner le nom de Dieu par un serment.

» Philadelphie, à l'époque dont je parle, ne frappait les regards que par sa grandeur, par sa régularité et par l'aisance de sa population. On n'y voyait ni promenades ni jardins publics; les seuls édifices remarquables étaient l'hôpital, la maison de ville, la prison et l'église du Christ. La maison d'état contient de grandes salles, où le premier congrès tint ses séances et proclama l'indépendance américaine.

» Ce n'est pas l'architecture des monumens de cette cité, ce sont de grands souvenirs qui attirent sur eux la curiosité et commandent le respect. Toute la ville elle-même est un noble temple élevé à la tolérance : car on y voit en grand nombre des catholiques, des presbytériens, des calvinistes, des luthériens, des unitaires, des anabaptistes, des méthodistes et des quakers qui professent leur culte en pleine liberté et vivent entre eux dans un parfait accord. »

Nous devons ajouter, pour plus d'exactitude, que Philadelphie a perdu beaucoup de son importance, depuis que Washington est devenue la capitale des Etats-Unis et le lieu des séances du congrès.

DES QUAKERS D'AMÉRIQUE.

« D'autres, dans tous les temps, ont parlé de philosophie ; mais les quakers seuls ont vécu et vivent en vrais sages : aussi, malgré l'ironique dédain avec lequel on en parle partout, même dans la contrée qui leur appartenait de droit et dont on leur a ravi le gouvernement, je n'ai jamais pu les voir et les entendre sans émotion et sans respect.

» Je sais bien qu'accoutumé à nos usages, on peut être d'abord choqué des leurs, et qu'on serait tenté de les accuser d'affectation, parce qu'ils entrent toujours dans un salon le chapeau sur la tête et ne vous parlent jamais qu'en vous tutoyant. Leur habillement aussi, quoique propre, paraît trop rustique; et celui des femmes, s'il était noir, ressemblerait, avec leurs guimpes, aux costumes des sœurs de la Charité. Mais ces formes sévères qui leur sont prescrites, contribuent peut-être plus qu'on ne croit au maintien de leurs mœurs.

» Très-rigides pour eux-mêmes, jamais personne ne poussa la tolérance plus loin qu'eux, et, quoique la guerre soit à leurs yeux un grand crime, et qu'ils détestent la profession militaire, ils savent rendre un juste hommage aux guerriers économes du sang humain et qui joignent la vertu au courage.

» Aussi, l'un des plus renommés d'entre eux pour son esprit vint trouver le général comte de Rochambeau, à son passage à Philadelphie, et voici la harangue qu'il lui adressa : « Mon ami, tu fais un vilain métier; mais on dit que tu t'y conduis avec toute l'humanité et toute la justice qu'il peut comporter. J'en suis bien aise,

je t'en sais bon gré, et je suis venu te voir pour
te prouver mon estime. »

» Un autre quaker, généralement considéré,
M. Benezet, disait au général Chevalier de Chas-
tellux : « Je sais que tu es homme de lettres et
membre de l'Académie Française ; les gens de
lettres ont écrit beaucoup de bonnes choses
depuis quelque temps ; ils ont attaqué les erreurs, les préjugés, l'intolérance surtout ; est-ce
qu'ils ne travailleront pas à dégoûter les hommes de la guerre, et à les faire vivre entre eux
comme des amis et des frères ? »

Le même voyageur parle avec les plus grands
éloges de plusieurs femmes de cette secte, surtout de la fille d'un quaker nommé Polly-Leiton.
« Jamais, dit-il, on ne réunit tant de grâces à
tant de simplicité, tant d'élégance à tant de
décence. Sa robe était blanche comme elle ; la
mousseline de son ample fichu, la batiste qui
laissait à peine apercevoir ses blonds cheveux,
enfin les simples atours d'une vierge pieuse semblaient s'efforcer en vain de nous voiler la taille
la plus fine, et de nous cacher les attraits les
plus séduisans.

» Ses yeux paraissaient réfléchir, comme deux
miroirs, la douceur d'une âme pure et tendre.
Elle nous accueillit avec une aimable confiance
qui me charmait ; et le tutoiement, que sa secte
lui prescrivait, donnait à notre nouvelle connaissance l'air d'une ancienne amitié. Dans nos

entretiens, elle m'étonnait par la candeur originale de ses questions. — Tu n'as donc en Europe, me disait-elle, ni femme ni enfans, puisque tu quittes ton pays pour venir faire si loin
le vilain métier de la guerre? — Mais c'est pour
vos intérêts, lui répondis-je, que je m'éloigne
de tout ce qui m'est cher, et c'est pour défendre
votre liberté que je viens me battre contre les
Anglais. — Les Anglais, reprit-elle, ils ne t'ont
pas fait de mal; et notre liberté, que t'importe?
Il ne faut jamais se mêler des affaires d'autrui,
à moins que ce ne soit pour les raccommoder et
pour empêcher de répandre le sang. — Mais,
répliquai-je, mon roi m'a ordonné de porter
ici ses armes contre vos ennemis et les siens. —
Eh bien! dit-elle, ton roi te commande une
chose injuste, inhumaine, contraire à ce que
Dieu ordonne. Il faut obéir à ton Dieu et déso-
béir à ton roi; car il n'est roi que pour conserver
et non pour détruire. Je suis bien sûre que ta
femme, si elle a bon cœur, est de mon avis. »

BOSTON.

« Boston fut la première des cités américaines
qui donna le signal de l'indépendance aux États-
Unis, et ses habitans furent les premiers qui
cimentèrent de leur sang la liberté naissante.
Dans cette contrée septentrionale, elle y pousse
de profondes racines; le ciel y est plus rigou-

reux, le culte plus austère, l'esprit d'égalité plus général, l'instruction plus forte ; les mœurs et les courages semblent y montrer une énergie plus sévère.

» Boston, depuis long-temps florissante par son commerce, a l'air de l'aïeule des autres cités américaines, et, à l'époque où je m'y trouvais, elle ressemblait parfaitement à une vieille et grande ville d'Angleterre.

» La démocratie n'en bannit point le luxe ; nulle part dans les Etats-Unis on ne voit autant d'aisance et une société plus agréable. »

NEW-YORK.

Aujourd'hui, c'est New-York qui est la capitale des États-Unis. Rien de plus imposant que le spectacle qui s'offre aux voyageurs venant d'Europe dans la rade de cette capitale. A droite, se déploie l'île immense de Long-Island, qui a environ vingt-cinq lieues de longueur, et qui montre de vastes forêts s'élevant en amphithéâtre au dessus des villages et des terres cultivées. A gauche, on distingue une côte plus basse, semée d'arbres verts et d'habitations, au dessus desquelles s'élève un grand édifice régulier, où l'on va prendre des bains de mer. En face du vaisseau qui arrive, sur un coteau couvert de verdure, s'allongent deux hautes tours qui servent de phares. Une troisième paraît sortir de la baie, et plusieurs autres se font remarquer de loin en loin par leur éclatante blancheur. Une multitude de voiles, traversant la rade dans tous les sens, animent le tableau et lui prêtent un nouveau charme.

Quand on a franchi la barre, seul passage ouvert aux vaisseaux, on se trouve dans une baie environnée de toutes parts de paysages ravissans. Un peu sur la droite, on commence à distinguer une large ouverture dominée par des fortifications; c'est la route que l'on prend dans le Hudson. Ce canal naturel est bordé d'édifices publics, de petites maisons fort jolies et de riches campagnes; il s'élargit bien, et l'on se trouve dans une seconde baie, au fond de laquelle est la ville. Elle est bâtie dans une île, entre les deux bras du Hudson, fleuve large et majestueux qui coule à pleins bords. On remarque au loin de nombreux clochers construits avec élégance et hardiesse, et la forêt de mâts qui borde les deux rivages, et forme comme une enceinte autour de la cité; plusieurs petites îles, plantées de beaux arbres ou couvertes de batteries, rendent l'aspect de la baie plus pittoresque encore. Quant à la rivière, il n'en est point en France qui puisse lui être comparée, soit pour la largeur, car elle a 800 toises ou un tiers de lieue dans le principal bras, soit pour le coup d'œil dont on jouit sur ses bords.

New-York, par sa beauté, par son commerce

et son opulence, peut être regardée comme la ville la plus importante du continent américain. La population actuelle est de 200,000 âmes. Son port est le rendez-vous de toutes les nations. On y voit en même temps les vaisseaux de l'Amérique du Sud, des principales parties de l'Europe, de la Chine et de l'Inde. Il n'est pas rare de voir débarquer en même temps des marchandises arrivées de Liverpool, du Havre, de Calcutta, de Canton, de Mexico ; elles encombrent le port bordé de plusieurs milliers de vaisseaux à l'ancre, et animé par une multitude de matelots et de marchands de toutes les nations.

Un grand nombre de temples s'élèvent de toutes parts ; leur façade de pierre ou de marbre et de hautes tours les font distinguer. Ces temples sont petits en général ; mais le nombre en est très-grand à New-York, car on y en compte plus de cent. La cathédrale catholique est le plus bel édifice religieux de cette ville. Cette église est construite dans un goût gothique, mais noble et pur. Il n'y a à New-York qu'un seul édifice profane remarquable ; c'est l'Hôtel-de-Ville. Il est construit en marbre blanc, presque semblable à celui de Carrare. Plusieurs maisons de banque et de négocians sont construites de même.

Les promenades les plus fréquentées sont la *Batterie*, vaste enceinte, à l'extrémité de la ville et au confluent des deux bras du fleuve, d'où l'on découvre toute la baie et ses rivages couverts de verdure, et d'habitations; et *City-Hall*, belle place qui s'étend en avant de l'Hôtel-de-Ville. Ces deux promenades sont plantées d'arbres, semées de gazons et environnées de hautes grilles de fer.

On va de New-York à Philadelphie en un jour, quoiqu'il y ait près de cent milles d'une ville à l'autre; on traverse la baie et un bras du Hudson, que l'on suit en bateau à vapeur jusqu'à New-Brunswick. Là, une vingtaine de *stages* ou calèches prennent les voyageurs et les conduisent en poste à Trenton. On s'embarque sur la Delaware, dont les rives sont parfaitement cultivées et ornées d'habitations très-élégantes qui forment, avec les jardins et les bosquets dont elles sont entourées, le coup d'œil le plus ravissant.

PONT NATUREL DE L'ICONONZO.

Parmi les scènes majestueuses et variées que présentent les montagnes des Cordilières, les vallées sont ce qui frappe le plus l'imagination du voyageur européen. L'une d'elles, la vallée d'Icononzo ou de Pandi, est moins remarquable par ses dimensions que par la forme de ses rochers, qui paraissent taillés par la main de l'homme. Leurs sommets unis et arides offrent le contraste le plus pittoresque avec les touffes d'arbres et de plantes herbacées qui présentent l'aspect de la végétation la plus vigoureuse dans les profondeurs mêmes de cette vallée. Le petit torrent qui s'est frayé un passage à travers la vallée d'Icononzo, porte le nom de Rio de la Somma-Paz. Il descend de la chaîne orientale des Andes. Encaissé dans un lit presque inaccessible, ce torrent ne pourrait être franchi qu'avec beaucoup de difficultés, si la nature même n'y avait formé deux ponts de rocher qu'on regarde avec raison, dans le pays, comme une des choses les plus dignes de fixer l'attention des voyageurs. On a lieu de croire que c'est la continuation non interrompue d'un banc de grès, qui forme l'un de ces ponts, à l'aide duquel on passe d'une partie de la vallée dans l'autre. C'est une arche naturelle qui a 14^m,5 de longueur, sur 12^m,7 de largeur. La profondeur du torrent paraît être, dans les eaux moyennes, de 6^m. Les Indiens de Pandi ont formé, pour la sûreté des voyageurs, une petite balustrade de roseaux qui se prolonge vers le chemin par lequel on parvient au pont supérieur.

Dix toises au dessous de ce premier pont naturel s'en trouve un autre auquel on est conduit par un sentier étroit. Trois énormes masses de rochers sont tombées de manière à se soutenir mutuellement : celle du milieu forme la clef de la voûte, accident qui aurait pu faire naître aux indigènes l'idée de la maçonnerie en arc. Au milieu de ce second pont d'Icononzo, on trouve un trou de près de 8 mètres carrés, par lequel on voit le fond de l'abîme. Le torrent paraît couler dans une caverne obscure ; le bruit lugubre que l'on entend est dû à une infinité d'oiseaux nocturnes qui habitent la crevasse, et qu'on est tenté de prendre d'abord pour des chauve-souris de taille gigantesque, qui sont si communes dans les régions équinoxiales. On en distingue des milliers qui planent au dessus de l'eau.

Les Indiens assurent que ces oiseaux ont la grosseur d'une poule, des yeux de hibou et le bec recourbé. La couleur uniforme de leur plumage est d'un gris bleuâtre. Il est impossible de s'en procurer, à cause de la profondeur de la vallée, et l'on ne peut les examiner qu'en jetant des fusées dans les crevasses pour en éclairer les parois.

L'OISEAU MOQUEUR.

Les plus célèbres moqueurs n'appartiennent pas à nos contrées, mais aux parties tempérées de l'Amérique septentrionale. Le moqueur américain a appelé de bonne heure l'attention des Européens, qui ont visité le Nouveau-Monde, en raison de la variété de ses notes, de l'étendue de sa voix, et surtout de la faculté qu'on lui attribue de pouvoir contrefaire le chant ou le cri des autres animaux. Des naturalistes assurent qu'il ne se contente pas d'imiter simplement, mais qu'il embellit tout ce qu'il reproduit, et donne à chaque son qu'il emprunte une grâce et une douceur particulières. Les indigènes eux-mêmes ne sont pas moins sensibles aux talens du moqueur que les Européens, et, dans la langue mexicaine, par exemple, cet oiseau est désigné par un nom qui signifie l'oiseau aux quatre cents langues.

Le moqueur est de la même famille que notre grive commune ; sa taille est à peu près celle du mauvis. Sa robe n'a rien de brillant, et, quoique ses formes soient assez élégantes, ce n'est réellement que par son chant qu'il peut attirer l'attention. Ce chant est en effet d'une douceur et d'une puissance sans égales: Lorsque, par une belle matinée, l'oiseau moqueur, perché sur le haut d'un buisson, fait entendre sa voix sonore, tous les gazouillemens qui partent des buissons voisins sont oubliés. Le moqueur d'ailleurs compose à lui seul tout un orchestre ; il fait parler successivement tous les instrumens, et quelquefois même on dirait qu'il en fait parler plusieurs à la fois. Cette musique se prolonge sans interruption pendant des heures entières, et l'oiseau lui-même en paraît transporté de plaisir. Tout son corps frémit ; ses ailes, à demi ouvertes, sont agitées d'une sorte de trémoussement convulsif. Il bondit, il s'élève dans les airs, il y plane quelques instans en faisant entendre les notes les plus brillantes ; puis sa voix baissé par degrés pendant qu'il redescend insensiblement vers la branche d'où il était parti.

Dans d'autres momens, ce n'est plus un chant soutenu, ce sont des notes détachées qui appartiennent à d'autres oiseaux, et qui trompent quelquefois le chasseur. Quand il est réduit en captivité, il imite tout ce qu'il entend ; il siffle à la manière du chasseur, aboie comme le chien, miaule comme le chat, vagit comme un jeune enfant, mais tout cela avec une perfection presque incroyable. Cependant il ne renonce jamais entièrement à son chant naturel, et c'est même le seul qu'il fasse entendre la nuit ; car, semblable en cela au rossignol, il aime à chanter au milieu d'un profond silence. Il ne fuit pas le voisinage de l'homme, et construit son nid assez ordinairement près des habitations.

CHIENS DE TERRE-NEUVE.

Lors de l'établissement des premiers colons à Terre-Neuve, ils y trouvèrent beaucoup d'animaux sauvages, mais point de chiens proprement dits. Cependant on ne peut faire que des conjectures sur l'origine de cette belle race de chiens, si remarquables par leur douceur, que nourrit l'île de Terre-Neuve aujourd'hui.

Ces chiens, dont l'espèce commence à se multiplier en Europe, sont de haute taille, fortement musclés, mais avec des formes élancées, de manière qu'ils sont en même temps très-vigoureux et très-légers. Leur tête rappelle un peu celle de l'épagneul ; leur regard est plein d'intelligence. Leur poil, long et touffu, se fait remarquer par une douceur et une finesse remarquables.

Ce qui distingue surtout cette race de chiens, c'est l'instinct particulier qui les porte naturellement à aller à l'eau, disposition qui a été développée par une longue habitude, et qui se trouve favorisée par une particularité très-digne de fixer l'attention. Le pied du chien de Terre-Neuve, dont les doigts sont réunis ensemble par une large membrane, a une conformation analogue à celle du pied du canard ; ce qui, comme on le juge aisément, est très-avantageux pour l'exercice de la nage. Ces animaux semblent regarder l'eau comme leur élément naturel ; ils paraissent trouver autant de bonheur à y courir et à s'y précipiter, que le chien de chasse à poursuivre et à saisir sa proie.

Le chien de Terrre-Neuve, sans être pour cela moins fidèle à son maître, semble avoir pour l'espèce humaine en général une affection naturelle qui n'attend que des occasions pour se manifester. Cette disposition bienveillante ne se montre jamais plus efficacement que quand il s'agit de porter du secours à des personnes en danger de se noyer : alors il déploie autant d'intelligence que de zèle. On en pourrait citer des milliers d'exemples. Dans une foule de circonstances, des chiens de Terre-Neuve se sont jetés à la mer pour aller porter secours à des malheureux naufragés, qu'ils ramenaient au rivage en faisant souvent un grand circuit, afin de gagner une plage sablonneuse et d'éviter les rochers.

PEUPLADES AMÉRICAINES QUI SE NOURRISSENT DE TERRE.

M. de Humboldt a rapporté des faits circonstanciés sur ce désir étonnant et presque irrésistible de manger de la terre, que déjà d'autres voyageurs avaient signalé comme étant naturel à plusieurs peuplades sauvages.

La tribu qui paraît être plus que toute autre portée à manger de la terre, est celle des Ottomaques; elle habite les bords de l'Orénoque. Tant que les eaux des rivières sont basses, ces sauvages se nourrissent de poissons et de tortues; mais dès qu'arrivent les débordemens périodiques, cet approvisionnement leur manque absolument, et, pendant tout le temps que dure l'inondation, ils se nourrissent d'une terre glaise, grasse et onctueuse, véritable argile de potier, colorée par un peu d'oxide de fer. Ils la pétrissent en boulettes, la font cuire à petit feu et la conservent dans leurs huttes, entassée en pyramides; lorsqu'ils veulent manger leurs boulettes, ils les humectent. Chaque individu consomme journellement les trois quarts ou les quatre cinquièmes d'une livre de terre.

Les Ottomaques apportent un grand soin dans le choix de la terre qui leur sert de nourriture; car ils ont acquis pour ce mets une délicatesse de goût qui les transforme en véritables gourmets de terre glaise : aussi dans la saison même de la sécheresse, et lorsqu'ils ont du poisson en abondance, ils en mangent tous les jours, pour se régaler, quelques boulettes après le repas; c'est pour eux une sorte de dessert. Est-ce un goût factice, provoqué d'abord dans cette peuplade par le besoin réel de nourriture, et continué par habitude ? ou bien les terres ont-elles réellement une propriété nutritive ? Ces questions n'ont pas encore été résolues ; de nouvelles observations, longues et suivies, pourront seules en donner la solution. Mais ce qui est bien constaté, c'est que les Ottomaques peuvent prendre place parmi les plus sales et les plus laids de tous les hommes, ce qui ne dépose pas en faveur de leur genre de nourriture.

PEUPLADES QUI HABITENT LES ARBRES.

On a rencontré aussi à l'embouchure de l'Orénoque une nation indomptée, dont les mœurs sont assez singulières ; c'est celle des Guaranis, qui, dans la saison des pluies, lorsque le Delta est inondé, se réfugient au sommet des arbres

et y vivent, semblables à des singes. Le palmier à éventail leur fournit la nourriture et le
logement. Avec la nervure de ses feuilles, ils
tissent des nattes qu'ils tendent avec art d'un
tronc à l'autre.

Ces habitations suspendues sont en partie couvertes avec de la glaise; les femmes allument le
feu nécessaire aux besoins du ménage, et le
voyageur, qui, pendant la nuit, navigue sur le
fleuve, aperçoit de longues files de flammes à
une grande hauteur en l'air, et absolument séparées de la terre. A une certaine période de la
végétation, la moelle du tronc du palmier à éventail procure à ses habitans une farine analogue
au sagou, qui forme en se séchant des disques
minces de la nature du pain; avec la séve fer-
mentée, on fait du vin doux enivrant; les fruits,
comme la plupart de ceux de la zone torride,
donnent une nourriture qui varie de goût et
de qualité, selon l'époque de maturité à laquelle
on les cueille.

Ainsi, ajoute M. de Humboldt, qui nous fournit ces détails curieux, nous trouvons au degré
le plus bas de la civilisation humaine l'existence d'une peuplade enchaînée à une seule espèce d'arbre, semblable à celle de ces insectes
qui ne subsistent que par certaines parties
d'une fleur.

ARBRE A PAIN.

Il y a différentes espèces de cet arbre. Le véritable arbre à pain est le jaquier à feuilles découpées, que les voyages dans l'Océanie ont rendu si célèbre. Ce végétal a été l'objet d'expéditions destinées uniquement à faire l'acquisition de quelques pieds de cet arbre précieux, pour le naturaliser dans les colonies anglaises de l'ancien et du nouveau continent.

Cet arbre s'élève à une quarantaine de pieds sur un tronc droit de la grosseur du corps d'un homme ; la cime est ample, arrondie, couvrant de son ombre un espace d'environ trente pieds de diamètre ; ses feuilles sont grandes, profondément incisées de chaque côté. Les fruits sont globuleux, plus gros que les deux poings, raboteux à l'extérieur ; sous la peau, qui est épaisse, on trouve une pulpe qui, à une certaine époque avant sa maturité, est blanche, farineuse et un peu fibreuse ; la maturité change sa couleur et sa consistance ; elle devient jaunâtre, succulente ou gélatineuse. Quelques uns de ses fruits sont sans noyaux ; les arbres d'Otaïti n'en portent point d'autres ; mais dans les autres îles de l'Océanie, on trouve des variétés qui contiennent encore des noyaux anguleux presque aussi gros que des châtaignes.

L'arbre à pain donne ses fruits pendant huit

mois consécutifs. Pour les manger frais, on choisit le degré de maturité où la pulpe est farineuse. La préparation qu'on leur donne consiste à les couper en tranches épaisses, que l'on fait cuire sur un feu de charbon. On peut aussi les mettre dans un four bien chaud, et les y laisser jusqu'à ce que l'écorce commence à noircir. On ratisse la partie charbonnée, et le dedans est blanc, tendre comme de la mie de pain frais, d'une saveur peu différente de celle du pain de froment, avec un léger mélange de celle de l'artichaut. Pour faire usage de cet aliment pendant toute l'année, on profite du temps où les fruits sont plus abondans qu'il ne faut pour la consommation journalière, et on prépare avec l'excédant une pâte qui fermente et qui peut être conservée long-temps. Quand les arbres cessent de produire du fruit, on se contente de cette pâte, que l'on fait cuire au four et qui donne une sorte de pain dont la saveur acide n'est pas désagréable.

FIÈVRE JAUNE A LA HAVANE.

Le climat de la Havane est dévorant; chaque année, des générations entières d'étrangers viennent s'y engloutir; la fièvre jaune, connue dans le pays sous le nom de *vomito negro* ou *prieto* (vomissement noir), y exerce d'affreux ravages : quelquefois les progrès du mal sont lents; d'autres fois, il frappe avec la promptitude de la foudre. Un voyageur vit un jour, sur le quai, un négociant qui étourdissait tout le monde de ses affaires; tout à coup il tombe entre les bras de ses esclaves : le *vomito negro* l'avait saisi : le sóir, son convoi funèbre passait dans la rue.

Long-temps cette effrayante maladie avait été regardée comme incurable; tout l'art des médecins venait échouer contre elle; aujourd'hui on est parvenu à la traiter avec succès. On plonge les malades dans un bain d'eau chaude; on leur ouvre les veines, on laisse couler le sang jusqu'à ce qu'ils tombent en défaillance; on les retire ensuite et on les soigne avec un régime adoucissant : rarement ce traitement manque son but.

On cherche encore les causes de ce cruel mal sans pouvoir les fixer exactement; cependant la position géographique de la Havane explique assez bien pourquoi ce fléau s'y fait sentir d'une manière particulière. Située dans un grand vallon, entourée de tous côtés par une ceinture de montagnes assez élevées, l'atmosphère n'est pas süffisamment rafraîchie par les brises alternatives de la terre et de la mer qui soufflent nuit et jour; et les feux d'un soleil brûlant y dégagent continuellement des vapeurs dont la stagnation prédispose nécessairement les organes des hommes à cette dangereuse épidémie.

MŒURS DE LA HAVANE.

La jalousie et la fureur du jeu sont les passions dominantes chez les hommes. Il y a dans la ville beaucoup de maisons de jeu ou plutôt de tripots où, chaque jour et toute la nuit, des hommes de toutes les couleurs et de toutes les classes viennent s'entasser. L'or roule à flots sur les tables, et le râteau du banquier le ramasse par monceaux. Le soir de chaque samedi, le nègre vient apporter le produit de ses travaux de la semaine; il jette sur la table les piastres et même les doublons qu'il a amassés, les perd avec un imperturbable sang-froid, et sort de l'antre avec la plus complète indifférence. Le spectacle de ces tripots n'est pas aussi hideux qu'en France; il se fait bien un profond silence autour de la table, on n'entend que le roulement de la boule, et à chaque minute, les mots *rouge* ou *noire*, et puis le bruit du râteau et des doublons; mais la lumière des lampes qui jettent des reflets bizarres sur toutes ces figures, les unes noires comme du jais, les autres blanches ou cuivrées ou olivâtres, ne montre pas des traces d'un morne désespoir comme dans notre pays. Les traits ne se déforment pas; ils ne se crispent pas à l'annonce d'un numéro; c'est la soif du gain qu'ils expriment; mais jamais le sombre abattement qui mène au suicide ne vient s'y graver. La jalousie et la soif de l'or ensanglantent presque toutes les nuits les rues de la ville : il est rare que, chaque matin, quelque cadavre ne vienne accuser à la fois l'immoralité des habitans et l'horrible insouciance de la police. Les coups de poignard sont très-fréquens à la Havane; il y a des gens qui font métier d'en donner; on les achète, pour ainsi dire, depuis une piastre jusqu'à un doublon, selon la profondeur de la blessure que l'on veut faire à son ennemi; pour un doublon le coup est mortel. Ce qui est inconcevable, c'est l'impassibilité avec laquelle les passans qui rencontrent un cadavre sanglant sur le trottoir, le retournent et examinent ses blessures; si l'endroit est bien choisi, la plaie sans déchirures, nette et profonde, ils se relèvent en disant : *es bien* (c'est bien). La police, par négligence, semble favoriser ces crimes, et les lois les appuient en quelque sorte. Que les cris *au meurtre! à l'assassin !* se fassent entendre dans la rue, chacun ferme ses portes, reste clos chez soi; nul ne met le nez dehors; il y a une amende pour l'habitant devant la maison duquel un homme tombe assassiné, si la porte est ouverte. Du reste, toute cette race d'assassins est lâche; la moindre résistance les fait fuir.

INSECTE CURIEUX DE LA HAVANE.

A la Havane, et dans tous les environs, on trouve un insecte remarquable auquel les habitans donnent le nom de *cucullo*; il est de la grosseur du hanneton, mais plus plat et plus long, et ainsi que lui, c'est le soir qu'il prend ses ébats; son corps est divisé en deux parties, et il porte un peu au dessus des yeux deux points semblables à des verres lenticulaires, lesquels, à l'état de repos de l'insecte, sont d'un jaune pâle et terne comme l'opale, mais qui prennent un éclat soudain et jettent une vive lumière bleuâtre, dès qu'il se met en mouvement. Les femmes y attachent certaines idées superstitieuses. Les demoiselles font présent de ces insectes aux jeunes gens qui les demandent en mariage, avec recommandation d'écrire leurs lettres à la lumière qu'ils répandent autour d'eux, comme si cette phosphorescence avait quelque vertu mystérieuse qui protégeât les amours. Certaines femmes attachent ces insectes en guirlandes au bas de leurs robes, ce qui leur donne un éclat de l'effet le plus pittoresque. Mais la phosphorescence s'éteint avec la vie de l'animal.

DES ESCLAVES A CUBA.

Le joug de l'esclavage n'est pas aussi pesant dans les possessions espagnoles que dans les colonies françaises. Un nègre mécontent de son maître peut se faire acheter par un autre, moyennant une somme peu élevée, et les autorités du pays facilitent, par tous les moyens imaginables, le rachat des nègres par eux-mêmes. Ce n'est qu'aux esclaves nouvellement arrivés de la côte d'Afrique que le joug paraît insupportable. Le voyageur cité plus haut fut témoin d'un exemple extraordinaire de résolution et d'amour de la liberté. M. Belot avait acheté une jeune et belle négresse arrivée depuis peu de la côte de Guinée ; cette fille, qui se tenait à une grande distance des autres nègres, faisait exactement son ouvrage, et travaillait avec une ardeur inexplicable à apprendre la langue espagnole. Lorsqu'elle fut en état de la parler assez couramment, elle alla trouver son maître, et prenant une attitude théâtrale : « Je suis la fille d'un prince, lui dit-elle, j'étais destinée à régner sur ma tribu : les blancs m'ont prise, ils m'ont enchaînée et amenée sur cette terre. Aujourd'hui je suis ton esclave ; mais j'ai le cœur trop haut pour l'être encore. Si je ne me suis pas tuée plus tôt, c'est que j'ai voulu t'apprendre quel est le sang qui coule dans mes veines......» Et elle se coupa la gorge.

FOURMIS DU BRÉSIL.

Les fourmis sont excessivement nombreuses dans l'Amérique équinoxiale. Il n'y a rien de

plus curieux que la demeure qu'elles se construisent ; ce sont des tertres coniques que ces industrieux insectes élèvent à la hauteur de dix à
douze pieds ; il y en a plusieurs qui dépassent
la tête d'un homme à cheval, et qui ont neuf à
dix pieds de circonférence. L'enveloppe extérieure est une argile jaune durcie ; quand on fait
une section longitudinale, on trouve l'intérieur
partagé par un grand nombre d'étages horizon-
taux, faits de plaques minces d'une terre noire
durcie, et quelquefois luisans comme de la por-
celaine. Ces demeures sont habitées par des
myriades de grandes fourmis brunes qui ont la
faculté de sécréter un fluide visqueux possédant
la propriété de donner à l'argile le degré d'humidité convenable pour former les planchers des
étages. Quelques-espèces construisent de cette
manière des chemins couverts ; et l'on voit des
tubes ou tuyaux d'une longueur considérable
par lesquels les fourmis passent et repassent, sans
être vues, d'une de leurs habitations à l'autre,
à une grande distance.

Quelquefois elles émigrent, et leur marche
est accompagnée de circonstances extraordinaires ; elles vont droit devant elles, dévorant, de
même qu'une armée de sauterelles, tout ce
qu'elles rencontrent. Un jardin, près de Rio-
Janeiro, ayant arrêté leur course, elles trouvèrent un bâton posé par hasard en travers d'un
fossé profond plein d'eau, elles s'en servirent

comme d'un pont, et continuèrent à passer en troupes si nombreuses par cette voie, qu'en quelques heures le jardin en fut rempli; toute la verdure disparut. Ensuite elles s'avancèrent pour ainsi dire en colonnes jusqu'à une maison voisine, et s'y frayèrent une route. Le propriétaire, au milieu de la nuit, fut réveillé brusquement par une sensation affreuse; ayant sauté du lit, il reconnut qu'il était couvert de ces insectes dont le piétinement et les morsures l'avaient tiré de son sommeil. Ces fourmis avaient fait invasion dans toutes les parties de la maison. Poussées par quelque instinct extraordinaire, elles continuèrent leur marche et évacuèrent l'habitation, de sorte que le lendemain matin on n'en voyait plus une seule. Elles avaient dévoré tous les autres insectes; les araignées, les ravets, les mouches étaient devenus leur proie; il en fut de même des autres insectes. On a vu de ces fourmis choisir pour leur demeure un grand bambou; chaque articulation était une colonie distincte remplie d'une population nombreuse.

BAMBOU DU BRÉSIL.

Parmi les végétaux que l'on remarque au Brésil, on peut citer les diverses espèces de bambous; quelques uns sont d'une dimension énorme et d'une beauté singulière. Parmi les premiers, il y en a qui ont deux pieds de tour

et de grandes branches latérales ; ils sont si longs
qu'ils ressemblent à des arbres. D'autres, de la
même grandeur, n'ont pas de branches ; leur
tige unique, divisée en nœuds réguliers, est
unie et diminue graduellement en une pointe,
en atteignant une hauteur immense.

Quelques uns n'étaient pas si gros ; mais ils
s'élevaient jusqu'à ce qu'ils devinssent si minces
qu'ils se courbaient, s'amincissant peu à peu et
finissant par une pointe très-fine, aussi ténue
qu'un crin de cheval et se balançant à travers la
route comme une ligne de pêcheur. Il y en a
qui ont jusqu'à quatre-vingt-dix pieds de long,
dont la grosseur diminue constamment, et qui
sont d'un poli admirable dans toute leur étendue.

Une quatrième espèce de bambou est plus
petite que les autres ; de ses articulations partent plusieurs tiges aussi minces que de la ficelle ;
des pointes des extrémités sortent de longues
feuilles lancéolées. Ce bambou se multiplie si
aisément qu'il peut couvrir toute la surface d'une
forêt, grimpant au faîte des arbres les plus hauts
et les revêtant d'une verdure exquise. Ce végétal
enveloppe quelquefois tout le côté d'une vallée,
où il court d'un arbre à un autre, de sorte que
la surface entière de la pente est enveloppée
d'un rideau uniforme de la plus riche draperie.

Ce végétal est extrêmement utile aux habitans, qui le nomment *capim do mato* (herbe

des broussailles). Quand une troupe de voyageurs s'arrête à un rancho près duquel il y en a,
on envoie des nègres en couper; il fournit aux
chevaux et aux mulets une nourriture abondante et succulente, et au bétail du voisinage
un fourrage vert et salutaire dans toutes les saisons.

CLIMAT DU BRÉSIL.

A mesure que la population du Brésil s'ac-
croîtra, la culture y prendra de l'accroissement
et exercera une influence avantageuse sur le climat; mais même dans son état actuel, ce pays
paraît être salubre.

Pendant la saison froide, l'effet général de
l'air est ordinairement rafraîchissant et délicieux. Cette saison est l'époque des pluies, période mortelle dans les autres contrées équinoxiales. Des voyageurs affirment que, pendant
huit à neuf heures du jour, durant plusieurs
semaines, jamais la chemise qu'ils portaient ne
fut sèche; les vêtemens qu'ils ôtaient le soir
étaient humides le lendemain matin. Lorsqu'il
ne pleuvait pas, ce qui arrivait très-rarement,
le soleil qui brillait par intervalles était brûlant.
En marchant les corps fumaient, l'humidité
s'exhalait par la chaleur, comme dans l'acte de
la dissolution en vapeurs. Il n'y a pas de consti-
tution humaine qui pût supporter en Afrique
une température semblable sous la même lati-

tude, et presque tous les Européens qui l'ont affrontée en ont été les victimes. Il n'en est pas de même au Brésil; personne n'y est affecté de cet état de l'atmosphère, qui partout ailleurs est mortel.

On peut dire de certaines parties du Brésil, de San-José par exemple, que c'est un pays où un médecin ne peut pas vivre, et où cependant il ne meurt jamais.

L'aspect varié du pays est une autre particularité qui frappe au Brésil. On peut y traverser six régions dont la surface est manifestement distincte, sous le rapport de l'apparence, de la formation, des productions. L'une des plus remarquables est le Boira-Mor, plaine fertile qui s'étend au bord de la mer, au pied de la Grande-Serra ou chaîne des montagnes. Sa largeur commune est à peu près de soixante milles; à peu d'exceptions près, sa surface est unie; le sol en est sablonneux, extrêmement fertile, couvert de fazendas et généralement bien cultivé; les forêts primitives y ont presque partout été remplacées par des plantations de bananiers, de manguiers et autres végétaux portant des fruits comestibles; les routes y sont bordées de mimosas taillés au ciseau, comme celles d'aubépine en Angleterre. Parmi les plantes restreintes à ce territoire, se trouve la pomme de merveille, si estimée dans le Levant. Elle couvre de ses longues tiges flexibles tous les arbres et toutes

les haies, et les orne de ses fleurs jaunes et de
ses longues gousses orangées, aussi grosses qu'un
citron. Quand on les touche, elles s'ouvrent avec
élasticité, et les valves, se repliant sur elles-
mêmes, montrent dans l'intérieur des rangées
de grandes semences aplaties, enveloppées d'une
membrane d'un écarlate éclatant, et enduites
d'un fluide brillant qui, contrastant avec le
jaune resplendissant de la gousse, donne à la
plante, dans cet état, un aspect aussi magnifique que singulier. Les Arabes de l'Égypte et de
la Palestine, et les Turcs de l'Asie mineure, font
infuser ces fruits dans l'huile d'olive, qu'ils expo-
sent au soleil jusqu'à ce qu'elle devienne rouge.
Ils y trempent ensuite du coton qu'ils appliquent
sur les blessures fraîches, et préfèrent ce mé-
dicament au baume de la Mecque.

LES POULO-OUAT, GROUPE DE L'ARCHIPEL DES CAROLINES.

M. G. Bennet, naviguant dans l'Archipel des
Carolines, le 25 mai 1830, vit les Poulo-Ouat,
groupe composé de deux îles hautes, mais boisées, dans lesquelles on trouve des cocos, du
fruit à pain, des bananes, des poules.

Quoique le temps fût orageux et pluvieux, le
vaisseau fut entouré par une cinquantaine de
grandes pirogues remplies d'indigènes qui ap-
portaient différens objets pour faire des échan-

ges. On courut des bordées et l'on permit à un grand nombre de naturels de monter à bord. Leurs pirogues étaient artistement construites, hautes de l'avant et de l'arrière, et peintes en rouge; elles avaient des balanciers et des voiles en nattes de forme triangulaire; une de ces embarcations fut poussée contre le navire par un grain violent; elle s'y brisa; mais les hommes qui la montaient gagnèrent promptement à la nage d'autres pirogues; leurs compatriotes avaient l'air de rester indifférens à leur accident. Tous ces insulaires étaient bien faits, musculeux, d'une couleur légèrement cuivrée; leurs cheveux étaient longs et droits, ils les laissaient pendre sur leurs épaules, ou les réunissaient en un nœud sur le devant de la tête; ils avaient les jambes, les bras et le tour de la taille tatoués en lignes ondulées; le lobe de l'oreille était très-allongé, et percé d'une ouverture dans laquelle ils avaient fourré des ornemens d'une espèce de bois léger et joliment décorés, un rouleau de feuille verte, ou des morceaux d'écaille de tortue; ce dernier objet semblait être très-estimé parmi eux.

Ces insulaires étaient coiffés d'un chapeau pointu à haute forme, fait de feuilles de palmier, et ressemblant à celui des Malais; leur ceinture était entourée d'une petite natte étroite, d'un travail joli et délicat; elle paraissait avoir été tissue à la navette, avec une graminée très-fine. Elles sont blanches en sortant du métier; mais ordinairement elles se colorent de l'huile et du turmeric dont les indigènes oignent leur corps, et cette couleur rehausse la beauté des vêtemens. Quelquefois la natte est percée d'une ouverture par laquelle passe la tête, et tombe ainsi sur les épaules et sur la poitrine. D'autres ont les bords ou le milieu de cette natte ornés avec goût, par le moyen d'une herbe teinte en noir, et tressée élégamment dans le tissu de la natte.

Les hameçons dont ils se servent pour pêcher sont les plus singuliers que l'on voie dans les îles du Grand-Océan; ils sont d'un bois dur et ont la forme du bec d'une ancre; plusieurs sont attachés au bout de chaque ligne; ils avaient aussi des filets très-longs pour pêcher sur les rochers. Ils reçurent avec plaisir, en échange, des morceaux de cercles de fer, des bouteilles de verre, de la verroterie, des hameçons.

Ils avaient aussi des couteaux faits de dents de requin fichées dans un bois rond; des peignes façonnés proprement en bois jaune, le haut en était délicatement sculpté et orné de plumes; on les porte dans la chevelure. Des aiguilles en bois, longues d'environ six pouces, sont attachées à un cordon qui fait le tour du cou, et employées à arranger leurs boucles de cheveux flottantes.

Les seules armes que l'on ait vues aux insulaires de Poulo-Ouat, sont une sorte de massue ou de bâton noueux, de la grosseur ordinaire d'une canne, long de cinq pieds, et ayant un nœud à chaque bout; elles étaient de bois jaune, peu pesantes, et ne semblaient pas bien terribles; ils avaient aussi des frondes en coïr ou bourre de coco; elles étaient très-bien faites, et ressemblaient à celles dont on se sert dans la plupart des îles des Nouvelles-Hébrides. Il y avait encore quelques lances, qui n'étaient que de longs bâtons terminés par une pointe. Les insulaires ont des conques qui tiennent lieu de trompettes en temps de guerre.

Ils se montrèrent nageurs et plongeurs habiles. Leurs pirogues marchent très-vite vent arrière et virent aisément de bord.

PONTS DE LA COLOMBIE.

Les ponts en pierre sont rares dans toute la Colombie. Mais on y supplée par des ponts en bois dont la grossière structure offre peu de sûreté, et par des ponts en corde que l'on n'emploie généralement que sur les rivières d'une grande largeur. Ces sortes de ponts sont fort curieux. Sur chaque bord s'élèvent de forts poteaux, au haut desquels on arrive par des gradins, ou seulement à l'aide des inégalités du terrain. Là, six grands câbles, tressés avec des sarmens de lianes, sont jetés de l'une à l'autre rive, de manière à ce que quatre d'entre eux forment le plancher, et les deux autres les garde-fous ; de gros bâtons recouverts avec des branches d'arbres sont attachés sur les câbles du milieu. Il serait imprudent de vouloir donner à ces ponts une trop grande tension : aussi forment-ils au dessus de l'eau un arc dont les oscillations ont quelque chose d'effrayant.

Il y a d'autres ponts infiniment plus simples et qui cependant rendent le trajet moins périlleux que les précédens ; en certaines localités, on les nomme *tarabites*. C'est un gros câble, formé, soit avec des cordes en liane, soit avec les fibres de l'agave, ou même des lanières de cuir ; à lui seul il constitue un pont. Le voyageur s'assied sur un mannequin ou sur un simple filet soutenu par plusieurs cordes, dont les bouts, réunis en faisceaux, sont attachés à un grand croc adapté à la *tarabite*. Des hommes et des chevaux, placés sur la rive opposée, tirent cet attelage au moyen d'une seconde corde ; mais il arrive quelquefois que le voyageur est privé de ce secours ; il doit s'aider alors des pieds et des mains pour achever ce périlleux passage. On dirait de ces évolutions de funambules ou danseurs de corde que nous voyons, dans les rues d'Europe, solliciter les encouragemens de la multitude émerveillée.

CHASSE AU MIEL DANS LE NORD DE L'AMÉRIQUE.

Voici quelques détails curieux sur cette chasse

d'un genre particulier : les personnes choisies pour reconnaître les arbres qui servent d'habitations aux essaims, ramassent un certain nombre d'abeilles au milieu des fleurs qui bordent les forêts : ils les renferment dans de petites boîtes au fond desquelles est un morceau de miel : sur le couvercle est un verre assez grand pour recevoir la lumière de tous les côtés. Lorsqu'on suppose que les abeilles ont eu le temps de se rassasier de miel, on en laisse échapper deux ou trois et l'on observe attentivement la direction qu'elles prennent en volant, jusqu'à ce qu'on les perde de vue. Le chasseur s'avance alors vers le lieu où il a cessé de les apercevoir, et, donnant la liberté à une ou deux autres prisonnières, remarque la direction qu'elles prennent, comme il a déjà fait pour les premières. Ce procédé est répété jusqu'au moment où les abeilles, au lieu de suivre la même direction que les précédentes, volent dans une direction opposée. Quand cela arrive, le chasseur est convaincu qu'il a dépassé l'objet de ses recherches; car il est généralement reconnu que, si on enlève une abeille de dessus une fleur située à certaine distance au sud de l'arbre où elle habite, et qu'on la transporte dans la prison la mieux fermée au nord du même arbre, on la verra, aussitôt qu'il lui sera permis de s'échapper, décrire un cercle en volant et prendre directement sa course vers son logis. Lors donc que le chasseur juge,

par le changement de la direction des abeilles,
qu'il est aux environs de l'arbre, il place sur
une brique chauffée un morceau de rayon de
miel dont l'odeur est assez forte pour engager
aussitôt toute la tribu à descendre de son asile
et à voler à la recherche du miel : il ne reste
plus alors qu'à abattre l'arbre ; et il est rare que
la quantité de miel que l'on trouve dans son
tronc creux ne dédommage pas très-amplement
le chasseur de sa persévérance ; on en tire souvent 70 et quelquefois 150 livres.

INDIENS CHARRUAS.

Cette nation habite les bords de l'Uruguay,
vers les frontières septentrionales de la république de Monte-Video. Attaquée souvent par
les Espagnols établis dans l'Amérique méridionale, elle leur a fait perdre plus de soldats que
les conquêtes du Mexique et du Pérou.

Les Charruas ne sont pas encore entièrement
détruits ; mais dernièrement (en 1831) le président de la république de Monte-Video a en-
trepris contre eux une expédition dont le but
était de les disperser, à cause des dangers de
leur voisinage. Dans tous les temps, la bravoure
et la férocité de ces sauvages furent remarquables. Lorsque les Espagnols les attaquaient en
faisant des feux de bataillon et de peloton, les
Charruas, après avoir essuyé une première dé-

charge, s'élançaient aussitôt sur eux comme la foudre et les perçaient de leurs lances et de leurs flèches, sans leur donner le temps de recharger leurs armes. Les Espagnols prirent le parti, plus tard, de les combattre en faisant des feux de file, et ce moyen leur réussit.

Ces sauvages sont excellens cavaliers. Ils montent leurs chevaux à poil. Ils ne font aucun usage des armes européennes et se servent souvent d'une lance longue de dix à onze pieds, du lacet à boules, de l'arc et de la fronde.

Ils sont couverts de vermine; leurs femmes ne lavent jamais leurs vêtemens et très rarement leur corps; aussi rien n'est plus sale et plus dégoûtant que la vue de ces sauvages. Cependant la nature ne leur a refusé ni la beauté de la taille, ni la régularité des traits. La couleur de leur peau est rouge-brun; leurs yeux sont petits, toujours noirs, et doués d'une vue plus longue et meilleure que la nôtre; leurs dents sont blanches et bien placées; leurs mains et leurs pieds sont petits et bien faits. Ils ont les cheveux épais, noirs et luisans. En général, leur physionomie est farouche.

Les Charruas se nourrissent de viande de bœuf, de cheval cru ou à moitié rôti, d'œufs d'autruche ou de perdrix. Leur boisson favorite est le *chicha*, espèce d'eau-de-vie qu'ils composent avec du miel fermenté et de l'eau. Leurs habitations sont faites avec des branches d'arbres et des peaux de bœuf ou de cheval, et sont des réceptacles d'immondices. Les hommes vont nus ou couverts d'un *puncho*; les femmes portent une chemise de coton, et ce vêtement est ordinairement le fruit du vol du père ou du mari. A la mort de leurs parens, leur deuil consiste en mutilations et en abstinences. Les femmes se découpent la peau et la chair des bras et des jambes en signe de deuil. A la mort d'un enfant, la mère se coupe la première phalange du petit doigt, puis celle du second doigt quand cette perte se renouvelle, et ainsi de suite. Le voyageur Azara assure que ces Indiens ne connaissent ni chants ni danses. Ils n'ont aucune religion et abhorrent les chrétiens, qu'ils considèrent comme leurs plus cruels ennemis. Ils n'ont point de chefs ni de lois. Les pères de famille seuls s'assemblent et se concertent, lorsqu'ils ont quelque guerre à entreprendre.

Ces Indiens sauvages et cruels, toujours redoutables aux autres tribus, paraissent peu susceptibles d'être civilisés. Les gouvernemens de la Plata ont fait à cet égard des tentatives infructueuses. Heureusement que cette nation, la plus féroce de toutes celles qui existent encore sur les bords de l'Uruguay, se compose aujourd'hui de fort peu d'individus.

On a vu à Paris, dans ces dernières années, un Charrua, nommé *Ramon-Mataojo*, qui avait été amené en France par le capitaine Barrat. Il n'avait jamais voulu travailler, et lorsqu'on l'y engageait, il se mettait à pleurer, en disant : *Je suis pauvre.* Il mangeait la viande crue avec avidité. Il lui prit plusieurs fois, pendant la traversée, certaines velléités d'anthropophagie. Il dit un jour très-sérieusement à un jeune homme imberbe et frais, qu'il serait excellent à manger, et il confia à plusieurs personnes de l'équipage, que lui, Ramon, avait tué et mangé dix blancs. Quand on lui demandait son âge, il disait avoir vingt-neuf soleils et les comptait sur ses doigts.

Le président de la république orientale de la Plata, D. Fructuoso Ribera, a presque consommé l'extermination de cette tribu en 1832. Parmi les Charruas échappés au glaive du vainqueur, trois hommes et une femme furent conduits en France et amenés à Paris, où ils devinrent l'objet d'une curiosité si fatigante et en même temps si humiliante, que, suivant le rapport du médecin, l'un d'eux, nommé *Senaqué*, en mourut de désespoir. Près de rendre le dernier soupir, ce malheureux recueillit ses forces, et s'écria d'un ton si douloureux que tous les assistans en furent émus : *Paris! Paris!*

MŒURS DES TRIBUS SAUVAGES DE LA PLATA.

Ces Indiens sont généralement tristes, sombres et abattus. En apparence insensibles à la joie comme à la douleur, ils montrent en toutes circonstances un stoïcisme stupide : toute émotion est pour eux une fatigue intolérable. Une femme accepte le premier époux qui se présente, fût-il vieux et infirme ; elle le quitte sans obstacle, dès qu'elle en éprouve le désir, ou quand son mari ne veut plus d'elle.

Ces Indiens ont une grande horreur des morts. Chez eux lorsqu'un malade est sur le point d'expirer, on l'emporte loin de la peuplade pour le déposer dans une fosse creusée exprès pour lui ; ses parens et ses amis laissent à ses côtés des vivres et de l'eau, et ne reviennent de loin en loin que pour voir s'il a rendu le dernier soupir. Quand ils reconnaissent qu'il ne donne plus aucun signe de vie, ils jettent dans la fosse ses meilleures nippes, et recouvrent de terre et de feuillage cette tombe où le malheureux était descendu vivant. Cette barbarie à l'égard des morts est bien digne d'hommes dénaturés qui tuent les enfans dans le sein de leurs mères. Les parens du défunt changent aussitôt de nom, pour que la mort, qui en a pris note, ne les retrouve plus, disent-ils, quand elle reviendra.

Voici en quoi consiste l'espèce de gouvernement établi chez ces sauvages. Les guerriers nomment un chef que les Européens ont désigné sous le nom de Cacique. Ce chef donne des conseils, jamais des ordres : les vieillards seuls ont un privilége d'autorité sur les jeunes gens, et ces derniers sur leurs femmes. Ils jugent leurs

différends à coups de poing ; la cause est gagné ,
lorsque l'un des combattans a tourné le dos à
son adversaire : celui-ci ne le poursuit jamais et
ne cherche point à se prévaloir de son avantage ;
de son côté, le vaincu n'éprouve aucune honte.
Toute leur énergie de haine et de vengeance se
concentre sur les hommes des autres tribus ;
alors ils ont recours à la dissimulation pendant
plusieurs années, s'il le faut ; alors rien ne leur
coûte ; ils passent des journées entières dans un
jeûne complet, exposés à toutes les intempéries
de l'air, uniquement dans l'idée de surprendre
leur ennemi et de l'immoler. S'ils réussissent,
ils reviennent dans leur cabane suspendre le
crâne chevelu de leur adversaire, et distribuer
à leurs amis quelques lambeaux de leur cadavre,
pris dans les parties les plus charnues.

Quand ces Indiens manquent de nourriture,
ils sont sobres et résignés ; mais quand la chasse
est productive, ils sont voraces et gourmands.
On en a vu qui dévoraient en un seul jour six
ou huit livres de viande à demi grillée et quelquefois même déjà corrompue ; car chez eux le
goût et l'odorat sont peu développés. Ils ont
en revanche l'ouïe très-subtile et la vue perçante. D'une ignorance complète, sans mémoire, sans prévoyance, ces Indiens, semblables à de grands enfans, passent leur vie à se
balancer dans des hamacs, à boire l'eau-de-vie
des Européens, le *maté*, espèce de thé, et le

chicha, boisson spiritueuse faite avec du miel fermenté. Les femmes, rongées de vermine et enduites de graisse, ne se lavent jamais ; elles n'aiment ni jeux, ni danses, ni exercices, ni chansons, ni travaux domestiques.

Les hommes ont pour armes des massues, des lances, des frondes, des couteaux formés d'une pierre tranchante, des arcs et des flèches, outre les armes à feu qu'ils achètent aux Européens. Ils aiment tous également à orner leur tête de l'éclatant plumage des oiseaux de leurs contrées. Féroces dans les combats, hospitaliers pendant la paix, on les voit tour à tour prodiguer les soins les plus tendres à l'étranger qui les visite, ou se repaître de sa chair vivante, quand le hasard des combats l'a mis en leur pouvoir. La difficulté que ces sauvages éprouvent à pourvoir à leur subsistance a introduit parmi eux un usage empreint d'une atroce barbarie ; les femmes conservent leur premier enfant, rarement le second ; une loi de mort est portée contre tous les autres.

Les idées religieuses des naturels de ces contrées se bornent à la croyance d'un combat perpétuel entre le bon et le mauvais principe, entre le génie du bien et le génie du mal ; et ils s'efforcent de venir au secours du premier, quelquefois par les pratiques les plus révoltantes. De là ces atroces cérémonies qu'ils décorent du nom de fêtes, où quelques fanatiques se mutilent eux-mêmes d'une horrible manière, se faisant dans les chairs de profondes incisions avec des pieux de bois ou des roseaux tranchans qu'ils laissent dans la plaie. Cet usage est encore en vigueur à peu près chez toutes les nations du Paraguay.

C'est ordinairement vers le mois de juin qu'a lieu la célébration de cette fête cruelle. Les chefs de famille y prennent part; les femmes et les jeunes gens n'y figurent que comme assistans. La veille, les acteurs se peignent le corps d'une façon extrêmement bizarre; ils ornent leur tête de plumes et de bandelettes. Dans la matinée du jour solennel, ils boivent autant de liqueurs fortes qu'on peut leur en fournir, et commencent ensuite à se pincer fortement les chairs des bras, des jambes et des cuisses; puis ils les percent d'outre en outre avec des arêtes et des morceaux de bois aigus, ou les coupent avec des roseaux; quelques uns se percent même la langue et se frottent le visage avec le sang qui en découle. Cette affreuse cérémonie dure toute la journée; les plus faibles ou les plus extravagans succombent à leurs blessures.

Les nations indiennes du Paraguay ont toutes adopté l'usage du *barbot*. Dès qu'un enfant vient au monde, on lui passe dans la lèvre inférieure un pieu de bois mince et poli. Au bout de quelques mois, on le retire pour lui en substituer un nouveau d'une plus grande dimension, et on augmente ainsi d'année en année, jusqu'à ce que la lèvre se déchire, et l'Indien est alors obligé de la recoudre autour de son *barbot*. Rarement ce disque s'adapte parfaitement à l'ouverture dans laquelle il est enchâssé; ce qui cause un écoulement continuel de salive et donne à ces sauvages un aspect dégoûtant.

TRIBU INDIENNE DES ARRAOUAKS.

On a découvert tout récemment, en explorant le cours de la rivière de Mazzaronni, une peuplade entièrement inconnue aux Européens. Un soir, des voyageurs anglais entendirent dans les bois, à quelque distance de la rivière qu'ils remontaient doucement, un homme qui poussait des hurlemens affreux. Attirés par ce bruit, ils débarquèrent et aperçurent bientôt un Indien arraouak se balançant dans un hamac entre deux cadavres étendus dans deux autres hamacs. Il agitait le sien en différens sens et donnait la même impulsion aux autres, en continuant à jeter les hauts cris. Interrogé sur le sujet de ses déchirantes lamentations, il répondit que ces cadavres étaient ceux de ses frères, morts des blessures qu'ils avaient reçues dans un combat avec une tribu qui avait traversé la rivière pendant la nuit. Il descendit alors les hamacs, et, ayant déposé les corps sur la terre, il coupa des branches d'arbustes épineux, avec lesquelles il

Antropophages nouvellement découverts.

les frappa à coups redoublés, en continuant ses
exclamations douloureuses, comme si cette flagellation eût tombé sur lui-même : puis il prit
la graisse d'un porc tué fraîchement, et en oignit
la bouche et le visage des morts, sans cesser ses
bruyans gémissemens; enfin, voyant qu'il ne
pouvait ranimer les corps insensibles de ses frères,
il ouvrit leurs yeux, enfonça des épines dans les
prunelles et sur leur visage, opération qui offrait un spectacle hideux; et, après les avoir
couverts d'un linceul, il les déposa dans une
fosse et répandit des feuillages sur leur tombeau.

ANTHROPOPHAGES SUR LES RIVES DE L'ESSEQUIBO.

Dans un voyage à la Guiane anglaise, M. Hillhouse et ses compagnons rencontrèrent, il y a
quatre ans (1830) un anthropophage appartenant à une peuplade caraïbe, qui les conduisit
auprès de son chef. Celui-ci leur fit le meilleur
accueil, et les régala de poisson assaisonné d'une
sauce savoureuse qu'ils trouvèrent excellente.
On leur servit ensuite deux mains d'homme et
une tranche de chair humaine.

Les voyageurs s'imaginèrent que ce mets se
composait de différentes parties d'une espèce de
singe qu'ils ne connaissaient pas; toutefois ils
s'abstinrent d'y goûter. Quant au chef, il rongea
les os des mains d'un air très-satisfait, tout en

leur demandant comment ils avaient trouvé le poisson et la sauce. Ils répondirent que l'un et l'autre leur avaient paru excellens ; à quoi il repartit : « Vous avez parfaitement raison , car c'est avec la chair humaine que l'on fait les meilleures sauces possibles ; ces mains et le poisson ont été accommodés ensemble. Vous voyez ces Macouchis , nos esclaves ; nous les avons pris en guerre et nous mangeons leurs femmes de temps en temps ! » A ce propos , M. Hillhouse et ses compagnons furent saisis d'horreur ; ils jugèrent cependant qu'il serait sage de cacher leurs sentimens , et , avant de se retirer pour prendre un repos dont ils avaient le plus grand besoin , ils virent que les femmes macouchis étaient renfermées dans un grand hangar entouré d'une forte et épaisse palissade de bambous , en sorte que les maris , les pères et les frères de ces malheureuses pouvaient les voir égorger pour être dévorées par ces infâmes cannibales.

HABITANS DE RIO-GRANDE.

Les habitans des campagnes de Rio-Grande sont supérieurs sous plusieurs rapports aux propriétaires aisés de la province Cisplatine. Il y a quelque chose dans leurs manières et leurs habitudes qui rappelle nos fermiers de la Beauce; mais, en somme, ils se rapprochent beaucoup du Bédouin ou du Tartare.

Robuste et bien fait, l'habitant de Rio-Grande n'est heureux que sur son cheval. Ses plus grands plaisirs sont de lancer les boules ou le lacet contre une génisse sauvage ou un cheval fugitif, de réunir ses troupeaux immenses, de dépecer le cheval qu'il vient d'égorger. L'autorité militaire est la seule qu'il se plaise à exercer. Il sait se résigner au despotisme du milicien ou garde national qui se présente chez lui en uniforme pour lui enlever ses chevaux et son bétail; mais il veut qu'on se soumette également à son autorité, lorsque lui-même il aura revêtu son uniforme. Il est hospitalier, mais insouciant et peu sensible. Il souffre ses maux avec patience, et voit ceux d'autrui sans beaucoup de pitié. « Sur mon cheval, dit-il avec orgueil, je n'ai plus besoin de rien; j'emporte de quoi me faire un lit au milieu des déserts et une nacelle pour passer les fleuves; sans sabre ni fusil, j'ai des armes pour me rendre maître des bestiaux dont je veux me nourrir, et ma batterie de cuisine galope avec moi. » En effet, s'il veut dormir, il se couche sur le cuir écru qui, étant plié, formait la couverture de son cheval; ce même cuir attaché aux quatre coins devient une pirogue; son lacet et ses boules, suspendus à sa selle, lui servent à réduire les bestiaux dont il fait sa nourriture, et un bâton pointu, plus facile encore à transporter que le reste, lui tient lieu de broche.

Rio-Grande est le nom d'une des plus riches provinces du Brésil.

CROCODILES D'AMÉRIQUE.

On trouve dans l'ouvrage de Mrs Trollope sur l'Amérique un fait épouvantable relativement à ces monstrueux amphibies.

On sait que le fangeux Mississipi nourrit dans ses eaux un grand nombre de crocodiles. Un pauvre coupeur de bois avait bâti sa cabane de bois à la manière du pays, c'est-à-dire avec l'aide de tous ses voisins; elle fut promptement terminée; déjà sa femme et cinq jeunes enfans s'y étaient établis. Il dormaient profondément après une longue marche, lorsqu'un faible cri éveille le père de cette nombreuse famille. En ouvrant les yeux, il aperçoit les restes de trois de ses enfans; puis, au milieu de ces lambeaux de chair, un énorme crocodile entouré de ses petits terminant un horrible festin. Ce malheureux cherche autour de lui une arme pour se défendre; il n'en trouve point; un seul parti lui reste, c'est d'aller chercher des secours. Il se lève doucement, essaie de se glisser sans bruit par une fenêtre; il espère que sa femme et deux enfans au maillot qu'il laisse endormis, échapperont jusqu'à son retour aux regards du monstre; il court chez un de ses voisins et revient bientôt avec deux hommes armés. Nouvelle horreur! Sa malheureuse femme et ses pauvres petits enfans sont déchirés sur leur lit sanglant.

Les crocodiles gorgés de chair humaine devinrent une proie facile pour les assaillans, qui, en examinant les lieux, trouvèrent que la hutte avait été construite près de l'ouverture d'un énorme trou, espèce de caverne où le monstrueux animal avait mis au jour son affreuse progéniture.

LE MANCENILLIER.

Le mancenillier, production du sol de la Colombie, est une des plantes les plus dignes de fixer l'attention du naturaliste. C'est surtout dans les environs de Bogota que se trouvent les plus beaux arbres de cette famille. Chacune des parties de cet arbre distille un lait vénéneux, dont une seule goutte tombée sur le corps de l'homme suffit pour y produire une ampoule douloureuse, qu'il faut ouvrir avec précaution et soigner comme une plaie. Ses émanations, chassées par le vent, portent au loin les maladies et la mort; les oiseaux fuient par instinct son ombrage perfide; les eaux qui baignent ses racines donnent la mort aux poissons qui s'y arrêtent. C'est du suc du mancenillier que les Indiens se servent pour empoisonner leurs flèches, qui conservent long-temps cette funeste propriété.

On assure que le bois de cet arbre est excel-

lent pour les constructions navales. Les ouvriers
chargés de le couper apportent beaucoup de
précautions dans cette opération. Ils allument
d'abord un grand feu autour du tronc, afin de
dessécher et d'absorber la liqueur vénéneuse
qui en découle de toutes parts; puis ils s'en approchent en ayant soin de ne pas se trouver
sous l'air du vent, et mettent devant leurs yeux
une gaze très-fine qui les préserve de tout contact avec cette plante redoutable.

LE GUACO.

La Colombie produit un autre végétal qui a
des propriétés tout-à-fait opposées : c'est le
guaco. Les Indiens et les nègres ont une grande
confiance dans le suc de ses feuilles. En effet, il
n'est pas de meilleur remède pour guérir les morsures des serpens venimeux dont les espèces
sont si multipliées dans cette contrée.

On rapporte que le célèbre Mutis, naturaliste
de Bogota, ayant communiqué, il y a plusieurs
années, ce remède à quelques Européens, l'un
d'eux, plein de zèle pour la science, consentit à
en faire l'essai sur lui-même. Il soumit sa main
à la morsure d'un reptile reconnu pour apparte-
nir à l'espèce la plus malfaisante : mais, à peine
les premiers symptômes du venin commençaient-
ils à se manifester, qu'un nègre qui dirigeait l'o-
pération se hâta d'exprimer sur la plaie le suc

de quelques feuilles de guaco, et en peu d'instans le patient se trouva rétabli.

LE SERPENT APPELÉ L'ALLIGATOR.

L'alligator est un reptile qui atteint une longueur de douze à treize pieds; son ventre est d'un bleu nuancé de vert, et son dos noirâtre. On voit ces serpens flotter par bandes sur les grands fleuves de la Colombie; dans cet état ils ressemblent assez à des troncs d'arbres. Le passage des plus grandes embarcations ne les effarouche aucunement. Ils n'attaquent l'homme que bien rarement, encore n'est-ce que sur l'eau, où ils ont sur lui un grand avantage, tandis que sur la terre la lenteur de leurs mouvemens les mettrait à la merci d'un agresseur agile et brave. On a remarqué que les alligators de la Colombie sont devenus plus voraces depuis que les fleuves de ce pays ont charrié tant de cadavres, dans la guerre de l'indépendance. Mais bien long-temps auparavant cette opinion existait parmi les nègres; car ils avaient pour principe de détruire promptement l'alligator qui avait fait un repas de chair humaine, de peur que le monstre affriandé ne cherchât à faire de nouvelles victimes.

HABITANS DES LLANOS DE L'APURÉ.

Parmi les tribus américaines de la Colombie,

il faut distinguer les Indiens des Llanos, qui n'ont reçu qu'une demi-civilisation, et qui, quoique chrétiens, n'en ont pas moins conservé leur férocité native. La garde de nombreux troupeaux et la chasse des chevaux sauvages et des bêtes fauves, telles sont leurs occupations les plus ordinaires; ils ont une adresse remarquable à se saisir du *lasso*. Le *lasso* est une corde d'environ trente pieds de longueur, qui se partage en deux à son extrémité, et s'adapte à deux petites boules en fer. Quand le chasseur se trouve à portée de sa proie, il fait tournoyer au dessus de sa tête le *lasso* ployé en forme de ganse, et le lance avec la raideur d'une fronde : les boules volent, s'entrecroisent et vont saisir dans sa fuite la proie que l'Indien a choisie. Quelquefois, courant à cheval à la poursuite d'un taureau sauvage, il le saisit par la queue, le soulève vigoureusement, le renverse et met pied à terre sans lâcher prise.

Les habitans des Llanos de l'Apuré se sont rendus très-redoutables dans la guerre de l'indépendance, sous le commandement de Paëz. Ils combattaient toujours à cheval, avec des lances d'une excessive longueur, et ressemblaient, sous ce rapport, à des Cosaques de la mer Noire. Leurs chevaux sont petits, mais robustes et d'une agilité remarquable. Ils les montent à nu, et n'ont eux-mêmes qu'un simple caleçon pour tout vêtement. Quand il court, la lance en arrêt, le Llanero se couche horizontalement sur le dos de son cheval; il fond sur son ennemi avec la rapidité de l'éclair, le frappe et fournit le reste de sa carrière comme s'il ne s'était agi que d'un simple temps de galop.

Ces lanciers sauvages étaient devenus un épouvantail pour les soldats espagnols. Voici un fait historique qui peut donner une idée de leur ignorance et de leur férocité. L'un d'eux venait de combattre un hussard du régiment de Ferdinand; il l'avait désarçonné, et l'emmenait captif pour le présenter à son général. — Et pourquoi, lui dit Paëz d'un ton sévère, pourquoi n'as-tu pas exécuté mon ordre? N'ai-je pas prescrit de tout tuer et de ne faire aucun prisonnier? — C'est vrai, général, répondit naïvement le Llancro : aussi je n'hésiterai jamais à verser le sang d'un guerrier; mais je n'ai pu me résoudre à tremper mes mains dans celui d'un capucin. L'Indien était de bonne foi en tenant ce langage; il avait pris le hussard pour un capucin, à cause de ses grandes moustaches. Paëz rit beaucoup de cette méprise, et fit grâce au prisonnier, qui prit du service sous ses drapeaux.

LÉZARD D'AMÉRIQUE GUÉRISSANT LA LÈPRE.

Une vieille négresse de la province de Guatimala avait été chassée inhumainement d'une habitation, parce qu'elle était atteinte de la lèpre.

Ayant été rencontrée par une tribu sauvage dans les bois où elle errait, elle avait vu avec surprise ces hommes s'approcher d'elle sans crainte et l'emmener avec eux. Arrivés dans leurs cabanes, il la traitèrent, la guérirent; mais il la retinrent en servitude, pour qu'elle n'apprît point aux Européens le secret de sa guérison.

Cependant cette tribu ayant un jour été attaquée par une tribu voisine, la pauvre négresse s'échappa pendant le tumulte, et trouva le moyen de regagner par les forêts son habitation.

Son retour et sa guérison excitèrent la plus grande surprise. On attribuait cette cure à un miracle; mais la négresse apprit à ses maîtres que les sauvages l'avaient guérie en lui faisant avaler chaque jour, pendant trois semaines, un lézard cru et coupé en morceaux. Ce lézard, disait-elle, était fort commun partout.

La nouvelle de cette aventure s'étant promptement répandue dans toutes les provinces de l'Amérique espagnole, on essaya et l'on pratiqua avec un tel succès le remède du lézard, que peu à peu les léproseries se vidèrent, et que l'horrible maladie qui les avait alimentées jusque-là disparut presque totalement.

Ainsi, par un singulier hasard, l'Amérique espagnole fut délivrée d'un fléau terrible, que l'on appelait la *lèpre de Carthagène*, et qui était réputé incurable. Dès qu'un individu était attaqué de ce mal horrible, qui couvrait la peau d'ulcères, détruisait le sens du toucher, et conduisait à une mort lente par des douleurs insupportables, tout le monde fuyait ce malheureux; chacun évitait avec horreur son approche; toute pitié cessait pour lui; l'amitié l'abandonnait, la terreur étouffait même la voix de la nature; il n'avait d'asiles que les léproseries, hôpitaux infects, où ses souffrances s'aigrissaient par le spectacle de celles de ses compagnons d'infortune.

Le gouverneur de Caracas fit voir à M. de Ségur deux de ces lézards merveilleux. Sa propriété est, au bout de quelques jours, de donner des sueurs et des salivations si fortes qu'elles emportent le mal en peu de temps.

À son retour en France, M. de Ségur communiqua ce fait à plusieurs médecins, et ce qui est pénible à dire, c'est que ceux-ci reçurent avec indifférence cet avis, et qu'ils négligèrent de prendre des informations sur un remède si efficace et qui avait été employé avec un grand succès pour guérir des soldats hydropiques.

MONTAGNES ET FORÊTS DANS LE VOISINAGE DE CARACAS.

«Après avoir traversé quelques plaines fertiles en indigo, en café, en cacao, etc., et des champs de maïs, nous entrâmes, dit M. de Ségur, dans des montagnes beaucoup plus escarpées et dans des forêts bien plus sauvages que celles qu'il nous avait fallu franchir pour arriver de Porto-Cabello à Valence. La route était seulement un peu mieux tracée et moins dangereuse.

» Dans les vallons, nous succombions sous le poids de la chaleur; élevés sur les monts, nous éprouvions un froid dont nos manteaux ne pouvaient nous garantir. La nuit, c'était une telle humidité qu'en tordant nos couvertures, elles répandaient de l'eau en abondance. Ces montagnes sont de très-peu moins hautes que les imposantes Cordilières, dont elles sont une branche.

» Pendant les ténèbres, on se sentait attristé par les hurlemens des tigres, des lions; et le matin, on était étourdi par les cris aigus et perçans d'une foule innombrable d'aras, de perroquets et de perruches qui saluaient le soleil et lui rendaient sauvagement hommage par les concerts les plus discordans.

» Pendant notre route, nous fûmes étonnés d'entendre les cris féroces d'un animal qui semblait s'approcher de nous. Notre guide nous dit avec effroi que c'était un tigre; alors, malgré ses conseils, nous tournâmes vers la partie du bois d'où partait ce bruit. Désoteux, qui seul avait des pistolets, entra dans le fourré; l'animal avait fui. Désoteux déchargea sa colère et son arme sur un gros singe qu'il manqua.

» Je ne fis pas d'autre rencontre dans ces forêts que celle d'un serpent énorme de l'espèce des boas; il dormait au soleil sur des broussailles. Je l'avais pris d'abord pour un énorme tronc d'arbre renversé, et je ne pus me défendre d'un soudain tressaillement lorsque , au moment où ma mule le touchait presque, ce prétendu arbre se redressa, se recourba, montra une tête hideuse, et s'éloigna de moi avec rapidité, en poussant un affreux sifflement.

» Il y a encore une autre espèce d'animaux dans ce pays, dont l'aspect est horrible : ce sont de gigantesques chauve-souris, plus larges qu'un chapeau espagnol, et dont la physionomie infernale ressemble aux plus bizarres masques de nos diables de l'Opéra ; on les nomme *vampires* ; et le vulgaire croit que , lorsqu'elles trouvent un homme endormi, elles sucent tout son sang avec tant d'adresse qu'elles ne le réveillent pas.

» Après une journée des plus fatigantes , étant loin de toute habitation, nous demandâmes asile à une vieille femme indienne qui nous conduisit dans sa case, vraie demeure de sauvages ou de sorciers. Cette femme s'efforça de nous traiter de son mieux ; mais elle nous présenta des perroquets cuits dans un mauvais chocolat et d'autres mets si dégoûtans, que nous ne pûmes vaincre notre répugnance.

» Après avoir mal dormi, comme gens qui ont l'estomac creux, nous reprîmes notre chemin. Il nous fallut franchir avec peine une haute montagne nommée San-Pédro, redescendre dans une profonde vallée, et passer à gué plusieurs torrens ; enfin, ayant gravi une dernière montagne, nous descendîmes par une douce pente dans la délicieuse vallée de Caracas. Cette vallée, défendue des vents ardens du midi par de hautes montagnes, est ouverte à celui de l'est, qui y apporte une douce fraîcheur. Rarement le thermomètre y monte au-delà de 24°, et souvent on l'y voit au dessous de 20. »

REPTILES DE LA GUIANE.

Les forêts de la Guyane sont remplies de reptiles d'une grosseur et d'une longueur prodigieuses, dont le voisinage fait la terreur des habitans de cette contrée.

Le capitaine Stedman raconte que, naviguant sur la Commewyne, il rencontra un serpent monstrueux ; c'était un *boa constrictor*. Suivi de ses nègres, il s'en approcha avec précaution, et le reptile ne parut nullement intimidé de cette démonstration hostile ; mais une décharge de mousqueterie lui fit payer cher tant de sécurité. Cependant, comme l'ennemi n'était pas hors de combat, les nègres lui jetèrent un nœud coulant autour du cou ; puis, faisant passer l'extrémité de la corde par les hautes branches d'un arbre voisin, ils l'enlevèrent après de grands efforts, et le tinrent ainsi suspendu pour l'éventrer et en recueillir l'huile. Le boa respirait en-

core , et frappait l'air de ses formidables mouvemens. Il n'avait pas moins de vingt-deux pieds
de long.

Un des nègres , le plus intrépide de la troupe,
n'hésita pas alors à se cramponner à la partie
inférieure du reptile , et , s'aidant des pieds et
des mains à la manière des marins qui se hissent
au haut d'un mât , il atteignit le cou de l'animal , lui enfonça son couteau dans la gorge , et
se laissa retomber , en le pourfendant ainsi dans
toute sa longueur ; puis il en arracha les entrailles encore palpitantes.

Le capitaine Stedman paraissant étonné de
la prodigieuse force de vitalité du monstre , les
nègres affirmèrent qu'il n'expirerait pas avant
le coucher du soleil , c'est-à-dire avant plusieurs
heures , et leur assertion fut prouvée par l'événement.

Les autres reptiles communs dans la Guiane
sont les couleuvres , l'amphisbène blanc , l'erpé-
ton lenticulé , l'ophisaure et le serpent à cornes.
On y trouve aussi le camaïldor ou grand serpent
d'or , qui attaque le caïman , l'enveloppe , l'en-
serre de ses longs replis , et ne le quitte qu'a-
près l'avoir étouffé.

LES NATURELS DE LA GUIANE.

Les naturels de la Guiane viennent au monde presque blancs ; en peu de jours , ils pren-

nent une couleur bistre clair, qui se transforme en rouge à l'aide du rocou dont ils se teignent. Ils sont fortement constitués et de taille moyenne. Leurs cheveux longs et noirs sont coupés sur le front, et leur corps est bizarrement tatoué. Les femmes sont généralement bien faites, mais elles font boursoufler le gras de leurs jambes d'une façon hideuse, en les serrant fortement avec des lanières de cuir. L'Indien de la Guiane est naturellement doué d'adresse et d'intelligence, mais son humeur indolente résiste à toutes les tentatives de la civilisation.

Les Caraïbes et les Oyampis forment les groupes les plus nombreux et les plus intéressans des naturels de la Guiane. Ces Indiens ornent habituellement leur tête de plumes de toucans et de perroquets.

Les armes dont ils font usage sont des flèches empoisonnées et des *boutous*, massues de bois dur, taillées quadrangulairement. Leurs arcs ont quelquefois une longueur de six pieds. L'imperfection de ces instrumens de carnage est suppléée par l'adresse et la ruse.

Lorsqu'une tribu sauvage fait une expédition guerrière, l'autorité du chef devient une dictature illimitée ; celui qui tenterait de s'y soustraire serait aussitôt mis à mort, et sa chevelure ornerait la ceinture du grand chef. La troupe voyage le plus souvent de nuit ; elle descend en silence le penchant des collines, ou se glisse furtivement sous les hautes herbes de la plaine. Rien ne l'arrête, ni les bois, ni les rivières, ni les marais. Quand elle fait une halte, des sentinelles avancées veillent à sa sûreté avec un instinct qui surpasse les prévisions de l'homme civilisé. Tantôt grimpant à la cime des arbres les plus élevés, les gardiens jettent de longs regards sur l'horizon lointain, et rien ne saurait échapper à leur vue perçante et exercée ; tantôt l'oreille appliquée contre la terre, ils consultent les plus légers frôlemens de l'air, et devinent ainsi la distance et la force de l'ennemi qui vient à leur rencontre. Alors ils font retentir le cri d'alarme ; la troupe se lève ; elle arrive par sauts et par bonds, sans ordre apparent, mais non pas sans tactique, et cherche à s'animer au carnage par des cris féroces ou des chansons de guerre.

Au retour de l'expédition, les vainqueurs sont reçus en dehors du village pár les femmes et les enfans qui s'emparent des prisonniers et les accablent d'outrages jusqu'au moment peut-être où on les fera servir à un horrible festin. Pendant ce temps, les guerriers procèdent au partage du butin ; quelquefois il s'élève de vives altercations, qui se terminent par des combats singuliers. A ces contestations succède l'ivresse d'un banquet solennel où coulent à grands flots le *vicou*, le *cachiri* et d'autres liqueurs. Viennent ensuite les danses ; car il est à remarquer

que cet exercice a toujours été cher aux guerriers de tous les temps et de toutes les nations.
Ils aiment également à entendre célébrer leurs
exploits ; les sauvages eux-mêmes sont très-sou-
vent leurs propres panégyristes. Ils chantent
leurs victoires, en accompagnant leurs chansons
monotones et tristes, avec des tambours, de
grossières mandolines, des flûtes en roseaux
imitant le *syrinx* des anciens, des cornets, des
trompettes et des instrumens à grelots comme
le pavillon chinois.

Le lendemain, la tribu retombe dans son
apathie naturelle. Les hommes fument le couri-
mari et se balancent mollement dans leurs hamacs. Les femmes pétrissent le manioc, préparent la cassave, polissent des dents de tigres,
de caïmans, des graines sauvages et d'autres
bijoux de leurs modestes écrins. D'autres font
leur toilette, et se teignent avec le suc du ro-
couier.

Les Waroones, qui vivent à l'embouchure de
l'Orénoque, sur des îlots couverts de mangliers,
construisent leurs carbets sur les arbres. Ces
carbets consistent en quelques fourches surmon-
tées d'un toit de paille, sous lequel ils suspendent leur hamac ; cet usage est commun à plusieurs peuplades du Nord, qui échappent par
ce moyen aux inondations.

La vie nomade est chère à ces enfans du désert. Sous le prétexte le plus frivole, ils aban-

donnent leurs villages. Vieillards, femmes, enfans, tous voyagent gaîment sous la protection
des guerriers. Ils vont ainsi sans but jusqu'à ce
qu'il aient trouvé une localité convenable pour
y construire leurs carbets.

LES PATAGONS.

Divers voyageurs, notamment le commodore
Byron, ont donné des détails circonstanciés sur
cette race d'hommes que l'on rencontre à l'extrémité australe de l'Amérique du Sud, sur les
côtes septentrionales du détroit de Magellan.
Nous allons consigner ici quelques observations
faites plus récemment sur ces peuplades peu con-
nues. Nous les emprunterons au capitaine King,
qui a exploré ces côtes de 1826 à 1830.

Comme l'expédition anglaise arriva par l'est,
les premiers hommes qu'elle vit furent les Patagons ; ils étaient à cheval, en troupe d'une vingtaine de personnes, parmi lesquels il y avait trois
ou quatre femmes. La plus âgée de celles-ci paraissait avoir quarante ans, elle était mère de
cinq enfans ; les autres étaient de jeunes filles
d'environ quinze ans. Les hommes étaient de
jeunes garçons ou des enfans, à l'exception du
mari de la femme la plus âgée. Ils n'avaient tous
pour vêtemens que des peaux de guanacos et
de zorillo, espèce de mouflette. Ces peaux les
enveloppaient entièrement.

Quand le capitaine King descendit à terre, les Patagons étaient encore à cheval. Ils le regardèrent avec étonnement et restèrent immobiles comme des statues jusqu'au moment où il s'approcha de la femme, et lui offrit une médaille qui avait été frappée pour l'expédition. Elle l'accepta et se l'attacha au cou en montrant beaucoup de joie, lui indiqua du doigt une des jeunes filles, et lui dit en espagnol : *Donnez-en une à cette fille*. Le capitaine fit ce qu'elle demandait. Aussitôt la fille descendit de cheval; tous les autres Patagons suivirent son exemple, à l'exception de l'homme le plus âgé et de sa femme, qui se tinrent imperturbablement sans bouger au milieu d'un tas de peaux de guanacos. Bientôt toute la troupe monta de nouveau à cheval, en appuyant le pied gauche dans une ganse faite à la partie inférieure d'une courroie qui pendait du cou de l'animal, et, par ce moyen, se lancèrent facilement sur son dos.

Au premier aspect, il semblait au capitaine King et à ses compagnons que les Patagons appartenaient effectivement à une race d'hommes d'une stature prodigieuse; mais, en les regardant de plus près, surtout quand ils eurent mis pied à terre, cette illusion disparut entièrement. La partie supérieure de leur corps est d'une hauteur disproportionnée avec le reste; leurs jambes, au contraire, sont très-courtes : voilà pourquoi, lorsqu'ils se tiennent assis, ils ont réellement un air gigantesque.

Les rencontres fréquentes des Anglais avec ce peuple, dans le cours de l'expédittion du capitaine King, donnent lieu de présumer que le commodore Byron fut trompé par une illusion d'optique ou que, depuis long-temps, la race gigantesque a dégénéré. Ils ont des rapports très-actifs avec les établissemens fondés par les Espagnols au nord de leur pays.

Pendant leurs fréquentes communications avec les Patagons, les Anglais furent constamment reçus et traités de la manière la plus amicale; ils visitèrent leur campement et montèrent leurs chevaux, sans qu'on leur montrât ni mécontentement ni la moindre défiance. Des Patagons vinrent même à bord de *l'Aventure*, et firent ainsi la longue traversée jusqu'à l'île Elisabeth, pendant que la tribu à laquelle ils appartenaient marcha le long de la côte afin de se retrouver avec le vaisseau. Ces novices furent très-incommodés du mal de mer, durant les premiers momens de leur séjour à bord, et ils eurent l'air de se considérer comme très-malheureux de ne pouvoir retourner vers leurs compagnons; ils ne cessaient d'indiquer avec le doigt la fumée qui s'élevait du feu de leur camp, car ils pouvaient l'apercevoir au loin. Mais, le malles ayant quittés, ils reprirent leur gaîté, et parurent très-satisfaits de leur voyage. L'un d'eux, nommé Aighen, était le plus grand de tous les Patagons que les Anglais eussent vus; cependant sa taille n'était pas de plus de six pieds anglais ; celle des autres allait à peine à cinq pieds dix pouces. Mais, ainsi qu'on l'a déjà remarqué, ils étaient mal proportionnés, et la longueur de la partie supérieure de leur corps et de leur tête les faisait paraître d'une grandeur extraordinaire quand ils étaient assis.

LES INDIGÈNES DE LA TERRE-DE-FEU.

Le capitaine anglais Stokes a exploré cette contrée dans ces dernières années. Les naturels de la Terre-de-Feu sont, d'après sa relation, plus misérables que les Patagons. On ne trouve chez ces Indiens, soit hommes, soit femmes, aucune trace de force ou d'activité. En général, ils sont fort laids ; leur taille ne dépasse point cinq pieds six pouces ; leur corps est maigre, leurs membres sont mal faits. Ils se barbouillent le corps avec une terre rouge, et y tracent ainsi des figures singulières ; leurs cheveux sont noirs, droits et durs : ils se servent de dents de phoques en guise de peignes, et oignent leurs cheveux de graisse de tortue, ou d'huile de phoque et de poisson. Ils arrachent avec soin les poils de leur barbe avec des pinces naturelles que leur fournissent des coquillages. Leur nez est saillant et a des narines très-élargies. Leur peau est d'une couleur bronzée sale ; leur visage porte l'empreinte de la stupidité.

Leurs vêtemens consistent uniquement en

peaux de phoques ou de loutres de mer; ils mettent le poil en dehors, les cousent ensemble et en couvrent leurs épaules. Cette espèce de manteau est attachée autour du cou avec des cordons, et autour du corps avec des ceintures. Leurs armes sont des arcs, des flèches, des lances; leurs flèches sont longues de deux pieds et munies d'un caillou en forme de cœur, très-aigu; leurs lances, de la longueur de dix pieds, sont armées d'une pointe formée d'un os très-tranchant.

Ces Indiens ont une grande tendresse pour leurs enfans et les traitent avec beaucoup de douceur. Leurs huttes sont composées de deux à trois douzaines de grosses branches de bouleau, fichées en terre autour d'un espace de forme ronde ou elliptique, et dont le diamètre est d'environ dix pieds; ces perches sont réunies par en haut, de sorte que l'habitation a la forme d'un cône. Le foyer est au milieu, ils ne le quittent guère que lorsque la faim les contraint de chercher leur nourriture, aussi ne rencontre-t-on parmi eux que des créatures chétives et faibles, qui grelottent de froid au moindre coup de vent. Quelquefois on trouve sept à huit huttes éloignées de quelques pas les unes des autres; mais, en général, elles sont isolées et séparées par une distance de plusieurs milles. Ces sauvages les changent fréquemment de place, et les emportent toujours avec eux; souvent ils

traversent le détroit de Magellan en canot d'é-
corce de bouleau..

LES PÉONS AU BRÉSIL.

On appelle *Péons*, dans l'intérieur du Brésil,
des hommes venus du Paraguay, à qui l'on con-
fie la garde des nombreux troupeaux du canton
de Barriga-Negra, à cinquante lieues nord-ouest
de Monte-Video.

Les Péons vivent en quelque sorte dans un
état de servitude. Ils sont encore enfans lorsqu'on les amène du Paraguay. Une jaquette,
une chemise et un caleçon composent toute leur
toilette. Leurs habitations, formées de pieux ver-
ticaux et de branches flexibles entrelacées, sont
recouvertes de boue à l'intérieur comme à l'extérieur; de longues herbes ou des roseaux en
forment la couverture; une claie ou un simple
morceau de cuir sert de porte; leur lit est une
peau de bœuf, leurs siéges sont des crânes de
chevaux; et pour tous ustensiles de cuisine ils
ont une lance de fer, piquée obliquement dans
la terre, de manière à tenir la viande qu'on y
embroche inclinée au dessus du feu.

Les Péons sont remarquables par leur adresse
et leur agilité dans la chasse qu'ils font aux bestiaux par le moyen du nœud coulant (*lasso* ou
lacet). A pied ou à cheval, ils se servent de ce
lacet avec une égale dextérité. Lorsqu'un Péon

à cheval a lancé son lacet sur un bœuf, et qu'il en a fixé l'extrémité à sa selle, il peut mettre pied à terre; le cheval, parfaitement dressé à cet exercice, sait de lui-même maintenir le *lasso* assez tendu pour retenir l'animal garrotté.

On raconte un trait bien propre à faire connaître le courage et l'adresse des Péons ainsi que la vigueur de leurs chevaux. Une mulâtresse de cette classe, renommée à Barriga-Negra pour sa force masculine, et pour son habileté à dompter les chevaux les plus difficiles, revenait un soir du labour, lorsqu'un énorme tigre s'offrit à ses regards à quelque distance. Elle s'approcha lentement de cette bête féroce, menant son cheval à reculons, jusqu'à ce qu'elle n'en fût plus séparée que par une distance de cinquante pas; alors, et du même mouvement, elle lança son lasso sur la tête du tigre, et poussant son cheval au galop le plus rapide, elle entraîna à travers les champs et les ronces l'animal qui fut bientôt étranglé. Quand elle le vit mort, elle mit pied à terre, l'écorcha et se para de sa peau mouchetée pour faire son entrée dans son village.

LES CHIENS DES ESQUIMAUX.

Chez les Esquimaux, sauvages indigènes du nord de l'Amérique, le chien est employé comme bête de trait. Ces animaux, traités très-dure-

ment par leurs maîtres, sont extrêmement malheureux; cependant les services qu'ils rendent
sont de la plus grande importance. Leur caractère se ressent de ces mauvais traitemens. Ils
volent tous les alimens qui sont à leur portée;
ils se battent souvent entre eux, se montrent
grondeurs à l'égard des hommes. Ils n'ont un
peu de docilité et d'égards que pour les femmes,
qui les traitent ordinairement avec plus de douceur, qui les soignent quand ils sont malades :
aussi c'est presque toujours les femmes qui les
font venir pour être attelés aux traîneaux, même
lorsque ces malheureux animaux souffrent le
plus cruellement de la faim.

Habitant une contrée bien dénuée de res-
sources, les Esquimaux seraient tout-à-fait au
dépourvu sans l'aide de leurs chiens. Ces animaux sont leurs compagnons de chasse. Ils aperçoivent à un demi-quart de lieue le trou d'un
veau marin au milieu des glaces, et sentent un
renne ou un ours à une distance presque aussi
grande. Ils attaquent l'ours avec une telle ardeur, que, lorsqu'ils sont attelés à un traîneau, il
suffit de prononcer le mot *neuvrouk*, qui est le
nom de l'ours dans la langue des Esquimaux,
pour que l'attelage parte au grand galop. D'ailleurs cette ardeur naturelle, jointe à la faim qui
les presse constamment en hiver, les rend très-
difficiles à gouverner; si, dans leur route, ils
viennent à sentir un renne, un ours ou un veau

marin, il est presque impossible de les empêcher de courir de ce côté.

Quand les Esquimaux forment un attelage de ces chiens, le point qu'ils regardent comme le plus important est de choisir un *bon chef de file*, c'est-à-dire le chien le plus intelligent et qui ait le meilleur nez. C'est lui qui marche en avant; les autres chiens sont disposés d'après le même principe; ils se trouvent d'autant plus en avant qu'ils ont plus d'intelligence et l'odorat plus fin. Le chef de file est éloigné de vingt pieds de l'extrémité antérieure du traîneau, le plus inhabile s'en trouve à dix pieds seulement. Le conducteur est assis à l'avant, jambe de çà, jambe de là, ses pieds touchant presque à la neige; il porte à la main un fouet long de vingt pieds, y compris le manche qui a environ dix-huit pouces, et qui est fait de bois, d'os ou de baleine. Un pareil fouet n'est pas facile à manier, mais les Esquimaux sont accoutumés à s'en servir dès l'enfance, et cela fait chez eux une partie essentielle de l'éducation. Du reste, en conduisant leurs traîneaux, ils évitent autant que possible de se servir du fouet, à cause des inconvéniens qui en résultent. Le chien qui se sent frappé se jette sur celui qui est le plus près de lui et le mord, celui-ci en fait autant à un troisième, et dans un instant tout l'attelage est en désordre. Le fouet ne sert donc qu'à infliger un châtiment à quelque chien. C'est le chef de file qui se charge en quelque sorte de la conduite du traîneau, de tous les mouvemens à droite et à gauche. Dans la nuit la plus obscure, il sait également se conduire, et, conservant le nez sur la piste, il dirige le reste de l'attelage avec une étonnante sagacité, et s'égare bien rarement.

Le nombre des chiens attelés varie suivant la pesanteur des traîneaux. L'été est la saison la moins malheureuse pour ces animaux; ils sont alors mieux nourris, et se gorgent des débris de baleine, ou de veau marin, que leur laissent les hommes. En hiver, au contraire, ils sont réduits à se nourrir des choses les plus sales et les moins propres à servir d'alimens.

Les chiens des Esquimaux ont à peu près la taille des chiens de bergers; mais ils sont plus fortement charpentés, et couverts d'un poil plus épais.

LES HOTTENTOTS.

Les Hottentots font partie des populations natives du cap de Bonne-Espérance. Ils se vouent entièrement à la conduite des troupeaux; ils sont généralement adroits et hardis chasseurs, et sont favorisés, dans leurs chasses, par une vue perçante et une étonnante perspicacité.

Le Hottentot a les pommettes des joues très-proéminentes, et la mâchoire, au contraire, excessivement étroite; son visage va toujours en diminuant jusqu'au menton : son nez aplati est extrêmement court. Ses narines sont très-ouvertes ; il a une bouche très-grande, garnie de petites dents perlées d'une blancheur éblouissante ; ses yeux, très-beaux, inclinent un peu du côté du nez comme ceux des Chinois. Le Hottentot est parfaitement proportionné ; sa démarche est gracieuse et pleine de souplesse ; les femmes sont aussi très-bien faites ; leurs bras, leurs mains et leurs pieds sont modelés avec une délicatesse admirable.

Les élémens de l'agriculture ne sont pas même connus chez les Hottentots ; il n'y a chez eux ni ensemencemens ni plantations ; jamais par conséquent on ne fait de récolte. Les Hottentots ne font même pas de beurre, car ils boivent le lait de leurs troupeaux comme la nature le leur fournit.

Un manteau de peaux de moutons ou de bêtes sauvages cousues avec des fils de boyau, compose la principale pièce de l'habillement du Hottentot : ce manteau, appelé *kross*, lui tient lieu de couverture pendant la nuit et d'habit pendant le jour : s'il fait chaud, il l'ouvre ; s'il pleut, il le ferme. Quand les peaux de son manteau sont vieilles, il en couvre sa hutte ; quand il meurt, son manteau devient son linceul. La seconde pièce principale de son habillement consiste en un petit tablier de peau qu'il attache autour de ses reins.

En général, le Hottentot se fait remarquer par un grand sang-froid et par un maintien réfléchi et réservé.

ASIE.

LA VALLÉE DE LA MORT A JAVA.

A trois milles du village de Balor, il y a une vallée dont les naturels croient que personne ne peut s'approcher sans perdre la vie; on rapporte aussi que des squelettes d'hommes et de toutes sortes de quadrupèdes et d'oiseaux en couvrent le fond. Ils donnent à cette vallée extraordinaire le nom de *Gouvo oupas* (vallée empoisonnée); elle est sur la route de Djang.

A quelques pas de la vallée, l'odorat est affecté d'une odeur forte, nauséabonde et suffocante; mais quand on est près du bord, on n'éprouve plus cette sensation désagréable. De là l'on peut contempler un tableau horrible. La vallée paraît avoir un demi-mille de circonférence; le fond en est plat; on n'y aperçoit pas de végétation; on y découvre quelques grandes pierres qui semblent y avoir été portées par les eaux; et tout cela est effectivement couvert d'ossemens d'hommes, de tigres, de cochons, de cerfs, de paons et de toutes sortes d'oiseaux. Le sol paraît être sablonneux et dur; on n'y voit aucune ouverture, on n'en voit sortir aucune vapeur. Les côtés de la vallée, du haut en bas, sont tapissés d'arbres, d'arbrisseaux et de plantes.

Si l'on essaie d'y descendre, on n'éprouve d'abord aucune gêne pour respirer, mais on est incommodé par une odeur désagréable et nauséabonde. Si l'on y pousse des chiens, des poules et autres animaux, il suffit de quelques minutes pour qu'ils y trouvent la mort.

On suppose que les squelettes humains que l'on voit dans ce lieu pestilentiel sont ceux de rebelles qui, poursuivis sur le grand chemin, se sont réfugiés où ils ont pu, et sont entrés dans cette vallée dont on ne peut connaître le danger que quand on y a pénétré.

BRULEMENT DES POUNGHIS OU PRÊTRES BIRMANS.

On trouve dans une relation toute récente des détails curieux sur la cérémonie qui se pratique chez les Birmans, les Aracaïns et les Pégouans, à la mort d'un grand-prêtre.

Quand ce saint personnage est décédé, on ouvre le corps, on en retire les entrailles et on l'allonge; les extrémités inférieures sont fermement attachées ensemble et les supérieures fixées au tronc de la même manière. On frappe le cadavre avec des bâtons, et on en fait sortir tout le sang. Cette opération terminée, on fait des entailles diagonales à la distance de six pouces l'une de l'autre, sur les bras, les jambes et le tronc, et on les remplit ainsi que l'intérieur du corps, d'une composition de sel et de camphre. Alors on le serre fortement tout à l'entour d'un cordon qui sert à retenir les ingrédiens de l'embaumement, et à empêcher la décomposition. Ensuite on le pose au haut de la maison sur des bambous, et on place dessous un vase pour recevoir les particules qui en découlent. Cette opération terminée, on enlève le corps, on le coud dans une toile cirée, on le pose horizontalement, et on le couvre d'une espèce de préparation composée de résine et d'huile, afin d'empêcher le contact de l'air. Comme la physionomie du défunt doit avoir subi une grande altération, on pose sur sa face un masque de cire qui représente son visage, et tout le reste est enduit d'une couche de la même substance, que l'on revêt d'or.

Alors on fait une espèce de table qui est couverte de miroirs, sur lesquels sont peintes toutes sortes de fleurs; on y étend le corps et on le transporte dans une chapelle, haute de quarante-cinq pieds, où il reste exposé, pendant un à trois ans, à la vénération du public. Des milliers de Birmans, d'Aracains et de Pégouans se rassemblent à cet effet, et vont au sanctuaire, afin d'y offrir des sacrifices de tout genre pour sa consécration. Le terme fixé étant expiré, elle est proclamée publiquement par les prêtres, et son édit ordonne d'y assister à tous les habitans du pays des Birmans, du Pégou et de l'Aracan, parce que c'est le plus solennel et le plus indispensable de tous leurs rites et de toutes leurs cérémonies. Aussi le canton est-il visité par une affluence prodigieuse. Alors on se procure une solive d'environ quinze pieds de longueur et de huit de circonférence; elle est creusée, remplie de poudre à canon, et posée sur une petite voiture. Quand tout est prêt, des milliers de gens la traînent à la demeure du grand-prêtre, au milieu des acclamations de la foule. La voiture qui porte le corps est placée vis-à-vis d'une extrémité de la solive; on l'en approche, et l'on applique une lumière à l'autre bout. Aussitôt une terrible détonation pousse à une grande distance le corps en le réduisant ordinairement en atomes. La populace croit que le prêtre s'est enlevé au ciel; si l'on retrouve, après l'explosion, quelques fragmens des os, on les recueille et on les enterre.

CULTURE DU COTON CHEZ LES BIRMANS.

Les Birmans cultivent le coton dans presque toutes les parties de leur pays. Cependant la plus grande quantité se récolte dans les cantons situés entre Ava et Promé. On ne le fait pas succéder au riz, on le sème dans des terrains préparés exprès. La semaille a lieu à peu près à la même époque que celle du riz, ou au commencement des pluies, c'est-à-dire en avril ou en mai, et la récolte se fait en octobre ou en novembre. On sème à la volée après que la graine a été bien lavée dans l'eau, et les champs sont sarclés trois fois avant que la plante ait atteint la hauteur de trois pieds. Quelquefois on fait une seconde récolte en février ou en mars, mais elle est peu productive. Souvent on mêle avec le coton des brindjals et autres plantes potagères; on mêle les graines.

Les Birmans ne connaissent que le coton annuel. Le coton rouge, employé pour faire le nankin, se sème fréquemment dans les mêmes champs que le blanc. Les Birmans fabriquent avec le coton rouge une espèce de toile dont les femmes font les camisoles; cette toile n'a pas besoin d'être souvent lavée, objet très-important pour les Birmans.

SUR LE CULTE DU GANGE.

Le voyageur Thomas Skinner, dans les excursions intéressantes qu'il a faites dans l'Inde en 1828, s'est attaché à signaler tous les détails de mœurs qui avaient été le moins observés jusqu'ici. C'est surtout à Gangautri, ville située sur les rives du Gange, qu'il a été à même de voir jusqu'à quel degré d'imbécillité peut aller la superstition des naturels de ce pays.

« Il est impossible, dit-il, d'examiner cette source d'incrédulité, d'entrer dans ce foyer de la folie humaine, sans éprouver autant de surprise et d'étonnement que sa vue peut inspirer de dévotion et de respect aux victimes de la superstition, qui affrontent des peines multipliées pour venir se baigner dans l'eau de cette rivière sainte pour elles.

» Toutes les extravagances dont la folie humaine peut se rendre coupable semblent être concentrées dans ce lieu; des pélerins qui ont voyagé pendant des mois entiers pour remplir des fioles de l'eau de la rivière, attirés par la présence de leur dieu, demeurent prosternés sur ses bords; d'autres, enfoncés dans l'eau jusqu'à la ceinture, et entièrement occupés de leurs idées religieuses, pratiquent avec une bonne foi manifeste toutes les cérémonies du culte brahmanique. Des groupes, assis sur divers points des rives et agissant sous les auspices des brahmanes, pétrissaient des pelotes de sable avec de l'herbe sacrée, roulée autour de leurs doigts; elles étaient destinées à être offertes au Gange comme des dons propitiatoires pour l'âme des pères de ces fidèles. Lorsque ces pelotes sont faites, ils les jettent dans la rivière avec la gravité la plus profonde, inspirés par le sentiment religieux. La croyance à la divinité du Gange et à son pouvoir de faire des miracles est si grande, que plusieurs viennent le visiter pour les fins les plus ridicules, convaincus que ce qu'ils demanderont leur sera accordé.

» En ce moment , un fanatique est jusqu'à la ceinture dans le Gange ; il le supplie de lui accorder le don de prophétie. Il est venu d'un village situé au dessus de Sirinagor , ne doutant nullement que la rivière sainte ne le récompense de son voyage , en lui ouvrant les livres de l'avenir.... Il dit qu'à son retour dans les montagnes qui l'ont vu naître , il prophétisera , et que de toutes parts les montagnards accourront vers lui pour apprendre leur destinée , ce qui ne tardera pas à l'enrichir.

» Quand je m'approchai du sanctuaire sacré, j'aperçus une troupe de spectres livides , se glissant à travers les bois qui étaient devant moi , et s'évanouissant successivement. Je m'imaginai que j'étais effectivement parvenu dans les régions surnaturelles; mais, quelques pas plus loin, je rencontrai une troupe de djoghis ou pénitens nus , et blanchis par la cendre répandue sur leur corps. Une corde leur serrait les reins ; leurs cheveux, tortillés comme des serpens , leur pendaient sur les épaules ; les mains appliquées sur les côtés , ils marchaient à pas mesurés, répétant continuellement d'une voix sourde : *Ram ! Ram ! Ram !* mot hindou qui signifie la divinité. Si quelque chose avait été nécessaire pour ajouter au caractère de la scène, l'apparence de ces êtres, qui s'efforcent de n'avoir rien de terrestre, y aurait été merveilleusement adaptée. L'homme le plus incrédule pour les histoires de revenans, tressaillirait en voyant tout à coup une de ces figures , en quelque sorte. étrangères à l'humanité, s'élever brusquement devant lui. »

DU DEUIL CHEZ LES SIAMOIS.

Lorsqu'un Siamois est mort , les parens déposent le corps dans un cercueil bien couvert. Ils le font descendre par un trou pratiqué dans le mur , et lui font faire avec promptitude trois fois le tour de la maison. On découvre ensuite le cercueil , et on remet le corps entre les mains du *samparen* chargé de le brûler , moyennant une pièce de monnaie qu'on a soin de mettre dans la bouche du défunt. Le *samparen* lui lave le visage avec de l'eau de coco. Si le défunt a ordonné que son corps soit mangé par les vautours et les corbeaux , le samparen le dépèce et donne ses chairs aux oiseaux de proie, qui ont soin de se trouver tout prêts pour la cérémonie. C'est ce qui a engagé les Siamois à mettre ces oiseaux au rang des anges. Après cette horrible opération , le squelette décharné est jeté dans un bûcher allumé.

Dans les grands deuils , les Siamois portent des vêtemens blancs et se rasent la tête.

PÉNALITÉ EN VIGUEUR A SIAM.

Les Siamois ont quelques lois assez bonnes, mais beaucoup de très-imparfaites. L'argent est un moyen infaillible pour les éluder et se tirer d'embarras. L'usure est permise; le droit d'asile est admis à Siam; les églises catholiques et le clos qui les environne jouissent aussi de ce privilége. Un criminel qui se réfugie dans leur pagode et qui prend la robe de talapoin obtient sa grâce du roi.

Le Code pénal est d'ailleurs fort doux; le roi se décide très-difficilement à signer un arrêt de mort. Un simple particulier condamné au dernier supplice a la tête tranchée; les grands seigneurs sont assommés, cousus dans un sac et jetés à la rivière.

La peine la plus forte et la plus flétrissante est d'être condamné à nourrir les éléphans. Il faut aller chaque jour cueillir pour ces animaux une certaine quantité d'herbes considérable, et si l'on ne remplit pas bien sa tâche, on est rudement bâtonné. Ces malheureux criminels sont marqués au front d'un fer rouge, et leur peine dure autant que leur vie.

BANDITS ET ASSASSINS DE L'INDE.

Il existe dans l'Inde centrale des bandes d'assassins régulièrement organisées. Ils sont connus sous le nom de T'heugs ou P'hausegars ; on les accoutuma , dès leur jeunesse, par une initiation graduelle, à répandre le sang. Ceux qui sont doués de courage et d'audace ne manquent jamais de parvenir au rang de chefs. Ils quittent leurs demeures par troupes à la fin de la saison pluvieuse, et se rassemblent dans un lieu désigné d'avance. Là , ils font leurs arrangemens, qui consistent à déterminer certains signaux particuliers , la route qu'ils suivront , et autres détails de ce genre.

Ils infestent les routes pendant huit mois de l'année; puis chacun regagne son domicile et y passe la saison des pluies, occupé des soins de la culture. Presque tous sont mariés, et pendant leur absence, les femmes ont soin du ménage, ainsi que des joyaux et des effets que leurs maris leur ont apportés ou envoyés.

Une distinction exacte existe entre ceux qui peuvent étrangler leurs victimes et ceux qui ne sont qu'aspirans. Ceux-ci, dans leurs premières expéditions, n'étant pas considérés comme assez endurcis pour pouvoir être témoins des meurtres , ne sont employés que comme fossoyeurs et védettes.

Ces hommes contractent un attachement très-fort pour cet affreux genre de vie. On en a vu un exemple bien frappant dans Moty , un de leurs chefs, qui fut exécuté avec vingt-huit autres à Sangor, le 30 juin 1832. Ce brigand re-

venant du Deccan au Bendelkend, en 1822,
avec une bande nombreuse de T'heugs, s'arrêta
à Djebbelpour pour y voir un de ses frères, et
l'informer de ce que sa troupe avait fait. Sur cet
avis, le frère alla trouver l'agent politique, et
tous les bandits furent arrêtés. Il y avait parmi
eux deux hommes qui étaient aux gages du gouvernement ; ayant exhibé leur commission et
montré un vagabond qu'ils avaient lié sur une
litière pour en faire parade, l'accusation portée
contre eux tous fut regardée comme improbable,
et on les laissa aller. Ils étaient partis de Djebbelpour depuis quelques jours, lorsque le frère
de Moty retourna chez l'agent politique, et lui
représenta que, si cette bande de 150 hommes
était ramenée, Moty son frère indiquerait les
endroits où les corps de leurs victimes étaient
enterrés. Alors on mit à la poursuite des brigands un détachement de cavaliers et de fantassins, et toute la troupe fut arrêtée près de Sangor. Les corps furent trouvés dans les lieux dé-
signés, et tous les brigands répartis dans les diverses prisons de l'agence. En considération de
ce service, Moty obtint sa liberté moyennant
caution. Il vécut tranquille pendant trois ou
quatre ans ; puis il décampa, et ne reparut que
lorsque la caution fut perdue. Ensuite, il obtint
la permission de s'absenter pendant quelques
mois ; et ce fut durant ce temps, qu'à la tête
de plus de cent T'heugs, il commit une suite

de meurtres affreux sur la route de Baroda.

Une règle invariable chez ces brigands est de ne jamais voler un voyageur qu'après l'avoir étranglé. Dans chaque bande, il y a deux ou trois individus à la parole douce qui sont ordinairement envoyés pour joindre le voyageur marqué par son mauvais destin. Ils parviennent à assoupir sa défiance, s'il en a; et quand le moment propice est venu, ils lui passent un lacet ou un mouchoir autour du cou et l'étranglent.

Le lit des ruisseaux est le plus souvent choisi pour les fosses; l'eau est détournée; puis quand les corps ont été inhumés, on laisse le ruisseau reprendre son cours habituel.

Environ huit cents individus appartenant aux bandes nombreuses de ces brigands ont été arrêtés en 1830 et 1831; on en a exécuté un très-grand nombre l'année suivante. L'indifférence que montrent ces misérables en montant à la potence est réellement surprenante. C'est de leurs propres mains qu'ils ajustent la corde et qu'ils serrent le nœud, tout en parlant tranquillement à leurs compagnons. Avant qu'on enlève la solive qui soutient leurs pieds, ils font un bond, s'élancent et s'étranglent.

Les T'heugs ont leurs temples et leurs prêtres; ils ne partent jamais pour leurs expéditions sans avoir préalablement imploré l'approbation et le secours de Bavani, leur déesse tutélaire. Ces assassins croient fermement que s'ils meurent en remplissant ce qu'ils appellent les devoirs de leur profession, ils auront pour héritage la félicité éternelle.

JARDINS FLOTTANS DE KACHEMYRE.

Les rives du lac de Kachemyre sont bordées d'une verdure épaisse provenant des diverses variétés de joncs, de roseaux et autres plantes aquatiques qui s'étendent fort avant dans l'eau en même temps qu'elles croissent et s'élèvent aussi sur les bancs, îlots et bas fonds qui entre-coupent des nappes d'eau d'une grande étendue. La disposition qu'ont les glaïeuls de pousser et d'étendre leurs racines horizontalement, de manière à former dans la superficie des rivages une sorte de réseau ou tissu à mailles solides et fortement entrelacées, comme celles d'un filet, est bien connue des jardiniers du pays, qui ont su utiliser merveilleusement cette disposition naturelle. Au commencement du printemps, quand les eaux sont encore basses, ces jardiniers coupent et enlèvent horizontalement les racines de ces bancs de roseaux avec la terre qu'elles enlacent, à environ deux pieds au dessous du niveau de l'eau, et ils en forment une bande ou lisière d'une grande longueur. Par ce moyen, ils obtiennent une plate-bande mobile, flexible et flottante, dont les parties terreuses et végétales sont fortement unies sur environ deux pieds d'épaisseur , six de largeur et cent de longueur. Quand cette plate-forme a commencé à prendre une certaine solidité , on tire du fond du lac de la vase que l'on jette comme une couverture par dessus les herbes ; et si le radeau est éloigné de la demeure du jardinier, celui-ci attache sa nouvelle propriété à son bateau , et parvient à la fixer dans son voisinage , au moyen de deux forts pieux enfoncés aux deux extrémités , et qui pénètrent jusqu'au fond du lac. Ces radeaux sont destinés à la culture des concombres , melons et melons d'eau.

Ces jardins flottans sont ordinairement entourés d'un rempart également flottant composé d'une ceinture de joncs , roseaux , glaïeuls , fougères et autres plantes aquatiques qui sont en général impénétrables , ét qui n'offrent d'accès pour les bateaux des propriétaires que dans certaines circonstances. Les abords en sont disposés de manière que , sans une minutieuse attention , un étranger, ne saurait en soupçonner l'existence.

Quelquefois ces jardins flottans sont volés pendant la nuit , malgré leur grande étendue, et conduits à des distances assez éloignées , de manière que lorsqu'ils ont été transportés au loin et mêlés avec d'autres , il est extrêmement difficile de les reconnaître. Pour prévenir ces inconvéniens , les propriétaires de ces jardins flottans ont établi entre eux des gardes de nuit.

LIVRE TURC DE DIMENSIONS GIGANTESQUES.

On a vu, tout récemment, à Calcutta un livre extraordinaire. Il est certain que jusqu'ici, sous le rapport de la dimension, cet ouvrage n'a pas eu son pareil. C'est un exemplaire du Koran, exécuté par un musulman très-pieux des pays du nord-ouest et par ses deux fils. Ces trois croyans venaient de Pechaour, et allaient à la Mecque pour y déposer respectueusement leur livre.

Les lettres de ce Koran ont à peu près trois pouces de hauteur; le volume a un pied d'épaisseur, quatre pieds huit pouces de longueur et deux pieds huit pouces de largeur. Le texte a été entièrement écrit par le père, qui a consacré six ans à ce travail; un de ses fils y a joint une traduction persane interlinéaire. Des planches forment la reliure. Ce livre était transporté à dos de chameau; et à chaque station des voyageurs, le cadenas qui ferme la couverture en bois était ouvert, et l'ouvrage restait exposé à la vénération des croyans jusqu'au moment du départ.

ABEILLES KACHEMYRIENNES.

A Kachemyre, on emploie, pour la conservation des vieux essaims d'abeilles, une méthode simple et ingénieuse à la fois, qui diffère essentiellement du procédé destructif pratiqué en Europe.

Muni d'un bouchon de paille sèche de riz et d'un peu de braise dans un vase de terre, le propriétaire de la ruche détache avec la pointe d'un outil le plat de poterie intérieure qui ferme un des bouts de la ruche, et découvre ainsi les rayons de miel suspendus à la voûte et couverts presque entièrement par les abeilles, qui cependant n'ont pas l'air de s'apercevoir de cette espèce d'agression. Plaçant ensuite la paille sur le charbon allumé, et approchant le vase qui le contient de la bouche de la ruche, il pousse fortement la fumée avec son souffle contre les rayons de miel, en ayant soin d'éloigner la paille au moment où elle s'enflamme, dans la crainte de brûler les abeilles, et il ne recommence son opération qu'après avoir éteint le feu. Fortement incommodées par la fumée, les mouches se précipitent par l'extrémité extérieure avec une telle rapidité qu'en peu de minutes elles ont disparu.

Alors le propriétaire coupe avec un instrument tranchant les rayons de miel qui sont le plus à sa portée, les reçoit dans un vase posé en dessous, et laisse dans la ruche, sans y toucher, environ un tiers des rayons qui se rapproche de l'issue extérieure. Il replace ensuite la pièce de poterie qu'il avait détachée, et, après avoir enlevé quelques abeilles qui étaient restées adhé-

rentes aux rayons de miel, et dans un état
apparent d'asphyxie, il les jette au dehors.
Bientôt ces petits animaux, revenus de leur en-
gourdissement, se raniment tous. Les abeilles,
expulsées par la fumée, reviennent dès qu'elle
est dissipée, et toute l'opération est terminée
en dix minutes sans perte importante pour l'essaim.

Il n'y a point dans les maisons de place particulière assignée à ces ruches; on les établit
indéfiniment, soit au rez-de-chaussée, soit au
premier étage. On récolte le miel une fois par
an, ordinairement au mois de septembre. Il est
très-rare de voir des essaims périr. On a remarqué qu'un vieil essaim rend plus de miel qu'un
jeune, et que les familles d'abeilles ne meurent
guère que de vieillesse. On garde souvent le
même essaim jusqu'à dix et quinze ans, et il y
a des exemples, rares il est vrai, d'une conservation de vingt années. Ces abeilles, absolument
domestiques, sont d'un naturel plus doux que
nos abeilles d'Europe; et il est probable que la
confiance qu'on leur inspire a quelque part dans
cette différence. Il est d'ailleurs certain que la
position des ruches les met à l'abri des persécutions de la plupart de leurs ennemis.

IMPOSTEUR D'UN NOUVEAU GENRE DANS L'HINDOUSTAN.

On a amené à Calcutta, en 1832, un personnage d'un caractère mystérieux. Le vulgaire le regardait comme un saint, et lui donnait en conséquence le titre de *Maha-Pourouche*. Cet homme était dans un état de nudité complète. Il restait fixe et immobile dans la posture où il se plaçait. On disait qu'il ne buvait, ni ne mangeait, ni ne s'acquittait d'aucune des autres fonctions naturelles. Il gardait le silence, et l'on assurait que l'on ne l'avait jamais entendu parler. Il avait l'air d'être entièrement absorbé dans la contemplation de la Divinité, et si ce n'est qu'il respirait, il ne donnait pas d'autre signe de vie. Tous les Hindous, convaincus de sa sainteté, accouraient pour le visiter.

Entre autres qualités extraordinaires attribuées à ce saint personnage, on lui donnait celle d'être insensible à toutes les atteintes auxquelles son corps pouvait être soumis. Poussés par le désir de mettre à l'épreuve cette insensibilité que l'on disait complète, les docteurs Graham et Egerton allèrent voir cet homme. Ils commencèrent par lui tâter le pouls. Le nombre des pulsations était de soixante par minute; c'était un signe de santé. Alors ils approchèrent de ses narines une grande bouteille d'ammoniac. Soudain le nerf olfacteur de *l'insensible Maha-Pou-rouche* en fut si sensiblement affecté, qu'il se releva brusquement, car il était couché sur le dos, toussa et éternua comme un homme ordinaire. Dans ce moment, son pouls devint beaucoup plus vif, ce qui arriverait également à tout autre individu.

Enfin, après cette première découverte, on en a fait d'autres. On a reconnu que le prétendu saint mange, boit, et s'acquitte des autres fonctions naturelles; et l'on est porté à croire que l'état d'immobilité qu'il garde constamment doit être attribué soit à l'usage de quelque substance narcotique, soit à un profond dessein d'en imposer à la foule crédule. Les Hindous regardaient de bonne foi cet imposteur comme un dieu, et beaucoup d'entre eux s'inclinaient devant lui avec une religieuse vénération.

On a appris depuis que le Maha-Pourouche se nomme John Verdoucet, qu'il avait été quelque temps employé dans les bureaux de l'adjudant-général, et que le bruit s'était répandu qu'il avait péri dans une tempête, il y a six ans, en revenant des provinces de l'Ouest avec le commandant en chef.

DES PARSIS OU GUÈBRES DU CAUCASE.

Les Parsis sont les descendans des anciens adorateurs du feu. C'est à peu de distance de

Bakou, dans le Schirvan, que se trouve leur sanctuaire, Artech-Gah, du nom de l'un des plus célèbres sectateurs de Zoroastre. Artech-Gah est situé dans un pays aride et infecté par l'odeur du naphte, sorte d'huile de pierre, dont on se sert pour l'éclairage et le chauffage, et qui paraît être le résultat de la décomposition de bitumes volcaniques. Un édifice carré, où sont comprises une vingtaine de cellules, sert de monastère aux adeptes du *Zend-Avesta;* c'est le nom du code des lois de Zoroastre. Dans la cour du milieu s'élève un autel flanqué de quatre cheminées quadrangulaires. Au centre est un foyer que la piété des Parsis alimente perpétuellement au moyen du naphte. Malgré le laps des siècles, malgré les persécutions, malgré les dévastations de la conquête, le culte de Mithra, sanctionné par Zoroastre, s'est conservé dans sa pureté primitive, et les descendans des Guèbres ont continué à entretenir religieusement le feu sacré.

Un de leurs principaux articles de foi est de croire que le feu qu'ils conservent avec tant de soin est le même que celui qui brûlait du temps de Zoroastre.

Les Parsis d'Artech-Gah paraissent satisfaits de leur sort. Dans chacune des cellules de leur monastère, les reclus ont pratiqué plusieurs tuyaux d'où s'exhale le gaz inflammable; à certaines heures du jour et de la nuit, ils en approchent une lumière, et la flamme se manifeste aussitôt. Le matin, ils épient le lever du soleil avec un sentiment d'impatience mêlé d'anxiété, et à peine aperçoivent-ils sur les bords de l'horizon ce point lumineux qui annonce l'apparition de l'astre du jour, qu'ils le saluent par des acclamations réitérées; ils s'embrassent en se félicitant mutuellement du retour du dieu qu'ils adorent. Le soir, ils s'affligent en le voyant disparaître, et rien ne peut les consoler de sa disparition, que l'espérance de le voir bientôt reparaître.

INCENDIES DES STEPPES DU CAUCASE.

Les plaines qui bordent le versant septentrional du Caucase offrent une triste uniformité de plantes rabougries, chétives et rougeâtres, qui forment des terrains incultes qu'on nomme steppes. Quelquefois les herbes de ces steppes s'enflamment soit par accident, soit par la volonté des tribus nomades. Dans ce dernier cas, le but de l'incendie est de préparer le sol à la culture, ou simplement de le rendre propre à y établir un campement. La sécheresse de ces plantes et leur agglomération donnent bientôt à l'incendie le plus vaste développement, surtout si la violence des vents vient encore l'exciter.

Les voyageurs l'aperçoivent assez à temps pour se mettre à l'abri du danger, en retournant sur leurs pas; mais s'ils se troublent, s'ils ne joignent pas la célérité à la prudence, ils courent le danger de s'égarer dans la plaine; et, surpris par la nuit, ils peuvent l'être par les flammes qui s'avancent en grondant comme les flots de la marée montante. Le parti le plus sûr est alors de chercher son salut dans le péril lui-même, en tâchant de passer par le premier intervalle, de se rejeter au-delà du foyer de l'incendie. Mais, dans ce moment critique, il y a bien des dangers à redouter. « La terreur des chevaux, dit un témoin de l'une de ces scènes terribles, les ondulations des flammes qui fouettent l'air à une hauteur prodigieuse, l'épaisseur de cette fumée suffocante, les tourbillons de sable et de cendres, la voix des conducteurs et les cris des animaux forment un de ces graves épisodes de la vie humaine dont la plus longue carrière ne saurait effacer le souvenir. »

CHASSE A L'OURS ET AU LÉOPARD DANS LES RÉGIONS CAUCASIENNES.

L'ours et le léopard sont assez communs dans les steppes du Nord et dans les montagnes de la la Géorgie. Les montagnards, qui leur font la chasse pour le compte des négocians arméniens, évitent, autant que cela est en leur pouvoir, de faire à ces animaux des blessures qui pourraient endommager leur fourrure. Ce n'est que lorsqu'il s'agit de leur propre défense qu'ils font usage des flèches ou des armes à feu.

Un chasseur aperçoit-il un léopard; il suit ses traces avec un instinct merveilleux pour les reconnaître sur le sable, comme sur le sol humide des bois, et quand enfin il a découvert le lieu de sa retraite, il tend, à une certaine distance, un piége dans lequel tombe ordinairement la bête féroce, alléchée qu'elle est par la pâture que le chasseur y a déposée. Dès que le léopard se voit pris, il ne pousse pas le moindre cri, pas une seule plainte; il semble pressentir que ce serait le signal de sa perte; mais, travaillant en silence, il fait tous ses efforts pour se débarrasser des entraves qui le tiennent emprisonné. Quelquefois il y parvient, et, abandonnant alors ses forêts et sa tanière, il fuit un pays où la perfidie de l'homme lui prépare de si grands dangers. Mais le plus souvent il reste captif jusqu'au moment où le chasseur, qui s'est avancé avec la plus grande circonspection, l'aperçoit et l'étrangle au moyen d'un nœud coulant.

LES CHAKALS DU CAUCASE. — ANECDOTE A LEUR SUJET.

On sait que les chakals s'attaquent rarement à une proie vivante. Ces animaux sont ordinairement grands comme des renards; ils ont seulement les jambes plus courtes, et sont remarquables par la couleur de leur poil, qui est d'un jaune vif et brillant; sa voix est un hurlement mêlé d'aboiement et de gémissemens. Le plus souvent ils vont par troupes de vingt, trente ou quarante; ils se rassemblent chaque jour pour faire la guerre ou la chasse; ils vivent de petits animaux, et attaquent toute espèce de bétail. Faute de proie vivante, ils déterrent les cadavres des animaux et des hommes; on est obligé de battre la terre sur les sépulcres, et d'y mêler de grosses épines pour les empêcher de la creuser; car une épaisseur de quelques pieds de terre ne suffit pas pour les rebuter. Ils travaillent de compagnie à cette horrible exhumation, qu'ils accompagnent de cris lugubres; et lorsqu'ils se sont accoutumés à se nourrir de cadavres humains, ils ne cessent de courir les cimetières, de suivre les armées ou les caravanes.

Il paraît que le chakal du Caucase n'est pas, à beaucoup près, aussi audacieux que ceux de Barbarie, du cap de Bonne-Espérance et d'autres contrées. On assure même qu'il est d'une timidité excessive, et que le bêlement d'un mouton suffit pour le mettre en fuite. Toutefois, il n'en recherche pas moins avidement les corps morts et surtout les cadavres humains; il rôde la nuit autour des sépulcres en poussant des cris plaintifs assez semblables aux vagissemens d'un enfant.

Oléarius, savant voyageur allemand, qui florissait dans le 17ᵉ siècle, rapporte qu'ayant été envoyé auprès du schah de Perse par le duc de Holstein, le vaisseau qui le transportait fit naufrage sur les côtes du Daghestan. Son secrétaire, homme grave et instruit, s'égara dans les bois et passa la nuit sur un arbre. Le lendemain, lorsqu'on retrouva ce malheureux, il avait perdu la raison, et jamais depuis il ne la recouvra. Seulement on comprit par ses réponses que cet événement était la suite de l'effroi que lui avaient fait éprouver les chakals. Il affirmait sérieusement que plusieurs de ces animaux s'étaient rassemblés sous son arbre et avaient conversé entre eux fort long temps comme des créatures raisonnables.

L'OISEAU EXTERMINATEUR DES SAUTERELLES.

Les sauterelles, amenées par les vents du midi, comme des nuées qui obscurcissent les rayons du soleil, font irruption en Géorgie et dans plusieurs autres parties de la région caucasienne ; elles envahissent par myriades les champs ensemencés de blé et de maïs, et y causent des dommages irrémédiables. Heureusement ces fléaux sont ordinairement suivis par des oiseaux libérateurs qui aident l'homme à faire justice de ces insectes incommodes et malfaisans. De ce nombre est l'oiseau que les Géorgiens nomment

Tarby. Il en arrive des bandes nombreuses à la suite des sauterelles qui deviennent leur proie. Aussi le *tarby* est-il dans le pays l'objet d'une vénération si grande qu'elle rappelle le culte de l'Ibis chez les Egyptiens.

HABITANS DES MONTAGNES DE LA GÉORGIE.

C'est la nation la plus pauvre du Caucase. Ceux qui en font partie se donnent à eux-mêmes le nom de *chnaou*. Ils sont originaires de l'Ibérie; leurs ancêtres, dont parlent Strabon et Pline, étaient un peuple d'une grande bravoure, mais d'une malpropreté excessive. Les descendans ont hérité de cette malpropreté; ils dorment pêle-mêle sur une couche commune, même avec leurs bestiaux. Il n'ont, pour se procurer des toiles, des draps, des ustensiles de ménage et du sel, que la ressource de vendre des femmes et des enfans. On dit pourtant que les hommes font eux-mêmes leurs fusils et leur poudre. Ils sont généralement braves, robustes, grands, bien faits.

Le costume des hommes est assez difficile à caractériser, n'étant le plus souvent qu'une réunion de haillons, attachés autour des jambes et des bras, et recouverts d'une sorte de tablier qui leur tient lieu de culotte.

Les femmes de cette nation sont fort belles. Celles qui sont mariées portent des robes et des mouchoirs écarlates, leur couleur favorite; elles se coiffent avec une pièce d'étoffe, de manière à ne montrer qu'un œil, tandis que les jeunes filles vont tête nue.

MOEURS MINGRÉLIENNES.

Dans la Mingrélie, les hommes de basse condition sont dans une extrême misère. Ils se rasent ordinairement la tête, n'y laissant qu'une couronne de cheveux à la façon des anciens moines. Leurs jambes sont nues en toutes saisons. Ils jettent sur leurs épaules un *bourkat*, petit manteau de feutre assez semblable pour la forme à nos grands collets de cavalerie. La chaussure consiste quelquefois en un simple morceau de peau apprêtée, nouée autour de la cheville; mais plus ordinairement en une sorte de sandale plus large que le pied, et tressée comme une claie d'osier. Les plus aisés ajoutent à ce costume une calotte de feutre.

Selon l'usage commun à tous les peuples du Caucase, ils ne sortent jamais sans être armés, et cette précaution ne leur est pas inutile, tant ils ont à redouter les attaques de leurs formidables ennemis, les Abases, qui ne cherchent qu'à les faire tomber dans des embûches pour les emmener en esclavage. Malheureusement cet usage du port d'armes favorise aussi singulièrement leur penchant au vol et au brigandage.

Les Mingréliens se souviennent d'avoir été chrétiens. Ils ont encore un patriarche qu'ils appellent *catholicos*, des évêques et des prêtres *ou papas*. L'entrée des églises n'est permise qu'aux hommes.

Lorsqu'un noble mingrélien se marie, il est assisté d'un parrain qui, tandis que le prêtre récite les prières d'usage, s'occupe à coudre les époux ensemble par leurs habits; il prend ensuite deux couronnes defleurs naturelles et les pose alternativement sur leur tête, les changeant de l'un à l'autre, d'après l'ordre donné par le prêtre. Puis il leur offre du pain et du vin, mange et boit avec eux, et annonce que la cérémonie est terminée.

DES TCHERKESSES OU CIRCASSIENS.

Le mot *Tcherkesses* vient de deux mots tartares qui signifient littéralement *coupeurs de chemins*, c'est-à-dire brigands. Chez cette nation, le père a le droit de vendre ses enfans; le fils aîné a le même privilége à l'égard de ses frères et sœurs, après la mort du père. Ces tribus continuent à faire ce trafic de chair humaine quand ils en trouvent l'occasion; mais les Russes y mettent des obstacles.

Les Tcherkesses sont extrêmement paresseux et par conséquent très-pauvres. Ils préfèrent la vie de brigands à celle d'agriculteurs. Ils élèvent pourtant des chevaux d'une racetrès-estimée, des

moutons dont les grosses queues sont pour eux
un mets friand, des chèvres et surtout des abeilles.

RELIGION ET RITES RELIGIEUX DES TCHERKESSES.

La religion de ces tribus caucasiennes est un mé·
lange de christianisme et d'islamisme. Ils sont
chrétiens en ce qu'ils conservent le symbole de la
croix, qu'ils reconnaissent une mère de Dieu,
qu'ils invoquent des apôtres et célèbrent un sacrifice assez emblable à celui de la messe; ils sont
mahométans parce qu'ils avouent la mission du
prophète des Turcs, qu'ils disent leurs prières èn
arabe, le visage tourné du côté de la Mecque,
qu'ils ont horreur de la chair de porc, et suivent
d'autres préceptes de l'islamisme. Ils joignent
encore à tout cela des superstitions idolâtriques.
Les rites du sacrifice tcherkesse sont également
un mélange des usages de l'antiquité païenne et
des mystères du christianisme. Au sein d'une
sombre forêt, dans une vaste solitude, une croix
plantée sur un tronc d'arbre coupé indique l'autel où le sacrifice va se consommer. Les voisins
se rassemblent à l'heure indiquée, traînant la
victime avec eux; c'est une chèvre, un mouton
ou un bœuf, selon la solennité du jour. Le plus
ancien de l'assemblée se découvre la tête, revêt
un manteau de feutre, prononce quelques paroles mystiques; puis il approche un flambeau
du corps de l'animal pour lui brûler les poils à

l'endroit où il faut frapper. Un esclave s'avance alors armé d'un couteau, et le sacrifice s'accomplit. La tête de la victime est suspendue à un arbre voisin ; c'est la part réservée à Dieu ; la peau est celle de l'officiant, et la chair est destinée à un festin auquel tous les assistans prennent part. Le prêtre reçoit ensuite des mains de son esclave une coupe *de bouza* et un morceau de pain. Il les élève vers le ciel en priant Dieu de les bénir ; puis il passe la coupe et le pain au plus ancien des assistans, et répète cette cérémonie antant de fois qu'il y a de vieillards dans l'assemblée.

LÉGISLATION TCHERKESSE.

Des usages consacrés par leur ancienneté sont les seules lois de ce peuple. Dans chaque tribu, les anciens forment un tribunal, devant lequel viennent comparaître tous les individus soupçonnés d'un délit quelconque. La peine de mort ne fait pas partie de la pénalité. Les plus grands châtimens sont l'amende, l'exil et l'esclavage. Le crime le plus atroce est le parjure. Celui qui viole sa foi est vendu aux Turcs. Celui qui s'est rendu coupable de meurtre est condamné à payer, à titre d'amende, neuf têtes de gros bétail, et à compter aux parens de la victime une forte indemnité. Comme en Chine, le voleur pris en flagrant délit est condamné pour sa maladresse à une forte amende, et à payer sept fois la valeur de l'objet dérobé.

DANSE CIRCASSIENNE.

La danse des Tcherkesses diffère entièrement de celle des autres nations. Elle se rapprocherait peut-être un peu de celle des naturels de la mer du Sud. Dix, quinze ou vingt personnes rangées sur une seule ligne, et se tenant ensemble par la main, se penchent de droite à gauche, élèvent les pieds aussi haut qu'elles peuvent, suivant la mesure donnée par le musicien, et n'interrompent l'uniformité de leurs mouvemens que par des cris subits et des exclamations. Rien ne semble plus pénible que la situation des danseurs placés au milieu de la chaîne. Dans un moment d'arrêt, un danseur quitte son rang, vient s'accroupir devant les spectateurs le plus singulièrement du monde ; puis il exécute deux pas assez semblables aux mouvemens d'une danse. Le premier consiste à sauter sur un pied, et à toucher la terre du talon et de l'orteil alternativement comme dans la danse anglaise de la *cornemuse*; dans le second, le danseur saute alternativement sur un pied, et porte l'autre en avant, comme pour imiter le bondissement d'un cerf.

MARIAGES CHEZ LES TCHERKESSES.

Quand un Tcherkesse a fait choix d'une jeune fille pour l'épouser, les préliminaires sont les mêmes que dans l'Europe civilisée. Si les vœux du soupirant sont agréés par la jeune fille, un ami se charge de porter sa demande aux parens, et quand le consentement de ceux-ci est obtenu, les chefs des deux familles s'entendent pour stipuler la dot. C'est l'époux qui est grevé de cette charge; s'il appartient à la première classe de sa tribu, il offre à son futur beau-père une cotte de mailles; dans le cas contraire, il donne des chevaux, des esclaves, des armes, des étoffes ou des troupeaux.

Lorsque les conventions sont arrêtées, le futur, aidé de ses amis, enlève sa fiancée. La jeune fille est conduite chez un voisin, où ses parens, armés de bâtons viennent la réclamer. On fait mine de défendre cette précieuse conquête; il en résulte un simulacre de combat qui cesse aussitôt qu'on voit paraître le jeune homme tenant sa fiancé par la main; son parti crie victoire, et les réjouissances commencent aussitôt. Mais bientôt le mari abandonne la place, et pendant que tous les convives se livrent aux plaisirs de la danse et de la table, il va se cacher dans les bois jusqu'à la nuit close. Ses amis viennent alors le chercher à la nuit close, pour le conduire à la chambre nuptiale. Il en sort au point du jour, regagne sa retraite et continue ce manége pendant deux mois. Au bout de ce temps, il évite encore, autant que possible, de se rencontrer publiquement avec sa femme. Lorsqu'il lui naît un fils, il manifeste le même sentiment de honte et va de nouveau se cacher dans les bois. M. Thaitbout de Marigny, qui a fait un voyage en Circassie en 1818, rapporte que chaque fois qu'il demandait à son Circassien des nouvelles de sa femme ou de ses enfans, cet homme ne lui répondait que d'un air confus et embarrassé.

Si l'enfant est du sexe féminin, la mère lui donne un nom et se charge de son éducation ; si c'est un garçon, il est adopté par la nation.

CHARLATANISME DES MÉDECINS EN CIRCASSIE.

Les médecins de ce pays sont Turcs, ou Géorgiens ou Tcherkesses. Tous indistinctement sont d'une profonde ignorance, ou d'une impertinente fourberie. Toutefois le traitement des plaies se pratique avec succès ; l'expérience tient lieu de savoir. Les médecins n'emploient dans ces circonstances que des substances végétales ; mais ils se joignent aux parens et aux amis du blessé pour se livrer au plus bizarre cérémonial.

D'abord ils font enlever soigneusement toutes les armes qui tapissaient les murs de sa chambre ; puis ils déposent au pied de son lit un soc, un marteau et un bassin plein d'eau avec un œuf dedans. Chacun des visiteurs prend le marteau en entrant et frappe trois coups sur le soc ; il trempe ensuite ses doigts dans l'eau, et en asperge le patient en priant Dieu de lui rendre la santé. Les assistans passent la soirée à jouer de divers instrumens et à chanter des chansons guerrières composées en l'honneur du malade, afin sans doute de soutenir son courage et de ranimer ses forces. Les jeunes filles chantent des rondes, et les vieillards récitent des fables jusqu'au moment où le souper est servi. Après le repas, les jeux bruyans, les danses et les chansons recommencent de plus belle et se prolongent pendant toute la nuit. Si le blessé guérit, on offre un sacrifice à Dieu ; s'il meurt, les femmes poussent des cris affreux qui attirent tout le voisinage.

BRAVOURE DES TCHERKESSES.

Les Tcherkesses se sont toujours fait remarquer par une bravoure qui leur est naturelle. Il serait facile de recueillir dans les fastes de cette nation des traits d'héroïsme dignes des époques les plus glorieuses de l'histoire romaine. Quand les troupes des autres nations sont cernées par des forces supérieures, ordinairement elles capitulent ; mais le Tcherkesse, tant qu'il lui reste

un souffle de vie , continue de combattre avec
intrépidité.

Le voyageur Clarke en vit un dans les prisons
d'Ékaderinedura, ville des Cosaques, qui, avant
de tomber et de se rendre prisonnier, avait reçu
quinze blessures mortelles, et s'était évanoui
par suite de la perte de son sang. Trois cavaliers
cosaques l'avaient attaqué à la fois. Ils eussent
désiré le prendre vivant, à cause de son rang
élevé et de l'influence qu'il exerçait sur ses compatriotes. En conséquence, ils cherchaient à
éviter de le blesser ; mais lui, s'étant aperçu de
leur intention, résolut de ne pas se rendre.
N'ayant pour toute arme qu'un sabre , il coupa
les trois lances de ses ennemis dès leur premier
choc, et blessa ensuite deux des trois assaillans.
Bientôt environné par d'autres Cosaques ac-
courus au secours des premiers , il tomba couvert de blessures au milieu de ses adversaires,
et repoussa leurs attaques jusqu'au dernier moment. « Nous allâmes, dit Clarke, le voir dans
sa prison ; il était étendu sur le plancher, et sup-
portait, sans proférer une seule plainte, les douleurs que lui causaient ses blessures. On venait
d'extraire de son côté le fer d'une lance. Tandis
que nous étions près de lui, une jeune fille
tcherkesse écartait de son visage, avec un ra-
meau vert, les mouches qui s'y plaçaient. Les
marques d'intérêt et de considération que nous
lui donnâmes le touchèrent peu ; nous lui offri-

mes de l'argent; mais il le refusa pour lui, et le tendit à ses compagnons de captivité; comme s'il en eût ignoré l'usage.

» Nous aperçûmes dans la même prison, continue le voyageur, une Tcherkesse d'environ trente-cinq ans. Sa chevelure, d'un brun-clair, était très-remarquable; son extrême beauté se montrait encore sous le sombre voile que le chagrin et la maladie étendaient sur ses traits. Les officiers cosaques nous dirent qu'elle n'était malade que depuis sa captivité. Se trouvant séparée de son mari, elle avait refusé toute espèce d'alimens, et comme elle dépérissait chaque jour, on craignait qu'elle ne mourût. On peut croire que nous n'épargnâmes pas les prières pour engager le général à délivrer ces malheureux avant le traité de paix. On répondit à nos instances qu'il était trop tard. On avait compris les prisonniers dans un cartel d'échange; ils devaient rester en prison jusqu'à la délivrance des Cosaques encore retenus en Circassie; mais probablement la malheureuse victime n'aura pas assez vécu pour revoir son mari et son pays natal. »

FUNÉRAILLES DES TCHERKESSES.

Quand un Tcherkesse meurt, son corps, lavé avec soin, rasé et revêtu d'habits neufs, est placé sur une natte. On dépose auprès de lui ses habits les plus riches; ses armes forment un trophée au seuil de la porte. Les femmes crient sans interruption, tandis que les hommes se frappent la poitrine sans pousser une seule plainte. Le sacrifice expiatoire commence, et, selon la qualité et la richesse de la veuve ou de la mère du défunt, on immole un bœuf, un mouton ou une chèvre; les chairs de la victime servent ensuite au repas des funérailles. Le corps est transporté au cimetière vingt-quatre heures après le décès. En tête du cortége marchent les vieillards; les jeunes gens portent la bière, ou marchent à ses côtés; les femmes suivent, et s'arrachent les cheveux, ou se déchirent les chairs en signe de douleur. Quand le cadavre est inhumé, les parens déposent auprès de la fosse du *gomi* et du *bouza*; ce sont des alimens offerts aux passans pour honorer la mémoire du défunt. La cérémonie se termine par un tir à la cible, et enfin par le récit d'un poème, sorte d'oraison funèbre en l'honneur du mort; puis les assistans se retirent en silence.

L'année suivante, à pareil jour, les parens et les amis viennent célébrer sur le tombeau le triste anniversaire. La plupart de ces cérémonies rappellent les mœurs de la Grèce antique.

CÉRÉMONIES FUNÈBRES DES TARTARES-KOUMOUKS.

Les Tartares-Koumouks sont au nombre des nations qui habitent les steppes de la région caucasienne ; ils se livrent avec succès aux arts de l'agriculture.

Les cérémonies funèbres en usage chez ce peuple méritent l'attention par leur singularité. Toutes les femmes de la famille du défunt s'assemblent pendant plusieurs jours, se découvrent la poitrine, et se déchirent la chair avec leurs ongles. Autrefois, quand il mourait un prince de cette nation, son précepteur se coupait la moitié des oreilles, et sa nourrice s'enterrait vivante ; mais, dans ce dernier cas, on lui laissait ordinairement la tête hors de terre, et recouverte d'un pot cassé, par l'ouverture duquel on lui donnait à manger. Si elle existait encore après un nombre de jours déterminé, on mettait fin à son supplice, en la retirant de son tombeau.

REPAS DES TCHERKESSES.

Les Tcherkesses boivent toujours trois verres de la liqueur qui leur est offerte, quelles que soient la dimension du vase et la qualité du liquide. Les plats sont servis à la mode turque, sur une petite table ronde. Leur principal mets est le *gomi* ou millet bouilli avec du sel. Les convives se servent de leurs doigts en guise de fourchette ; leur boisson habituelle est le *bouza ;* c'est une eau dans laquelle on a fait fermenter de la farine de millet.

Lorsque des convives d'un rang élevé veulent

donner à quelqu'un des assistans des preuves de dévouement, ils choisissent un bon morceau, et le lui jettent comme on ferait à un chien ; l'homme ainsi favorisé reçoit cette offrande avec autant d'adresse que de reconnaissance.

SINGES D'UNE PAGODE HINDOUE.

Les avenues et les cours du temple de Dourga à Bénarès sont plus animées que celles des autres édifices de ce genre, à cause du nombre et du mouvement perpétuel des singes qui les fréquentent. Une circonstance dont la superstition s'est emparée pour l'interpréter comme un présage heureux, c'est que dès le moment où cette pagode fut ouverte pour la première fois aux fidèles Hindous, ces singes s'empressèrent d'y arriver par troupes. Dans l'intérieur des cours, plusieurs grands arbres très-vieux et d'un épais feuillage servent le plus souvent de retraite à ces animaux. On en voit sur les branches, sur le toit de la pagode, et sur le haut des portiques qui forment l'enceinte. Ces singes sont en quelque sorte apprivoisés ; ils se regardent comme chez eux, et font toutes sortes de tours sans se gêner aucunement.

Quelques uns des plus âgés se tiennent tranquillement à leurs places, regardant les gambades de leurs jeunes compagnons. Les prêtres et les dévôts de Dourga jettent ordinairement des friandises à ces animaux, ce qui ne contribue peut-être pas peu à les attirer dans ce séjour.

C'est plaisir de voir la manière dont les guenons prennent soin de leurs petits ; et comme ces hôtes privilégiés de l'enceinte sacrée sont familiers au point de ne rien craindre ; on peut les approcher assez pour observer distinctement toutes leurs actions. Les mères qui ont des petits, nés seulement depuis quelques jours, leur donnent les soins que réclame leur extrême faiblesse ; d'autres donnent à leur jeune progéniture l'éducation dont elle a besoin pour se former ; toutes s'acquittent de leurs devoirs avec une vigilance et une affection toute maternelle, et tiennent ordinairement leurs petits à portée de la main et toujours sous leurs yeux. Si, en se balançant sur les branches de l'arbre ou en cabriolant le long des murs, le jeune singe essaie de trop s'éloigner, la mère allonge le bras, le saisit par la queue ou l'empoigne par une jambe, et le ramène doucement à elle. A la moindre alarme, au moindre trouble, elle le serre contre son sein ; le nourrisson applique aussitôt ses lèvres sur la mamelle, embrasse fortement le corps de sa mère, et y reste ainsi attaché, pendant qu'elle monte sur le tronc de l'arbre, ou se réfugie à l'extrémité d'une branche.

BRIGANDS DES MONTAGNES DE LA PERSE.

Dans un voyage fait tout récemment dans le

Khouzistan et dans la Perse, M. Stocqueler s'est vu le principal héros d'une de ces aventures qui, comme il le dit lui-même, rendent les voyageurs des personnages très-intéressans dans les livres et pour ceux qui lisent tranquillement leur relation au coin du feu, mais qui sont très-désagréables pour quiconque y figure réellement.

« Nous venions, dit-il, de laisser derrière nous la partie boisée des montagnes et d'entrer dans une de ces vastes plaines ondulées qui distinguent la partie unie de l'Iran; la journée était très-chaude et la marche ennuyeuse. Nous pensions avoir échappé à toutes les chances de danger, et nous n'observions plus dans nos rangs cette concentration de force qui, jusqu'alors, avait été si bien adaptée à notre sûreté; nous étions un peu éloignés les uns des autres; nos domestiques à l'avant-garde. Nous allions monter une petite éminence, quand un cavalier, richement vêtu, parut tout à coup au sommet, et tirant en l'air un coup de pistolet pour signal d'attaque, se précipita en bas, ainsi que plusieurs autres. Les bergers s'enfuirent pour chercher leur sûreté et du secours; sauve qui peut! fut le cri à l'ordre du jour. Néanmoins, ils se rallièrent, et il s'ensuivit une escarmouche très-vive; elle se termina par la déconfiture complète de ma troupe; ensuite mes gens furent réunis comme des moutons; on leur banda les

7*

yeux, on leur lia les mains derrière le dos, et ils furent dépouillés. Quant à moi, quoique j'eusse pris une part aussi active que mes compagnons à cette escarmouche, les assaillans ne me firent éprouver aucune violence personnelle, et je fus simplement dépouillé de tout ce que je possédais de plus précieux.

» Aussitôt que les brigands se furent assurés de la victoire et eurent lié mes gens, ils s'avancèrent à cheval vers moi. J'étais à une certaine distance observant la marche des événemens; ils tirèrent leurs fusils en l'air, et me crièrent : *Hakin sahel bischin* (Monsieur le docteur, asseyez-vous), sorte d'invitation qui était réellement un ordre auquel il me fallait obéir. Alors ils me bandèrent les yeux, emmenèrent les mulets et les chevaux sur un coteau; puis, prenant avec eux un marchand nommé Hadji Moulla Mohammed Scheffa, qui, peu de jours avant, s'était joint à mon escorte avec une petite caravane de marchandises, ils lui dirent de leur indiquer ce qui appartenait à l'Anglais; il leur obéit à l'instant. Aussitôt ils coupèrent en pièces mes *kourdjes* ou sacs de voyage, et y prirent l'argent, les mouchoirs de soie, les couteaux, les rasoirs, les cuillers, les couvertures de laine, enfin tout ce qui y était contenu.

» Ils terminèrent leur opération par rosser Hadji Mohammed Scheffa si vertement, que le pauvre diable pouvait à peine se tenir debout;

c'était sans doute pour lui témoigner leur reconnaissance de son zèle officieux; puis ils s'en allèrent au galop pour raconter leurs exploits à leurs amis et pour partager le butin.

» Sur ces entrefaites, n'ayant pas les mains liées, je défis le bandeau qui couvrait mes yeux; je trouvai tous mes compagnons étendus le visage contre terre, marmottant des interpellations pathétiques à Allah et à Mahomet, et protestant qu'ils étaient tous bons musulmans. Je les invitai à se relever et à recommencer le combat, puisque nous étions encore supérieurs en nombre à nos ennemis et assez bien armés. Mais la seule réponse que je pus tirer de ces drôles fut celle-ci : « Oh! monsieur, ne parle pas, ne parle pas ! On va nous couper la gorge à tous ; c'est une chose résolue, nous sommes des hommes morts. »

» Alors le pauvre pélerin descendit le coteau en pleurant et en nous criant de nous lever, ce que chacun fit après s'être débarrassé du mouchoir qui lui bandait les yeux. Ensuite, nous gagnâmes le haut du côteau, et nous commençâmes à charger de nouveau nos mulets, au milieu des lamentations pitoyables du pélerin et de mon guide. »

Ces montagnes de Perse, qu'on nomme les monts Bakhtiari, sont le repaire de brigands turbulens et sanguinaires qui regardent comme un acte méritoire de tuer un chrétien, ce qui les rend d'autant plus formidables pour tout voyageur européen.

CHASSE AUX BÊTES SAUVAGES DANS L'ORIENT.

Voici ce que raconte le capitaine Mundy, auteur d'un ouvrage intitulé : *Esquisses de l'Inde à la plume et au pinceau.*

« Un jour, à quatre heures après midi, nous partîmes, dit-il, au nombre de dix, emmenant avec nous, outre nos montures, une vingtaine d'éléphans pour la battue. Arrivé vers un marais qu'on nous avait indiqué, nous étendîmes notre ligne et avançâmes avec précaution : il y avait en cet endroit peu d'arbres, mais un taillis épais et beaucoup de joncs. Je descendis un instant, pour tirer un florican, espèce d'outarde : je tuai l'oiseau, et je remontai. Presque aussitôt mon éléphant dressa sa trompe, et en souffla bruyamment à plusieurs reprises. — Bien, dit mon mahout (conducteur d'éléphant), il y a un tigre entre le vent et votre seigneurie. — Notre zèle se ranima, notre ligne se tourna vers le nord, et nos trente éléphans avancèrent plus rapides, en continuant toujours à battre à pieds lourds le terrain.

» Nous avions fait quatre cents pas environ, et nous étions engagés dans le marécage, lorsqu'enfin nos oreilles furent réjouies du *tattyho* tant désiré. Un coup de feu fut suivi d'un effroyable rugissement, et un tigre s'élança contre nous. Alors survint la scène la plus ridicule et la plus maussade du monde : vingt-neuf éléphans prirent la fuite en désordre : celui de lord Combernère resta seul immobile comme un roc. Le tigre, après avoir déchiré un pied de derrière à à l'un des fuyards, se tourna furieux vers lord Combernère. Dans cet instant, une balle lui traversa les reins ; il perdit courage et recula dans les joncs. Mon éléphant fut un des premiers à revenir au champ de bataille : je me plaçai près du brave animal que montait lord Combernère ; nous tirâmes ensemble plusieurs volées sur le tigre qui recommença l'attaque et nous fit face valeureusement, jusqu'à ce que, tout son sang coulant par ses blessures, il tombât mort ; on le hissa sur le dos d'un éléphant, et l'on reforma la ligne.

» Après une nouvelle battue d'une demi-heure, j'entendis l'herbe se mouvoir légèrement à deux cents pas devant moi, et je criai le *tattyho*. Cette fois, deux tigres levèrent la tête, et, sans montrer ni colère ni frayeur, prirent tranquillement leur course du côté opposé au nôtre ; on tira quelques coups ; le plus fort des deux fut probablement atteint, car il se retourna en rugissant, agita sa queue et se jeta au milieu de nous, en bondissant d'une manière terrible ; mais tout à coup il s'arrêta comme effrayé du nombre ; et s'enfuit ; nous le poursuivîmes de toute notre vitesse. Heureux alors ceux dont les éléphans étaient le plus agiles : C'était réellement une magnifique course , le tigre attaquait et fuyait tour à tour. Au moment où il menaçait en désespéré l'éléphant d'un des nôtres, il eut la la mâchoire fracassée ; il se recula pour s'élancer de nouveau, fit quelques efforts, mais sès genoux fléchirent, et l'on descendit pour l'achever : c'était un tigre parvenu à toute sa croissance , et vigoureusement taillé ; près de la place d'où nous l'avions chassé, nous trouvâmes les restes d'un buffle à demi dévoré. »

Les chasses au lion offrent encore plus d'intérêt ; l'attaque est plus prompte , plus certaine. Le lion ne refuse presque jamais le combat, peut-être parce qu'aux endroits où il se tient ordinairement, il n'a pas, comme le tigre , des marais et des broussailles pour favoriser sa retraite.

Un jeune chasseur avait blessé un lion, et s'apprêtait à tirer un second coup pour l'achever, lorsqu'un mouvement de son éléphant le précipita par terre ; le lion , quoiqu'il fût déjà affaibli, saisit entre ses griffes le malheureux chasseur , qui semblait n'avoir plus aucune chance de salut ; mais l'éléphant, d'abord effrayé, excité par ses conducteurs, roula sa trompe autour d'un jeune arbre, et ayant étreint le lion entre le tronc et la terre, il lui rompit les reins ; on retira le chasseur à demi mort ; son bras gauche était fracturé en deux endroits ; sa poi-

trine et ses reins étaient horriblement meurtris ;
il fut sauvé pourtant, et son salut est depuis raconté à tous les chasseurs comme un événement
miraculeux.

LA GRANDE MURAILLE DE LA CHINE.

Avant la conquête de la Chine par les Tartares, la frontière nord de cet empire était formée
par la grande muraille qui s'étend dans un espace
de cinq à six cents lieues. Ce monument colossal
fut construit par le premier empereur de la dy-
nastie Thsin, qui régnait deux cents quatorze
ans avant notre ère. Son projet était d'opposer
une barrière aux invasions multipliées des Tartares. On dit que plusieurs millions d'hommes
furent employés pendant dix ans à cette construction, et que quatre cent mille y perdirent
la vie.

Cette muraille immense a une telle épaisseur
que six cavaliers peuvent la parcourir de front
à son sommet. Elle est flanquée de tours dans
toute sa longueur ; elles sont placées chacune à
la distance de deux traits de flèche, pour pouvoir atteindre l'ennemi de tous les côtés. Sa
construction est très-solide, surtout du côté
oriental, où elle commence par un massif élevé
dans la mer. En cet endroit, il était défendu
aux constructeurs, sous peine de la vie, de laisser la possibilité de faire pénétrer un clou entre

les assises de chaque pierre. Elle est de terre seulement dans quelques parties de son étendue. Cependant cette muraille paraît avoir été bâtie presque partout avec tant de soin et d'habileté que, sans qu'on ait eu besoin de la réparer, elle se conserve entière depuis deux mille ans. Dans les endroits où les passages sont plus faciles à former, on a eu soin de multiplier les ouvrages de fortifications, et d'élever deux ou trois remparts qui se défendent les uns les autres.

Ce rempart, de presque six cents lieues de longueur, a presque partout vingt ou vingt-cinq pieds d'élévation, même au dessus des montagnes assez hautes par lesquelles on la fait passer, et qui sont fréquentes le long de la Mongolie. L'une de ces montagnes que franchit la grande muraille a cinq mille deux cent vingt-cinq pieds d'élévation. M. Barrow pense que les matériaux qui ont servi à la construction de cette fortification gigantesque suffiraient, et au-delà, pour un mur qui ferait deux fois le tour du globe, et qui aurait six pieds de hauteur et deux pieds d'épaisseur. Elle est percée d'espace en espace de portes qui sont gardées par des soldats ou défendues par des tours ou des bastions. Du temps des empereurs des dynasties chinoises, cette muraille était gardée par un million de soldats; mais à présent que les invasions barbares ne sont plus à craindre, le gouvernement chinois se contente d'entretenir de bonnes garnisons dans les passages les plus ouverts et les mieux fortifiés.

Voici ce que disent deux témoins oculaires sur la muraille de la Chine : « La construction de cette muraille est composée de deux pans de mur, chacun d'un pied et demi d'épaisseur, dont l'intervalle est rempli de terre jusqu'au parapet. Elle a quantité de créneaux comme les tours dont elle est flanquée. A la hauteur de six ou sept pieds depuis le sol, le mur est bâti de grandes pierres carrées; mais le reste est de briques, et le mortier paraît excellent. Sa hauteur totale est entre dix-huit et vingt pieds, mais il y a peu de tours qui n'en aient au moins quarante, sur une base de quinze à seize pieds carrés, qui diminue insensiblement à mesure qu'elle s'élève. On a fait des degrés de briques ou de pierre sur la plate-forme qui est entre les parapets, pour monter et descendre plus facilement. »

S'il faut en croire l'autre témoin oculaire dont nous avons parlé, la fondation de cette fameuse muraille est partout en pierres de taille, jusqu'à six pieds de hauteur; le reste, jusqu'à la hauteur de trente pieds, est en briques. Elle a quatre grandes portes de fer, et de cinq cents toises en cinq cents toises de grandes tours carrées, d'environ douze toises de hauteur, qui en défendent l'entrée.

PUITS DE FEU A LA CHINE.

Il existe en Chine des puits de feu qui descendent à des profondeurs considérables. Ce phénomène est fort commun dans plusieurs provinces, où on l'emploie à des usages économiques très-productifs. Comme nous avons des puits d'eau en Europe, les Chinois en ont de feu pour le service de leur maison. Ayant au dessous des mines de soufre qui déjà sont allumées, ils n'ont qu'à faire une petite ouverture, d'où il sort assez de chaleur pour faire cuire tout ce qu'ils veulent. Au lieu de bois, ils se servent communément d'une espèce de pierre. Les mines d'où l'on tire cette matière, qui brûle si aisément, sont presque inépuisables. En quelques endroits, comme à Pékin, ils savent si bien la préparer, que le feu brûle jour et nuit.

Il y a des localités en Chine où, sur un espace d'environ dix lieues de long sur cinq de large, il y a des milliers de ces puits. Chaque particulier un peu riche se cherche quelque associé pour creuser un ou plusieurs puits. La manière de creuser des Chinois ne ressemble point à la nôtre; ils ne savent pas faire jouer la mine contre les rochers, et tous les puits sont dans le roc. Ce n'est qu'à force de temps et de patience qu'ils parviennent à creuser les leurs, qui ont quinze à dix-huit cents pieds de profondeur sur cinq ou six pouces de largeur au plus. On reste au moins trois ans pour creuser un de ces puits. L'eau qu'on en fait sortir par un tube de bambou est très-saumâtre; elle donne à l'évaporation un cinquième et plus, quelquefois un quart de sel , qui est très-âcre et contient beaucoup de nitre.

L'air qui sort de ces puits est très-inflammable. Si l'on présentait une torche à la bouche d'un puits quand le tube plein d'eau est près d'arriver , il s'enflammerait en une grande gerbe de feu de vingt à trente pieds de haut, et brûlerait la halle ou l'atelier avec la rapidité de l'explosion de la foudre. Cela arrive quelquefois par l'imprudence ou la malice d'un ouvrier qui veut se suicider en compagnie. Il est de ces puits d'où l'on ne retire pas de sel , mais seulement du feu; un petit tube en bambou ferme l'embouchure du puits et conduit l'air inflammable où l'on veut; on l'allume avec une bougie, et il brûle continuellement. La flamme est bleuâtre, ayant trois ou quatre pouces de haut et un pouce de diamètre. Il n'est pas probable que cette flamme soit l'effet d'un volcan souterrain, parce qu'il a besoin d'être allumé; et une fois allumé , il ne s'éteint plus que par le moyen d'une boule d'argile que l'on met à l'orifice du tube, ou à l'aide d'un vent violent et subit.

Ce phénomène est plutôt l'effet d'un gaz ou d'un esprit de bitume. Les Chinois, païens et chrétiens , croient que c'est le feu de l'enfer, et ils en ont grand'peur. En réalité, ce feu est plus violent que le feu ordinaire.

PÊCHE DES ESTURGEONS DANS LES ENVIRONS DU CAUCASE.

On trouve beaucoup d'esturgeons dans les rivières que la mer Caspienne reçoit à l'est. Toutefois, ces poissons ne remontent point au-delà de quatre à cinq cents pieds, et ce n'est pas à cause du peu de profondeur des rivières; car le Kour et le Terek sont considérables à de plus grandes hauteurs. En hiver, les esturgeons abandonnent les rivières pour se réfugier dans la mer; ils reviennent au printemps, et c'est alors qu'on les pêche en grande quantité aux embouchures des fleuves. Les individus sont si nombreux, que le caviar ou les œufs qu'on en retire fournissent par an au commerce plusieurs milliers de tonneaux. Les esturgeons, joints au vorace mal, autre poisson, et aux oiseaux aquatiques, tels que les mouettes, les cormorans, les pélicans, contribuent, avec la pêche, à dépeupler les fleuves de ces contrées. On peut dire que l'esturgeon est à la mer Caspienne ce que le requin est à l'Océan.

A Salian sur le Kour, il y a une vataga, ou pêcherie, affermée pour 260,000 roubles par an à un de ces Indiens qui adorent les feux perpétuels; on prétend que, tous frais déduits, il ga-

gne plus d'un demi-million. Une année, on pê-
cha, à Salian, jusqu'à vingt mille esturgeons en
un seul jour, tandis qu'aujourd'hui les pêches
les plus favorables n'en produisent pas plus de
quatre mille. Les deux tiers des esturgeons que
l'on prend au printemps sont des femelles; leurs
ovaires pèsent de trente à soixante livres.

Voici quelques détails nouveaux sur cette pêche des esturgeons, ou plutôt sur les circonstances qui l'accompagnent.

L'ordre dans lequel les poissons sont préparés
au sortir des filets est vraiment remarquable; on
dirait qu'une machine à vapeur met en mouvement tous les ouvriers, qui, sans dire un mot,
se hâtent de finir leur tâche. Les poissons encore
vivans sont portés sous un hangar vaste et convenable, disposé près de la rivière; des escouades
de quatre à six ouvriers s'occupent aussitôt à
dépecer les esturgeons; chacun a son travail
déterminé, et attend que celui qui le précède
ait fini pour prendre le poisson, qu'il repasse au
suivant quand il a achevé sa tâche; ces ouvriers
sont nommés d'après les travanx qu'ils exécu-
tent, et payés en conséquence. Le premier retire les poissons des bateaux qui les apportent
au rivage, et prend note, pour le pêcheur, de
l'espèce du poisson; car le prix varie selon l'espèce et la grandeur; sur un certain nombre de
gros, ce dernier en reçoit un petit gratis. Le
second ouvrier coupe les nageoires et la queue

qu'il jette à l'eau, et passe le poisson au voisin, qui lui fend la tête et le museau longitudinalement; le quatrième lui ouvre le ventre, en retire les intestins qu'il jette également, et si c'est une femelle, il lui ôte l'ovaire et le met dans un baquet; la vessie et la moelle épinière sont ensuite passées à d'autres, qui les lavent et les préparent. Quant au caviar, il est remis à des ouvriers qui ne font point partie des escouades dont il vient d'être question, et qui ne s'occupent que de sa préparation, le lavent, le tamisent et le salent; le reste du poisson est transporté dans un autre hangar, où il est coupé en tronçons, s'il doit être salé, ou en filets s'il doit être séché; cette dernière manière est la plus usitée. Ensuite le poisson est immédiatement suspendu à l'air; la grande quantité de graisse qui en sort le préserve de la putréfaction, et empêche les mouches de s'y attacher.

On pêche deux ou trois fois par jour, et chaque fois les poissons sont préparés à l'instant.

BÉNARÈS.

Les rues de Bénarès sont extrêmement étroites. Les maisons sont bâties en pierres de taille, ont des toits en terrasses et se touchent les unes les autres; on en voit qui ont jusqu'à six étages. Elles sont jointes d'une manière bizarre, et l'architecture en est tout aussi extraordinaire. Des sculptures qui s'étendent sur une ligne ou bande, et qui ne sont pas mal exécutées, séparent chaque étage. Le grand volume de pierres qui composent les murs et la manière dont elles sont jointes, prouvent que les Hindous sont d'assez bons maçons. Les fenêtres sont très-petites, afin d'empêcher les personnes qui logent en face de voir ce qui se passe dans l'intérieur des appartemens et pour entretenir la fraîcheur dans les maisons durant les vents chauds. L'architecture européenne ne convient aucunement au climat de l'Inde; les fenêtres larges seraient extrêmement incommodes dans ce pays sans les *tattys* qu'on applique facilement à des maisons qui ne sont élevées que d'un étage. Ces *tattys* sont des espèces d'écrans que composent des treillis de racines d'herbes odorantes. On les place en dehors des fenêtres, et les domestiques jettent constamment de l'eau dessus, ce qui est un excellent moyen de rafraîchir l'air; mais l'usage des tattys serait impraticable pour les maisons qui ont six étages et qui sont situées au centre de la ville.

Il est rare qu'une coutume généralement adoptée ne soit pas d'accord avec la raison. Les Hindous ont des fenêtres plus larges dans leurs maisons de campagne qu'ils peuvent rafraîchir par des moyens artificiels; les étages supérieurs n'ayant pas le même avantage, on y réduit le plus possible les ouvertures qui donnent entrée à la lumière et à l'air. Les deux côtés de la rue se rapprochent tellement sur quelques points, qu'on les réunit par des galeries. Plusieurs maisons neuves sont bâties sur un très-beau plan, et toute la ville a une apparence de prospérité que ne dément point la réalité.

Bénarès est un lieu réputé si saint, que plusienrs radjahs hindous y ont des habitations où leurs chargés d'affaires résident, et font au nom de leurs maîtres les ablutions et les sacrifices prescrits par leur religion. Le pays qui environne cette ville est très-fertile, et les procès qu'occasionent les propriétés sont très-nombreux. On compte à Bénarès douze mille maisons de pierre ou de briques; les maisons de bousillage passent seize mille; le nombre fixe des habitans s'élève à 582,000. Durant la fêté, le concours des étrangers est au-delà de tout calcul. Quant aux mahométans, il n'y en a pas un sur dix Hindous.

La mosquée avec ses minarets a été édifiée par Aureng-Zeb, qui voulait humilier les naturels de l'Hindoustan. Non seulement elle est construite sur le point de terre le plus élevé et le plus apparent en ce qu'il est situé près du fleuve, mais les fondemens en ont été jetés dans un terrain sacré où était un temple hindou, et quel'on a démoli pour faire place au temple musulman. La mosquée domine toutes les pagodes, et ce qui est peut-être plus piquant, toutes les terrasses des maisons, sur lesquelles les femmes ont coutume de prendre le frais soir et matin. Les deux minarets sont d'une forme élégante et si légère, qu'il y en a un sur lequel on peut monter en toute sécurité. Sur le sommet de l'autre, on jouit d'une vue qui s'étend sur toute la ville et au loin sur le pays qui l'environne.

Le nombre des temples érigés en l'honneur des différentes divinités est très-considérable; mais les principaux objets du culte des Hindous sont Vichnou et Mahadeva, ainsi que leurs épouses. Il faut quinze jours pour faire les prières et les offrandes à chacun de ces dieux. Le premier jour, le pélerin se baigne dans le puits sacré de Munkernika, et tous les autres jours dans le Gange.

Le climat de Bénarès est considéré comme très-sain. Par suite du voisinage des montagnes du Thibet, qui en hiver sont couvertes de neige, le froid y est quelquefois assez vif pour occasioner des gelées blanches et produire même des glaçons.

BAIN D'ORIENT.

Ce bain consiste en deux salles qui se trouvent au fond d'un très-beau pavillon construit dans un jardin, et au devant duquel il y a généralement un grand bassin plein d'eau. Ces salles sont échauffées par des tuyaux qui courent sous le parquet; la première a environ vingt pieds carrés. Trois des côtés ont chacun une fontaine placée dans une niche oblongue, et d'où il sort soit de l'eau chaude, soit de l'eau froide. L'entrée de la salle intérieure est percée dans le quatrième côté. A chaque coin est un pilier d'où partent des arcs qui soutiennent une coupole. Le tout est enduit d'un très-beau stuc blanc, dont les ornemens sont en noir pour répondre au parquet, qui est en marbre blanc, sur lequel se dessine une mosaïque rouge et noire.

On passe ensuite dans l'autre salle, où la chaleur est si forte, que l'on est suffoqué en y entrant. Elle est construite de même que la précédente, excepté qu'il y a sur le devant un bassin élevé de cinq pieds au dessus du sol, et rempli d'eau chaude, tandis que sur la droite il y en a un semblable dans le parquet. Des fontaines jaillissent au milieu de la salle ; et comme l'eau en est moins chaude que le marbre sur lequel on est placé, l'effet en est très-agréable. Cette pièce est construite en pierre rouge, et un lambris de porphyre de la même couleur s'élève à hauteur d'appui.

Il y a dans ces bains des hommes et des femmes qui ont une singulière occupation. Ils étendent sur le parquet le baigneur ou la baigneuse, le frottent avec la pierre ponce, lui pétrissent la peau de tous les membres, mettent ses mains dans des sacs de moire, et le frottent de nouveau jusqu'à ce que les pores soient dégagés de tout ce qu'il peut y avoir d'impur. Cela fait, on l'enduit d'une composition d'argile et d'huile par-

fumée. On nettoie les cheveux avec une pâte
composée de farine et de plusieurs autres substances ; puis on entre dans un des bassins de
marbre pour s'y laver, et, quand on en sort,
on reçoit sur le corps des étoffes chauffées. On
passe ensuite dans l'autre pièce pour se préparer
au grand air.

L'usage des bains chauds est général dans l'O-
rient, et ils sont très-rafraîchissans. Ils donnent
à la peau une souplesse et une sensation de fraîcheur qui cause une surprise agréable ; ils tiennent les pores ouverts, avantages inappréciables
sous un climat brûlant, où une excessive trans-
piration laisse des impuretés sur le corps. Il est
probable que les préventions dont ils sont l'objet
cesseront avec le temps, et que les bains chauds
deviendront, même en Europe, le remède le
plus général.

SACRIFICE DU CHAMEAU.

« Nous mîmes pied à terre, dit Valentia, devant
une vaste tente blanche, dans l'intérieur de laquelle était un tapis de même toile. Tous les musulmans
y entrèrent pour faire leur prière. On avait servi
dans une autre grande tente un déjeuner pour
les Anglais et pour tous les officiers des deux bataillons. Au bout de dix minutes, on m'envoya
dire que le sacrifice allait commencer. Je me
rendis sur-le-champ dans une très-petite en-

ceinte, où je trouvai un jeune chameau, sans tache et très-beau, et un bélier, aussi sans tache, mais peint en rouge. Ce dernier animal fut placé au dessus d'une fosse, et on lui coupa la gorge. Il faut que le chameau soit immolé par le chef lui-même, ou du moins que ce soit en sa présence par quelque saint personnage, comme cela arriva le jour où j'assistai à cette cérémonie.

L'animal avait les pieds liés et fixés à terre, et sa tête était élevée par une corde fixée à un pieu. Une lance d'acier très-aiguë fut l'arme avec laquelle le prêtre coupa l'artère, quoiqu'il n'y parvînt qu'au troisième coup; et le chameau répandit tout son sang. Je demandai à quelle intention on faisait ce double sacrifice. On me répondit que c'était en mémoire d'Ismaël et d'Isaac. Je me rendis ensuite à la tente où l'on devait déjeuner, et où bientôt nous reçûmes une portion du chameau et du bélier. La chair du premier me parut très-douce, et elle m'aurait plu, si elle eût été plus tendre. »

COMBAT D'ÉLÉPHANS.

« Je me rendis à l'un des jardins du nabab-visir. On avait servi pour nous et pour une nombreuse compagnie un déjeuner dans un pavillon d'où l'on voyait le bord opposé de la rivière, précisément à l'endroit où l'on fait baigner les éléphans.

Un combat entre plusieurs de ces énormes animaux devait être le spectacle du jour. La plaine était couverte d'une foule de peuple, et l'on avait mis sur pied un corps de fantassins et de la cavalerie armée de lances. Les éléphans suivirent tranquillement leurs femelles jusqu'à ce qu'ils eussent vu la foule. Ils s'avancèrent ensuite avec beaucoup de vitesse, et ils auraient atteint facilement les piétons, si leur attention n'avait pas été détournée par les cavaliers qui s'approchaient d'eux au point de les toucher quelquefois avec leurs lances. L'animal tournait aussitôt son courroux contre la personne qui l'avait attaqué de la sorte ; mais il le poursuivait en vain. Apercevant alors l'éléphant qu'on lui opposait, il fondait sur lui et le choc était assez violent pour forcer l'un des deux à se dresser sur ses pieds de derrière. Leurs trompes étaient élevées en l'air, et ils continuaient quelque temps à se pousser, l'un avançant, l'autre reculant. Je fus surpris de voir les *mohouts* ou conducteurs d'éléphans demeurer fermes sur leurs siéges. Dans ces combats, les *mohouts*, pour être à l'abri de la trompe de l'autre éléphant, se placent sur le milieu du dos de l'animal qu'ils montent. Ils paraissaient s'intéresser vivement au succès des animaux qu'ils conduisaient : ils les encourageaient et les excitaient avec leurs lances armées de pointes de fer. Lorsqu'on jugeait que deux éléphans avaient suffisamment combattu, on les faisait emmener par leurs femelles, qui dans le fait étaient l'unique cause du combat.

» Les deux qui parurent les premiers étaient des poltrons, ils prirent la fuite. La seconde et la troisième paire montrèrent du courage. Mais la quatrième fut celle qui nous procura le plus d'amusement. Le plus fort des éléphans poussa son adversaire dans la rivière. Ils se jetèrent de l'eau l'un l'autre, et s'attaquèrent à plusieurs reprises. Le plus faible reculant toujours, gagna la rive opposée, et l'élévation du sol le favorisant, il s'arrêta, et empêcha l'autre d'avancer. Ils restèrent quelque temps à se regarder, puis le mohout du moins fort le conduisit au milieu du courant, où il y eut une dernière lutte. La victoire demeura indécise; le combat fut admiré, et certainement c'était un spectacle digne d'être vu une fois; mais pas davantage. Il n'y eut aucune variété dans les attaques; les combattans ne firent voir aucune adresse; ils n'eurent recours qu'à une force brutale; et ils parurent en être quittes pour des écorchures à la face. Du haut du pavillon d'été où nous étions placés, nous vîmes tout parfaitement et sans aucun danger; heureusement d'ailleurs, et contre l'ordinaire, il n'arriva aucun accident. »

FÊTE DU MOHAREM, ET DESCRIPTION DE L'IMAM-BAUREH.

« Lorsque nous arrivâmes à Çalcutta, toute la

ville avait un aspect lugubre , parce que c'était la veille du moharem , fête que les sectateurs d'Aly célèbrent très-religieusement. Elle a lieu en mémoire de la mort d'Hassan et de Hossein , et dure dix jours; temps pendant lequel les musulmans, à moins qu'ils ne portent le vert comme descendans de Mahomet, changent, prennent des turbans et des ceintures de couleur noire. Le nabab actuel est Persan et par conséquent de la secte d'Aly. La plupart des mahométans de l'Inde appartiennent à cette secte.

» Pour célébrer le moharem, chaque prince a un lieu orné d'un grand nombre de lampes, que l'on appelle l'*Imam-Baureh*. On y place les cénotaphes des deux saints, formés de matériaux proportionnés à la richesse de celui qui les a fait construire. Les personnes de distinction ont aussi dans leurs maisons des lieux affectés à cette cérémonie. On y consacre quelquefois des sommes considérables.

» Le dernier jour du moharem , je rencontrai le cortége des pleureurs qui promenaient un mannequin représentant le cheval de Hossein percé de flèches de toutes parts. Les préjugés religieux des musulmans sont à présent si affaiblis dans l'Inde , que ce cortége s'arrêta à ma demande ; et pour que je pusse examiner ce mannequin avec plus de facilité , on l'approcha de mon palanquin.

» L'Imam-Baureh, que je visitai plusieurs fois

pendant le moharem, est le plus bel édifice que j'aie vu dans l'Inde. Le feu nabab l'a fait élever, tant pour les célébrations de cette fête, que pour lui servir à lui-même de monument funèbre. Il consiste en trois salles parallèles et fort longues. Le tombeau est dans celle du centre, au milieu de laquelle on voit un espace de terre couvert d'une herbe rare et environné d'une large bordure de marbre blanc, où sont incrustés des versets du Koran en lettres noires. Le turban, l'épée, etc., que le prince portait lorsqu'il est mort, sont placés à l'une des extrémités. Le tombeau est couvert d'un dais de drap d'or, soutenu par quatre colonnes, garnies de même; mais en mauvais état. Par malheur, il a fallu placer la tombe diagonalement, afin que les pieds du défunt fussent tournés vers la Mekke. On arrive à l'édifice par un vaste carré, et par un jardin tracé sur une petite hauteur. L'Imam-Baureh est construit sur une terrasse élevée; cela faisait paraître de très-loin les fanaux innombrables qui brillaient au dessus. Ces fanaux n'en diminuaient aucunement l'éclat des milliers de de girandoles de verres de toutes couleurs qui réfléchissaient la lumière des bougies, et qui descendaient du plafond à différentes hauteurs. Le parquet est couvert de candelabres qui ne laissent que l'espace suffisant pour passer, et dont les branches sont aussi de verre. La troisième salle est d'un bout à l'autre remplie de cénota-

phes, placés sur des plates-formes de trois pieds
de hauteur, et parmi lesquelles on remarque les
tombes supposées des deux frères Hassan et Hossein. Cette salle, lorsque je la visitai, était parfaitement éclairée, tant par des lustres qui tom-
baient du plafond, que par des bras attachés au
mur. On récitait des prières en diverses parties
de l'édifice; et chaque soir, tous les infidèles,
tous les sectateurs d'Aboubeckr, d'Omar et
d'Othman, étaient anathématisés à la grande
satisfaction des Hindous qui se rendaient là en
foule. »

COMBAT D'UN TIGRE ET D'UN ÉLÉPHANT.

« Je fus invité à assister à un combat dans lequel devait paraître un tigre. On avait entouré
de palissades un espace d'environ cinquante
pieds carrés, et situé dans une plaine entre le
Doulat-Khaneh (palais de la puissance) et la
rivière. De peur que le tigre, dans sa fureur, ne
pût s'élancer sur nous, un malheur semblable
ayant été précédemment sur le point d'arriver,
l'endroit où nous étions placés avait été mis à
couvert par une grille de bambous. Les trois
autres côtés étaient garantis par de semblables
grilles que soutenaient des pieux très-forts, solidement enfoncés en terre. Le tigre était ren-
fermé dans une petite cage placée de côté, et
dont on le fit sortir au moyen de feux d'artifice.

8*

Il fit plusieurs fois le tour de l'arène et nous regarda fixement. Un buffle ayant été poussé dans le champ de bataille, le tigre se retira dans un coin; l'autre animal l'épia sans paraître vouloir engager le combat. Lorsque, par des feux d'artifice lancés à plusieurs reprises, on eut obligé le tigre à changer de place, le buffle s'avança vers lui à petits pas, jusqu'à ce que, l'ayant vu couché à terre, il s'arrêta et le considéra pendant quelque temps. On vit alors entrer sept autres buffles; mais toutes nos excitations ne purent engager aucun d'eux à commencer l'attaque. Un chien que quelqu'un jeta par dessus la palissade, se réfugia dans un coin, où bientôt le tigre fut poussé par des artifices. Le petit animal lui montra les dents et le tigre se retira.

Le nabab ordonna qu'on fît venir un éléphant. A l'approche de cette bête énorme, le tigre poussa un cri de terreur, courut vers l'un des coins et s'efforça, mais vainement, de franchir la palissade. Dirigé par son mohout, l'éléphant tenta de tomber à genoux sur le tigre qui l'évita et se réfugia dans un autre coin. Tous les efforts du conducteur pour exciter sa monture à renouveler l'attaque, furent vains; l'éléphant, s'étant avancé vers une porte, l'enfonça et sortit. Le tigre, qui était tout haletant dans son coin, ne chercha pas à profiter de l'ouverture.

Aussitôt on fit entrer dans l'arène un second éléphant qui poussa vers l'autre animal et plia les genoux pour l'accabler. Le tigre lui sauta au front et s'y tint attaché par ses griffes et ses dents, jusqu'à ce que, par un violent effort, et relevant la tête, l'éléphant l'eût lancé à terre, ce dont il fut tellement brisé, qu'il ne lui fut plus possible de se relever. Le vainqueur ne voulut pas pousser plus loin son triomphe. S'étant précipité sur la palissade et la grille, à laquelle un grand nombre de spectateurs se tenaient suspendus, il fit, avec ses défenses, sauter pieux et bambous. L'alarme fut vive, et chacun s'enfuit le plus promptement qu'il put. L'éléphant se retira en traversant la foule, et par bonheur il ne blessa personne. Le tigre était trop épuisé pour le suivre. Le soleil était déjà fort haut et la chaleur si grande, que le combat fut ajourné indéfiniment. »

LE SIPHON.

« La chaleur était étouffante ; j'étais assis dans mon appartement qui était de plain pied avec le toit en terrasse de la maison, où je fus attiré par une lueur soudaine, et par le bruit du tonnerre qui roulait dans le lointain. Le vent qui avait soufflé de l'est était entièrement tombé. Un nuage d'un bleu très-sombre qui vint de l'ouest, couvrit bientôt la moitié du ciel ; le tonnerre ne grondait pas très-fort, et un calme parfait régnait dans l'air ; les oiseaux volaient fort haut et poussaient des cris d'effroi. A la fin, un nuage d'un brun foncé parut à l'ouest, et s'avança avec beaucoup de rapidité. Toute la ville de Lacknau avec ses nombreux minarets, était entre moi et ce nuage, que la hauteur de la terrasse me permit de bien observer. Lorsqu'il fut à la distance d'un mille, il offrit l'aspect de vastes amas de fumée qui se seraient élevés successivement et à une grande hauteur du milieu d'un incendie. En s'approchant, il avait une teinte rougeâtre. Comme il me dérobait la vue des minarets les plus éloignés, je fus convaincu que c'était du sable enlevé par un tourbillon. L'air continuait à n'éprouver aucune agitation au point où j'étais. A la fin, les nuages et le vent arrivèrent en même temps avec un grand bruit et une telle violence, que je fus obligé [de me réfugier dans la pièce exposée au levant. La poussière y fut même chassée avec tant de force que je fus forcé de fermer les yeux. L'obscurité redoublant sans cesse, bientôt on n'y vit plus. Le vent tournait alors un peu vers le sud; la tempête s'accrut avec une force décuple, et nous fûmes presque étouffés par la poussière. Le vent, en soufflant avec fureur entre les arbres et dans les édifices, produisait un sifflement tel, que le bruit du tonnerre ne se faisait plus entendre. Durant dix minutes, nous fûmes plongés dans la plus profonde obscurité; mais, les ténèbres s'étant dissipées par degrés, laissèrent voir une lueur d'un rouge effrayant, que d'abord je crus occasionée par un incendie. Alors il tomba des torrens de pluie, et le vent passa entièrement au sud. Au bout d'une heure, le temps commença à s'éclaircir, le siphon se porta à l'ouest, et le vent y tourna aussitôt. L'air était de la plus grande fraîcheur et dégagé de poussière. Quoi- ⸗que les portes et les fenêtres fussent fermées et garnies en dehors par des tattys, il y avait une couche de sable sur mon lit et sur les meubles. Cet ouragan est un des plus terribles qu'on ait essuyés à Lacknau; une personne en fut si effrayée qu'elle en mourut. La longue durée de la séche- resse avait tellement pulvérisé le sol et détruit si complétement la végétation sur les terres sa- blonneuses, que le siphon apporta plus de sable que de coutume; c'est à cela seul qu'on attribua la nuit profonde dont on fut enveloppé. Jamais je n'ai vu de spectacle plus terrible ni plus im- posant que celui qu'offrit ce phénomène; je n'en excepte pas même une tempête en pleine mer. »

DESCRIPTION DE CALCUTTA.

La ville de Calcutta est, tant par son étendue que par la magnificence des édifices qui déco- rent le quartier habité par les Européens, par- faitement digne d'être le siége du gouvernement anglais en Orient. La citadelle est très-belle, mais de beaucoup trop vaste pour être de bonne défense. L'esplanade offre une très-grande ou-

verture au milieu de laquelle est placé le nouveau palais du gouvernement, qui, bien qu'un
édifice superbe, n'est pas sans défauts.

Sur une ligne parallèle au palais du gouvernement, est une suite de très-belles maisons revêtues de stuc. Ce qu'on appelle tchouringis, est
un composé d'édifices semblables à des palais et
entourés de jardins. La ligne qu'il forme coupe
à angle droit celle des maisons dont on vient de
parler ; et l'une et l'autre offrent un des plus
beaux aspects que l'on puisse voir. Il n'en est
pas de même de la partie de la ville qu'on appelle la ville noire, les rues en sont étroites et
sales ; les maisons ont deux étages. Quelques
unes sont bâties en briques. Les autres qui sont
de bousillage et couvertes de chaume, ressemblent absolument aux cabanes des plus pauvres
habitans de l'Irlande.

La population de Calcutta s'élève environ à
700,000 âmes ; jamais, dit lord Valentia, je n'ai vu
foule pareille à celle qui remplit les rues le soir.

On a coutume à Calcutta d'être levé de très-
bonne heure, pour jouir de la fraîcheur de l'air,
qui est délicieux avant le lever du soleil. A midi,
on fait un déjeuner chaud, puis on se met au
lit pour deux on trois heures. On dîne ordinairement entre sept et huit heures, ce qui est
sans doute trop tard pour un climat si chaud;
et comme on reste à table jusqu'à minuit et
même plus tard, cela empêche de se promener
le soir.

Quoique le plus ordinairement on se serve de palanquins pour voyager, la plupart des gens à l'aise ont, à Calcutta, des carosses qui sont appropriés au climat, et que tirent des chevaux dont l'espèce s'est singulièrement améliorée depuis quelques années. Le temps qui s'écoule entre le coucher du soleil et l'heure du dîner est généralement celui que l'on choisit pour la promenade. A la nuit, les *mussalchys* ou porte-flambeaux vont à la rencontre de leurs maîtres, en avant desquels ils courent au retour, faisant ainsi huit milles à l'heure. Le grand nombre de flambeaux qui est alors en mouvement le long de l'esplanade produit un effet aussi agréable que singulier.

L'architecture des maisons est du style grec, ce qui convient peu au climat. Les colonnes du portique étant trop élevées pour que l'entablement puisse mettre à l'abri du soleil, durant le plus grande partie de la matinée et de la soirée, et pourtant la chaleur est excessive alors. Dans le temps des pluies, c'est pis encore. L'architecture gothique et celle des Hindous, qui rend les édifices plus clos, seraient préférables sans doute.

PONDICHÉRY.

Pondichéry, jadis la ville la plus superbe de l'Orient, et la capitale des possessions françaises, lorsqu'elles s'étendaient sur la plus grande partie du Carnate, ne s'est jamais relevée entièrement depuis 1761 que les Anglais s'en sont rendus maîtres. Les fortifications furent rasées, et le glacis combla les fossés. Ce n'en était pas encore assez pour satisfaire le conseil de Madras : il semblait que le seul souvenir de cette grande puissance que les Français avaient eue dans l'Inde l'épouvantât; et, pour en empêcher autant que possible le rétablissement, il résolut d'étendre la dévastation sur les édifices en général. Le collége des jésuites et d'autres bâtimens publics attestent encore la fureur de son ressentiment. On voit toujours couchés par terre sur la place les colonnes et autres ornemens que M. Dupleix, gouverneur français, tira d'une pagode en pierre noire, et dont il se proposait sans doute de faire un dorbar ou salle d'audience, lorsqu'il prit le titre de nabab, et qu'il vivait au milieu de toute la pompe d'un souverain de l'Orient. Quant aux maisons particulières, elles ont été complétement réparées; et Pondichéry, malgré tous ses désastres, est, après Calcutta, la plus belle ville que l'on voie dans l'Inde.

Un mérite que les Français ont à Pondichéry, c'est la constance merveilleuse avec laquelle ils supportent l'infortune.

MADRAS.

Madras diffère infiniment de Calcutta. Ce n'est

pas une ville à l'européenne , et il n'y a guère
de maisons que celles qui servent de magasins
dans le fort. Les gens riches ou à l'aise ont des
habitations dans de vastes jardins , où les arbres
sont tellement rapprochés les uns des autres que
rarement ils laissent apercevoir la maison voisine. La plaine de Chauderic , qui a été le théâtre des dévastations de Tippoo-Saëb , lorsqu'à la
tête d'un corps de cavalerie, ce prince descendit
des Gattes, et porta la terreur jusqu'aux portes du
fort Saint-George , est à présent couverte de ces
habitations paisibles , et une végétation vigoureuse se fait admirer sur un sol qui auparavant
n'était qu'une stérile arène. Je soupçonne cependant que le peu de circulation de l'air a diminué
la salubrité de la plaine ; et la grande étendue
de terrain qu'occupe chaque jardin force quelquefois à parcourir un espace de trois milles
pour faire une visite.

L'hôtel du gouvernement , étant situé sur le
bord de l'esplanade , se trouve aussi dans la
plaine; mais on y jouit de la vue de la mer et de
celle du fort Saint-George. Par malheur, les
jardins du palais de Chepauk , qui appartient au
nabab , s'étendent trop loin de ce côté et inter-
ceptent la brise. L'hôtel est vaste et bien distri-
bué. Les planchers, les murs et les colonnes
sont revêtus de stuc de différentes couleurs , et
dont le poli est presque égal à celui du marbre.

Les routes contribuent à l'embellissement de

Madras. Elles sont larges et bordées, de chaque côté, d'un double rang d'arbres superbes. Quant au fort, il est bien construit, de bonne défense, et pas trop grand. Il est plus nécessaire que le fort William à Calcutta. Celui-ci ne peut être attaqué que du côté de la mer, tandis que, sans le fort Saint-George, Madras serait exposé aux insultes de toute petite escadre qui pourrait échapper à la vigilance des croisières.

Il serait difficile de trouver pour une capitale une situation plus mal choisie que celle de Madras, qui est placée sur la pointe la plus saillante d'une côte, contre laquelle un ressac furieux brise dans le plus beau temps; mais, quelle que soit l'incommodité de l'emplacement, il en coûterait trop pour transférer dans un autre lieu la présidence.

La société de Madras est nécessairement moins nombreuse que celle de Calcutta; mais elle est tout aussi bien composée. La manière de vivre est à peu près la même dans les deux villes, excepté qu'à Madras les tables ne s'affaissent pas sous le poids d'une si grande quantité de viandes, et que le poisson y est meilleur. Les vins y sont aussi d'une qualité supérieure.

BOMBAY.

Bombay n'est devenue une place d'importance que depuis 1530, qu'elle fut cédée aux

Portugais. Sa position à l'entrée du plus beau port qu'il y ait sur la côte occidentale de l'Inde attira bientôt l'attention de ses nouveaux maîtres, qui élevèrent un fort pour protéger le mouillage. Cependant le voisinage de Goa, qui était la capitale de toutes les possessions portugaises dans l'Orient, empêchait la ville de Bombay de prospérer autant qu'elle aurait pu le faire sans cela. Ce ne fut donc que lorsqu'elle eut été cédée à l'Angleterre, comme faisant partie de la dot de Catherine de Portugal, qu'elle s'accrut rapidement. Enfin elle est devenue un des grands arsenaux maritimes anglais dans l'Inde, et une présidence indépendante, quoique, sans contredit, ce soit seulement la troisième pour le rang.

On a, depuis peu de temps, augmenté considérablement la force de Bombay, en renfermant dans l'enceinte du fort la montagne de Dungarie, qui auparavant dominait la ville. Cependant, vu que la ligne de défense était déjà trop étendue, et qu'il aurait fallu une garnison de plusieurs mille hommes, il est douteux qu'il n'eût pas été plus à propos de niveler cette montagne.

La ville de Bombay est extrêmement forte du côté de la mer, et une infinité de batteries en commandent le havre ; il s'en faut de beaucoup que le côté de la terre soit en état d'opposer la même résistance. Au contraire, si un ennemi pouvait débarquer assez de troupes pour faire les approches en règles , la place serait bientôt contrainte de capituler. Les maisons de la ville , qui sont hautes et très-combustibles , sont si voisines des murs , que si le feu y prenait , il ne serait plus possible aux troupes de se tenir sur les remparts. En quelques heures, un bombardement réduirait la place en cendres , et probablement il en serait de même des magasins.

C'est comme arsenal maritime que Bombay paraît être un poste de la plus grande importance , qu'a peu réduite jusqu'à présent la conquête de Trinquemale , où une flotte ne peut trouver qu'une petite quantité de vivres frais. Il y a dans la première de ces places des chantiers où l'on radoube les vaisseaux du roi et ceux de la compagnie des Indes. Mais cet établissement, dont la dépense est considérable , est de peu d'utilité.

Le commerce de Bombay est bien déchu de ce qu'il était autrefois, ce qui est dû principalement aux priviléges accordés aux Arabes , et particulièrement aux sujets de l'iman de Mascat, dont le pavillon est considéré comme neutre. En conséquence , leurs vaisseaux entrent dans le port de cette ville , et se rendent d'un côté de la péninsule à l'autre sans avoir un seul Européen à bord , ni même pour une roupie de marchandise qui appartienne à un sujet de la Grande-Bretagne.

Bombay passe pour tirer son nom des mots

portugais qui répondent à bon bain ou bonne baie. C'est peut être une erreur. L'île où est située cette ville avait le nom de Bombay avant que les Européens la possédassent, et il est probable qu'elle était ainsi nommée d'après la déesse Bomba qui y était adorée. La ville fut fondée par les Portugais, et les maisons qui ont été élevées depuis qu'ils en ont fait la cession, l'ont été sur le plan de celles qu'ils ont bâties, et ont des virandahs, sortes de portiques soutenus par des piliers de bois. Il en résulte que Bombay ne ressemble à aucune des autres présidences.

Du haut du fort on jouit d'une très-belle vue sur la baie, dont la surface polie est interrompue çà et là par des îles dont la plupart sont boisées, et les cimes élevées et bizarres des montagnes de la Table forment un fond de tableau très-remarquable. La mer baigne le fort de trois côtés. Du quatrième côté, il y a une esplanade, à l'extrémité de laquelle est la ville Noire, dont les maisons sont environnées de palmiers. La situation de Bombay devrait être saine ; mais, par malheur, l'expérience prouve le contraire ; la fièvre y fait quelquefois de grands ravages, et nulle part dans l'Inde les maladies de foie ne sont plus communes ni plus fatales. La brise de terre, qui s'élève tous les soirs, occasione beaucoup de fièvres et fait perdre fréquemment l'usage de tous les membres. Cette brise est telle, qu'elle donne quelquefois le frisson. Il est probable que ses funestes résultats doivent être attribués tant à cette cause qu'aux vapeurs nuisibles qu'elle entraîne en passant sur les plantes qui, à la suite des pluies, croupissent dans les marais situés aux extrémités du havre. Une vie réglée , dans laquelle on évite les excès, a été reconnue comme le plus sûr moyen d'entretenir la santé.

CARACTÈRES ET MŒURS DES PARSIS.

La plupart des habitans de Bombay sont des Parsis descendans de ces Persans que la persécution, exercée dans le seizième siècle par Chah-Abbas contre le adorateurs du feu, a forcés de chercher un refuge dans d'autres contrées. Les Parsis forment un corps de nation qui ne ressemble à aucun autre dans l'Inde. Bombay est demeuré pour eux une seconde patrie , et à peine existe-t-il dans toute l'île un pouce de terre ou une maison qui ne leur appartienne. Je demandai un jour à l'un des plus recommandables pourquoi ils faisaient des acquisitions qui ne leur rapportaient que quatre pour cent, tandis que le commerce pourrait leur faire aisément retirer de leurs fonds huit ou dix. Sa réponse exprime, je crois, les véritables sentimens de sa nation : « C'est ici notre terre natale, me dit-il; nous devons y vivre et y mourir. Nous n'avons point d'autre patrie , et en conséquence nous sommes bien aises d'y posséder quelque chose que nous puissions laisser à nos enfans. Vous autres Anglais, vous n'êtes que temporairement dans l'Inde; c'est pourquoi vous désirez d'y amasser le plus d'argent que vous pouvez, afin de retourner ensuite dans votre patrie où je suppose que vous agissez comme nous agissons ici. »

Les Parsis sont loyaux, actifs et fort riches; ils contribuent infiniment à la prospérité de la présidence. Il ne s'y trouve aucune maison de commerce européenne où quelqu'un d'entre eux n'ait un intérêt. Leur influence est par conséquent très-grande, et l'espèce de fraternité qui les lie les fait agir avec toute la force d'une famille bien unie. Le gouvernement s'est conduit avec sagesse à leur égard. Tant qu'on tiendra une bonne conduite avec eux, ils formeront une forte barrière à opposer aux castes les plus puissantes des Hindous.

Les Parsis ont peu de chose des mœurs asiatiques : ils se nourrissent comme les Anglais. Leurs maisons sont garnies d'une infinité de miroirs, de peintures et d'estampes venus d'Angleterre; elles sont toujours parfaitement éclairées. A une fête à laquelle j'assistai, les jardins furent entièrement illuminés avec des torches et des lampes qui répandaient la plus vive lumière; une troupe de musiciens jouaient dans le virandah, et la variété des costumes donnait à la réunion l'air d'un bal masqué; nous eûmes une excellente troupe de danseuses. Le café, le thé, le paun et l'attar , l'eau de lavande et d'autres parfums , concoururent à cette fête anglo-indienne , qui ne finit qu'à minuit.

Il faut dire à l'honneur des Parsis qu'ils prennent soin de leurs pauvres , et qu'il n'y a pas dans toute la présidence une seule femme de mauvaise vie qui soit de leur nation. Ceux de la classe supérieure sont généreux et vivent avec une sorte de magnificence ; ceux de la classe inférieure sont actifs et intelligens , et doivent être préférés , comme domestiques , aux Musulmans et aux Hindous. La plupart des Parsis parlent bien anglais. Quoiqu'ils n'aient pas la peau blanche des Européens , ils forment une plus belle race que les indigènes. Toutes leurs manières annoncent de la douceur et un esprit de conciliation.

Ils ont un grand nombre de temples ; mais il ne paraît pas que les ministres de leur culte aient aucune autorité dans les affaires temporelles , ni même qu'ils en aient une grande dans les choses spirituelles. Leur religion est tolérante , et comme elle ne gêne en rien le service public, on peut la considérer politiquement comme bonne.

C'est un spectacle curieux de voir soir et matin les adorateurs du soleil, vêtus de robes blanches et flottantes, et la tête couverte de turbans de couleur , accourir en foule sur l'esplanade , y pousser des exclamations à l'aspect des premiers rayons de l'astre du jour, ou se prosterner humblement, lorsqu'il est sur le point de disparaître. Les femmes ne s'y montrent pas, mais elles ont coutume d'aller puiser de l'eau, comme faisaient les anciens patriarches. La plupart des riches Parsis se retirent de bonne heure tous les soirs dans leurs maisons de campagne, puis ils se rendent, dans une chaise tirée par un seul cheval, en un lieu agréable appelé *breach* (la brèche), où un gouverneur a fait élever une chaussée qui a coûté dix mille roupies, au moyen de laquelle on est parvenu à arrêter les envahissemens progressifs de la mer, qui menaçait de partager l'île en deux. C'est un très-bel ouvrage qui résiste à toute la moussou du sud-ouest. Le terrain qui a été conquis de la sorte sur la mer est rempli de marécages et est resté inculte jusqu'à présent ; mais quelques particuliers se proposent de les dessécher, et il est probable qu'ils en viendront à bout.

SERINGAPATAM, CAPITALE DE L'EMPIRE DE MYSORE.

Le grand nombre de vastes édifices que renferme cette ville l'ont fait préférer, comme place d'armes, à Bangalore, où l'on aurait été obligé de dépenser des sommes considérables en bâtimens. On aurait peut-être dû cependant donner la préférence à cette dernière, vu la salubrité de l'air qu'on y respire. Celui de Seringapatam, au contraire, est bien loin d'être sain. Les fièvres y sont très-fréquentes au dehors de la ville, surtout dans la partie basse de l'île.

Seringapatam est très-inférieure à toutes les autres capitales de l'Inde. Les palais du sultan n'ont ni le caractère imposant de l'architecture massive des Hindous, ni l'élégance et la légèreté pour ainsi dire aérienne des édifices que les musulmans ont élevés à Lacknau. Les appartemens publics de Tippoo-Saëb étaient beaux, mais ceux de Hayder-Ali étaient simples à l'excès. Les zezanahs ou appartemens de femmes de ces deux princes consistaient en deux misérables bâtimens carrés, hauts de deux étages et entourés de virandahs. Quelques unes des pièces étaient vastes, mais dépourvues d'ornemens. J'ai vu plusieurs personnes qui les avaient visités aussitôt après que les femmes de Tippoo-Saëb en étaient parties pour être transférées à Vellore, et elles m'ont assuré que ces pièces étaient aussi sales alors que lorsque je les parcourus.

Les palais de Seringapatam ont été appropriés à des objets d'utilité publique. Le palais de Hayder-Ali est habité par les chirurgiens, et son zezanah est transformé en un hôpital pour les troupes européennes. Le zezanah de Tippoo sert de caserne à l'artillerie; ses appartemens particuliers sont occupés par le résident, et ses appartemens publics par les troupes d'Europe.

Le manque de fenêtres à l'extérieur donne un air lourd à ces édifices. On a déblayé tout ce qui était entre eux et le temple de Shry-Runga, qui a une haute tohr du genre d'architecture des pagodes de Tanjore. Sur la gauche est l'ancien palais des radjahs de Mysore, et sur la droite sont les remparts avec leurs allées de jeunes arbres.

Quant à l'arsenal de Tippoo, qui anciennement composait un édifice qu'on appelle Tchoultry, et une pagode jointe au palais du radjah, l'architecture en est massive et beaucoup plus ancienne que celle des autres bâtimens. Les piliers en sont carrés et couverts de sculptures ; mais on avait rempli l'intervalle qui les séparait, ce qui empêchait de considérer avec attention le travail. Ce dépôt contient une grande quantité de fusils à mèche, de lances, de crics, de couteaux de naïr et d'armures, qui ne peuvent être aujourd'hui d'aucun usage. Ce qu'il y a de plus curieux, ce sont plusieurs pièces de canon jetées en fonte par Tippoo, et ornées d'une figure de tigre dévorant une tête d'Européen, emblème de la haine implacable du sultan contre ses ennemis. L'arsenal renfermait aussi une grande quantité de fusils d'Europe et de pièces de campagne.

Le palais adjacent tombait en ruines. En conséquence, on l'a renversé totalement, et on l'a remplacé par une manufacture d'affûts de canon, pour lesquels on emploie du bois de tek, qu'on tire des forêts situées à quarante milles de Seringapatam. Au moyen de ce bois, on peut, sans nuire aucunement à la solidité, donner de la légèreté et de l'élégance à l'ouvrage.

PAGODE DE TANJORE.

C'est dans le petit fort de Tanjore qu'est située la célèbre pagode qui passe pour le plus beau modèle de temple pyramidal qu'il y ait dans l'Inde. Le grand temple est sans contredit un très-beau morceau d'architecture, et il diffère, tant par la manière dont il se termine que par les ornemens dont il est décoré, de tout autre que j'aie vu dans l'Inde. Comme le radjah craignait que je ne voulusse y entrer, je ne m'avançai que jusqu'à la porte pour examiner le taureau noir qu'on dit être un des plus parfaits qu'aient exécutés les artistes hindous. Les Brahmanes vinrent au devant de nous, et nous présentèrent des fleurs et des fruits. Vis-à-vis du portail du temple s'élève un édifice, aussi pyramidal, qui sert aujourd'hui de magasin. Nous montâmes sur les remparts qui, étant plus hauts que le mur d'enceinte de la pagode, nous en firent voir l'intérieur. On jouit d'une très-belle vue de l'un des cavaliers. La pagode forme le premier plan du tableau. Le grand fort avec le palais du radjah et les autres pagodes se montrent ensuite. Derrière est un pays riche qui produit du riz et où se trouvent des massifs d'arbres. Une chaîne de hautes montagnes forme le dernier plan.

PAGODE D'ÉLÉPHANTA.

L'aspect verdoyant de l'île d'Éléphanta, qui élève presque au centre d'un bois sa tête couverte de forêts, m'inspira, non moins que tout ce que j'avais ouï dire de la pagode célèbre qu'elle renferme, le désir de la visiter. On y voit une figure originale de Brahma, exprimant admirablement le calme parfait du créateur de l'univers. Vishnou, qui est à sa gauche, a dans sa main le *lotus*. Cette plante semble se développer au rayon qui sort de l'œil de Dieu, dans tous les traits de qui se peint la bienveillance. Sivah a un air sinistre qui est d'accord avec les objets qu'il tient devant lui : ce sont deux serpens à chaperon. La finesse de l'idée de l'artiste et le mérite d'exécution de ces figures sont infiniment admirables. Quelle perfection ne devaient-elles pas avoir avant d'avoir été dégradées !

Les articles sur l'Hindoustan que l'on vient de lire nous ont été fournis par le voyageur Valentia.

FÊTE DES HINDOUS.

Voici quelques détails relatifs à une cérémonie des Hindous. Ces détails sont extraits d'une relation du capitaine Castil-Blaze.

« Au centre d'une petite plaine, où s'étaient réunis mille à douze cents Hindous, s'élevait un mât qui soutenait à son sommet une longue perche transversale fixée par le milieu. Quelques hommes pesant sur l'un des bouts de la perche, la tenaient aussi près que possible du sol, tandis que l'autre extrémité se levait en proportion. Je remarquai avec surprise qu'un corps humain y était suspendu. Il ne tombait point perpendiculairement comme un criminel attaché à une potence; mais il paraissait nager dans l'air où il agitait librement ses mains et ses jambes.

» En approchant du cercle formé par les spectateurs, je découvris avec horreur que ce misérable n'était retenu dans sa position que par deux crocs en fer qui traversaient ses chairs. Toutefois, rien dans sa physionomie ni dans ses manières n'indiquait la souffrance.

» Cet homme ayant été descendu et décroché, il fut remplacé par un autre *sunnyass*, c'est sous ce nom qu'on désigne cette sorte de fanatiques. On n'employa pas la force pour le conduire au lieu du supplice; et loin de donner des signes de terreur, il s'avança gaîment du seuil de la pagode où il s'était prosterné en adoration la face contre terre. Pendant sa prière, un prêtre s'était approché de lui, et avait marqué la place où il fallait enfoncer les crocs; un autre prêtre officiant, après avoir frappé le dos de sa victime, l'avait pincé ensuite fortement, tandis qu'un troisième introduisait les crocs, avec adresse, sous la peau et le tissu cellulaire, juste au dessous de l'omoplate. Cela fait, le sunnyass se releva gaîment, et dès qu'il fut debout, on lui jeta au visage de l'eau préalablement dédiée à Sivah. On le conduisit alors en cérémonie vers une petite plate-forme où l'on venait de transporter la perche et le mât; à son approche, il fut salué par de vives acclamations, et le son des tamtams et des trompettes se mêla aux cris de la foule. Le sunnyass, en montant sur la plate-forme, déchira les guirlandes et les couronnes de fleurs dont on l'avait orné, et les assistans s'en disputèrent les débris.

» Son vêtement, si c'en était un, se bornait à un caleçon et à une veste en filet dont les mailles pouvaient avoir un pouce de large. Il portait en outre une bande d'étoffe rayée qui entoure le corps de tous les Hindous.

» Comme les spectateurs, au lieu de paraître choqués de ma présence, m'encourageaient à avancer, je montai sur l'échafaud et me plaçai de manière à voir si l'on avait recours à quelque supercherie. Les crocs qui étaient d'un acier bien poli, étaient forts comme un hameçon à requins, mais sans barbes, et gros comme le petit doigt d'un homme. Les pointes étant très-aigües, l'introduction eut lieu sans déchirures et si adroitement que le sang ne coula pas; le sunnyass ne parut point en ressentir de douleur, et continua de causer avec ceux qui l'entouraient. Aux crocs tenaient de forts fils de coton qui servirent à les attacher à l'une des extrémités de la perche, que l'on abaissa au moyen de cordes disposées à cet effet; et les hommes placés à l'autre extrémité l'attirant à eux, le fanatique plana aussitôt au dessus de nos têtes.

» Pour montrer qu'il était parfaitement maître de lui, il prit dans une gibecière, attachée autour de son corps, des poignées de fleurs qu'il jeta à la foule en la saluant de gestes animés et de rires joyeux. Les assistans se jetèrent avec ardeur sur ces saintes reliques; et, pour ne pas faire de jaloux, les hommes placés à la partie inférieure de la perche tournèrent lentement, faisant ainsi planer le sunnyass sur tous les points de la circonférence. Le centre de la perche était fixé dans un double pivot, qui permettait de lui imprimer à volonté un mouvement de bascule ou de rotation. Le fanatique, qui paraissait enchanté de sa position, fit trois tours dans l'espace de cinq minutes. Après quoi, on le descendit, et les cordes ayant été déliées, il fut ramené à la pagode par les prêtres au bruit des tamtams. Là, on le décrocha, et d'acteur devenant aussitôt spectateur, il se mêla à la procession qui escorta le nouveau patient. »

BRAHMINE SE SOUTENANT EN L'AIR SANS AUCUN SUPPORT VISIBLE.

L'Hindoustan est le pays par excellence des prestidigitateurs. Les tours d'adresse de M. Comte, malgré toute l'habileté que nous lui reconnaissons, ne sont que les essais d'un novice, en comparaison de ceux des artistes de l'Inde. Plusieurs de leurs prodiges sont inexplicables : de ce nombre est celui du brahmine Scheschal, qui semble avoir la faculté de se détacher de terre et de se tenir à la hauteur de quelques pieds, sans que l'on puisse soupçonner comment il est suspendu. Cet homme est d'une taille moyenne, grêle, déjà vieux ; il porte une longue robe de toile peinte, un turban jaune, une large ceinture, un collier dont les bouts se prolongent sur la poitrine. Sa figure et son maintien ont quelque chose d'extraordinaire. On le voit souvent à Madras, où ses exercices lui ont déjà procuré plus de bénéfice qu'il n'en eût obtenu par aucun travail utile. Voici comment un témoin oculaire rend compte d'une de ses représentations :

« Scheschal me montra d'abord un banc d'environ dix-huit pouces de haut, sur lequel deux étoiles de cuivre de la largeur d'un écu étaient incrustées. Lorsque j'eus examiné cette première pièce de son appareil, il tira un bambou de

9*

deux pieds de long, et dont le creux était d'environ deux pouces et demi. Vint ensuite une peau de gazelle d'environ deux pieds de long sur quatre pouces de tour. Alors l'opérateur, muni de ces objets et d'un grand sac, se cacha sous un châle d'une ampleur suffisante sous lequel il manœuvrait avec beaucoup d'activité. Au bout de cinq minutes, il donna l'ordre de le découvrir, et on le vit ainsi en l'air. Son bras droit était appuyé sur le bout de la peau de gazelle, qui se prolongeait horizontalement jusqu'à la tige de bambou fixée verticalement sur le banc, à la place marquée par l'une des étoiles de cuivre. L'homme se tint plus d'une demi-heure dans cette posture, faisant passer entre ses doigts les grains d'un chapelet, sans donner aucun signe de gêne ni de fatigue ; on eût pu croire que cette attitude lui était habituelle.

» J'ai vu quatre fois ce personnage singulier et son exercice, ajoute le narateur ; chaque fois je l'ai pressé de me révéler son secret ; mais les sollicitations et les offres ont également échoué. »

PÊCHE PAR LE MOYEN DES LOUTRES DANS L'HINDOUSTAN.

Les Hindous sont dans l'usage de prendre le poisson par le moyen de loutres apprivoisées. Ces loutres ont des colliers de paille, et sont attachées dans la rivière par de longues cordes à des pieux de bambous. Les unes nagent dans le fleuve à la distance où la corde leur permet d'aller; d'autres, à moitié enfoncées dans l'eau, jouent et se roulent sur le sable du rivage. La plupart des pêcheurs nourrissent un ou plusieurs de ces animaux très-utiles, qui sont aussi privés que des chiens.

Ces loutres sont dressées soit à pousser les troupes de poissons dans les filets, soit à saisir les plus gros avec les dents, et à les apporter.

Cette manière d'employer les loutres est depuis long-temps commune et usitée chez les peuples de race blanche, même dans les temps les plus reculés. Les Mémoires de l'Académie des sciences de Stockholm contiennent ce qui suit sur la manière de dresser les loutres pour la pêche : « On raconte qu'un paysan de la Scanie avait une loutre ainsi dressée, qui, chaque jour, lui fournissait une quantité de poisson suffisante pour l'entretien de son ménage. » Lorsque ce fait fut lu à l'Académie, le baron de Harleman dit qu'il avait vu à Stockholm une loutre instruite de la même manière. Placée sur le pont de Kungsholm, elle plongea plusieurs fois en un instant assez court, et revint chaque fois avec un poisson qu'elle apporta à son maître.

CONDITION DES FEMMES DANS L'HINDOUSTAN.

Les femmes de l'Hindoustan sont maintenues dans un état de servilité et d'esclavage qui fait honte à ces peuples abrutis par le despotisme. Suivant les Hindous, une femme ne vaut pas la peine qu'on s'en occupe ; aussi, lui réserve-t-on les paroles les plus dures, les traitemens les plus mauvais, les plus chétives aumônes, les travaux pénibles et les coups. Le même soldat qui, pour ouvrir la foule au palanquin d'un grand devant lequel il marche, s'adresse poliment aux hommes qu'il veut faire ranger, distribue aux femmes qui se trouvent sur son passage des coups de pied et des coups de poing sans même daigner les avertir ou attendre qu'elles aient pu se reculer. Ne dirait-on pas que ces barbares n'ont jamais connu la douceur qui résulte de la tendresse qu'inspire une sœur bonne et affectueuse ? Ne croirait-on pas qu'ils n'ont jamais su chérir leur mère, et qu'ils ne se font aucune idée de l'attachement qu'ils doivent à la mère de leurs enfans ? Ah ! les malheureux ! combien ils sont à plaindre !

Le fait suivant, raconté par un voyageur moderne, montre à la fois et le peu de cas qu'un Hindou fait de la vie d'une femme et l'état de superstition dans lequel sont encore plongées les provinces supérieures de l'Inde britannique.

Dans un village, à quelques milles de Chazipour, une vive contestation s'était élevée entre deux petits propriétaires, à l'occasion de la jouissance de quelques pièces de terrain. L'un des disputeurs était un vieillard de soixante-dix ans au moins, marié à une femme du même âge environ. Cet homme, ayant le dessous dans la discussion, se saisit de sa femme avec l'aide de ses enfans et de ses parens, l'entraîne dans le champ pour lequel il plaidait, l'enferme dans une hutte en paille, et y met le feu aussitôt. Suivant les principes religieux de la population, cette mort devait répandre sur le sol une malédiction ineffaçable, et l'esprit de la femme errant au dessus du champ devait empêcher à jamais la partie adverse de profiter du gain du procès. « *C'est une affaire de famille*, dit l'officier de justice hindou qui vint rapporter le fait au magistrat anglais; et, en définitive, il ne s'agit que d'une vieille femme; que vouliez-vous qu'on fît de mieux? » Comme cette froide barbarie est révoltante! Combien elle rehausse la civilisation européenne!

TOURS SINGULIERS EXÉCUTÉS PAR DES JONGLEURS INDIENS.

Voici une curieuse relation de quelques tours d'adresse des jongleurs indiens; elle est extraite de l'Annuaire du révérend M. Caunter.

« Une jeune et jolie femme , faisant partie de la troupe , fixa sur sa tête un bandeau raide et fort, d'où partaient, à distances égales , vingt cordons de même longueur, ayant chacun un nœud à leur extrémité. Sous son bras , elle portait un panier dans lequel vingt œufs de poule furent disposés avec soin. Le panier, le bandeau, les œufs, tout passa sous nos yeux , il n'y avait pas de tricherie. Nous étions en plein jour ; chacun de nous put examiner et toucher le panier , les œufs et les cordons. Alors elle se plaça à quelques pas de nous , et se prit à tourner sur elle-même dans un espace de dix-huit pouces de diamètre , et cela avec un tel mouvement de rotation, que j'en avais des vertiges. On eût dit une toupie en jeu.

» Quand elle en fut au dernier degré de vitesse , elle ramena un des cordons qui formaient comme une auréole autour d'elle , et y plaça un œuf, puis le laissa échapper. Tour à tour les vingt nœuds furent garnis de la sorte , sans que le mouvement de rotation se ralentît ; après quoi, elle reprit tous ces cordons un à un , les dénoua, et les remit dans le panier. Cela fait , elle s'arrêta court , sans remuer aucun membre , sans faire jouer aucun muscle , immobile comme si elle eût été changée en marbre. Sa contenance était calme , sans émotion apparente , malgré un exercice aussi singulier.

» Après ce tour des œufs , vint au milieu du

cercle un homme vigoureux et au regard farouche. Il portait un panier qu'il nous pria de visiter.. Nous le reconnûmes pour un simple panier d'osier comme on en fabrique dans le pays, très-léger, et laissant passer le jour par mille ouvertures. Sous cette fragile enveloppe, il fit placer une jolie petite fille de huit ans, nue, faite au tour, un petit ange enfin, brune tout au plus comme un enfant du midi de la France. Quand elle fut là-dessous, l'homme prit un air sinistre, lui fit une question ; elle répondit : la voix semblait venir du panier, l'illusion était complète. Ce colloque dura quelques instans, après quoi le jongleur, feignant d'entrer en colère, menaça de tuer l'enfant. Celle-ci criait : Grâce ! avec un tel accent, que c'était à en frissonner. Tout à coup l'Hindou saisit une épée, contint avec le pied le panier où chacun de nous croyait entendre la victime ; puis, dans un mouvement d'infernale rage, il y plongea son arme à plusieurs reprises. Oh ! ce fut un moment terrible ! La figure du bourreau était hideuse de férocité ; les cris de la victime avaient une vérité déchirante. J'étais sur le point de me jeter sur cet homme et de le terrasser. Tous mes compagnons frissonnaient comme moi, pâles et hors d'eux-mêmes. On pouvait calculer sans doute que ce jongleur n'aurait pu ni voulu commettre, en plein jour et devant tant de témoins, un meurtre inutile. N'importe, la scène était saisissante et féconde en terreur. Ce sentiment fut au comble, quand on vit le sang jaillir à flots du panier, qu'on entendit des gémissemens graduellement moins forts, qu'on put suivre dans le frémissement du panier cette agonie convulsive. Bientôt les râlemens devinrent de plus en plus sourds; puis un soupir... le dernier, sans doute, se fit entendre. Nous croyions l'enfant morte, quand à notre surprise, et à la suite de quelques paroles mystiques, le jongleur leva le panier. Il n'y avait rien dessous. Le sol était bien rouge de sang; mais nulle part on ne voyait trace de corps humain. Après quelques secondes d'étonnement, la petite fille, objet de nos alarmes, vint à nous comme si elle se fût glissée du milieu de la foule; elle nous salua, et tendit la main à notre générosité. De bon cœur, nous nous exécutâmes. Enchantée de notre libéralité, l'enfant articula un gracieux *salam*, puis toute la troupe s'en alla. Ce qui rendait l'illusion plus complète, c'est que pendant toute la durée de cette scène, le jongleur se tint constamment éloigné de l'assistance. A plusieurs pieds, autour de lui, il n'y avait pas un seul individu, partant pas un seul compère. »

FUNÉRAILLES DES HINDOUS.

On voit souvent sur les rivières et fleuves de l'Inde des cadavres flottans sur les eaux. Ce sont des corps des Hindous inhumés suivant la coutume religieuse du pays.

Quand un naturel est à sa dernière heure, on le transporte au bord du fleuve; on l'étend sur la berge, on lui remplit de limon les narines et la bouche. Expiré, il est jeté dans l'eau, où il se promène avec la marée, jusqu'à ce qu'un alligator l'ait dévoré, ou que le courant l'ait porté à terre comme une proie offerte aux vautours et aux chacals. Ce spectacle de cadavres flottans est chose commune dans les fleuves du Bengale; ce genre d'inhumation profite aux oiseaux de proie et aux bêtes carnivores qui assiégent leurs rives.

CÉRÉMONIE DU BUCHER DES VEUVES DE L'HINDOUSTAN.

L'usage indien, qui prescrit aux femmes de se brûler sur le bûcher de leurs maris défunts, a acquis en Europe une célébrité exagérée. Quelques épisodes accidentels ont tellement passé pour une règle générale, qu'on se figure assez volontiers l'Hindoustan comme tout jonché de bûchers de veuves. Qu'on se rassure! les *suttis* (c'est ainsi qu'on nomme ces sacrifices) ne sont plus tolérés à l'heure qu'il est. En 1829, le gouverneur-général, lord Bentinck, au scandale des pundits de Bénarès et de quelques babous de Calcutta, a déclaré que le gouvernement britannique ne souffrirait plus ces atrocités contre nature. Avant cette époque, déjà une restriction, imposée par les autorités anglaises, en avait limité le nombre. Chaque fois qu'une veuve voulait suivre son mari sur le bûcher, il fallait qu'elle vînt faire spontanément cette déclaration devant le magistrat du pays. Après de vives instances pour la détourner de son projet, on commettait à un délégué européen le soin de surveiller le sacrifice, afin que, si la présence de la mort et la crainte de l'agonie arrachaient à la victime une rétractation, les brames ne pussent lui faire violence. Ces rétractations en face du bûcher étaient rares pourtant ; car les prêtres avaient eu soin d'y préparer la suttie. Tantôt il l'enivraient d'opium ou de liqueurs spiritueuses ; tantôt ils la fanatisaient par le détail des récompenses attachées à ce grand holocauste. Et d'ailleurs, la malheureuse savait bien que, si le cœur venait à lui faillir, elle était désormais vouée à une vie de honte et de misère. Rejetée de sa caste, non seulement, elle devenait infâme, mais elle appelait sur son pays la peste, la guerre, la famine, tous les maux enfin. On conçoit qu'avec de telles illusions d'une part, et de l'autre avec un amour profond pour le mari qu'elles venaient de perdre, des sutties aient pu marcher au bûcher l'œil calme, le front serein, la figure radieuse. Mais ces femmes sont des exceptions. Sur vingt créatures ainsi immolées,

dix-neuf au moins ne cédaient qu'aux importunités des brames, et jusqu'au dernier moment,
on les voyait lutter contre l'influence de ces
bourreaux.

Deux faits, entre plusieurs autres, donneront
la mesure du rôle que jouaient dans ces scènes
les prêtres et les parens qui profitaient des dé-
pouilles de la victime. En 1822, près de Bombay, la veuve d'un bramine fut conduite en
grande pompe, et au son de nombreux instrumens, vers le bûcher, sur lequel se trouvait
déjà le cadavre de son époux. Sa démarche était
assurée, sa contenance calme. Quand les officiers anglais lui demandèrent si c'était volontairement qu'elle mourait : « Oui, répondit-elle,
c'est volontairement. » On pouvait juger qu'elle
mettait une espèce de fierté à confondre ainsi
des chrétiens qui semblaient douter d'elle, au
moment où les chants des brames exaltaient son
héroïsme. A un signal donné, la suttie s'approcha du feu qui commençait à flamboyer ; elle
embrassa ses parens, fit ses adieux à l'assistance,
distribua à ses amies ses bijoux et ses ornemens;
puis, demi-nue, encouragée et presque poussée
par les brames, elle se jeta dans le feu. La douleur fut vive, à ce qu'il paraît, car au même
instant elle fit un mouvement pour en sortir.
Vainement renversa-t-on sur elle la pile de bois;
elle se dégagea, bondit hors des flammes, et,
crispée par la douleur, elle s'élança vers la ri-

vière. Les brames l'y suivirent ; malgré la résistance des Anglais présens, ils la ramenèrent vers le foyer qui pétillait avec violence. Là une espèce de lutte s'engagea entre la victime et les bourreaux. La foule vociférait ; les Européens demandaient qu'on fît trêve au sacrifice jusqu'à ce que le magistrat eût décidé. Alors, pour mettre fin au conflit, trois prêtres vigoureux enlevèrent la veuve sur leurs bras, et la précipitèrent au milieu de ce brasier ardent. Elle s'y tordit encore désespérée, et se releva pour fuir ; mais, à mesure qu'elle sortait de ce cercle de feu, les brames l'y repoussaient en lui jetant à la tête d'énormes bûches flamboyantes. Un instant de répit lui permit toutefois de s'échapper encore et de courir vers le fleuve ! Oh ! à ce second désappointement, la rage des prêtres fut au comble ; quatre d'entre eux se jetèrent à sa poursuite, et, lui plongeant avec violence la tête jusqu'au fond de l'eau, ils cherchèrent à la noyer. Il fallut pour la sauver qu'une escouade de soldats arrivât sur les lieux. Les principaux coupables furent mis en prison ; mais la pauvre Hindoue ne survécut pas à cet horrible drame ; le lendemain elle mourut de ses blessures, délaissée de sa famille et maudite comme une infâme par toute la population scandalisée.

Une autre suttie, enfant de quatorze ans, périt plus cruellement encore ; elle aussi, la douleur l'avait poussée hors du bûcher ; elle s'était réfugiée dans un ruisseau voisin. Là, ce fut son oncle qui vint l'endoctriner, et qui lui montrant un drap : « Je te mettrai là-dedans, lui disait-il ; je t'emporterai dans ta case. — Non, non, criait l'infortunée, vous voulez me rejeter au feu ! Mon oncle ! au nom du ciel, ayez compassion de moi ! Je quitterai la famille, je vivrai comme une maudite, je mendierai, je ferai ce qu'on voudra. Pitié ! oh ! pitié ! » L'oncle la rassura, lui jura, par les eaux du Gange, qu'il la ramenerait à la maison. Alors elle se coucha sur le drap, à peine y était elle étendue, que le fanatique Hindou noua ce drap comme un sac, et reporta sa nièce dans les flammes. Elle cria, se débattit, chercha à se sauver de nouveau ; mais un coup de sabre porté par un mahométan termina cette épouvantable scène.

PÉNITENCES INDIENNES.

L'Hindoustan, où l'on rencontre tant de choses extraordinaires, ne pouvait manquer de nourrir un grand nombre de fanatiques, s'imposant des pénitences volontaires pour se faire remarquer. Quelques unes de ces pénitences sont fort singulières.

Les uns vivent quarante ans dans une cage de fer ; les autres se chargent de chaînes pesantes. Celui-ci doit constamment tenir les poings fermés pour que les ongles en croissant entrent dans ses chairs, et finissent par percer la main d'outre en outre ; ceux là se tiennent pendus à un arbre jusqu'à ce que leurs bras, privés de vie, se dessèchent et perdent leur jeu d'articulation ; les uns font le vœu de se tenir constamment debout ; les autres de se coucher sur un lit à pointes de fer. Il en est qui regardent fixement le soleil à en devenir aveugles. On a vu de ces misérables se faire enterrer la tête en bas, de manière à ce que les pieds seuls restassent hors du sol, tandis que d'autres, la tête seule déterrée, n'avaient que le jeu des paupières pour se défendre contre des oiseaux de proie. Plusieurs se sont amputés eux-mêmes le bras ou la main, ou bien ils se sont coupé la langue. Un de ces fanatiques mesura la distance de Bénarès à Jaggernaut, en s'étendant par terre et se relevant constamment le long de la route. La démence allait même plus loin autrefois, et Thiefenthaler raconte qu'on voyait à Ghazipour une espèce de hache suspendue, sous laquelle quelques pénitens enthousiastes venaient se faire trancher la tête en l'honneur de la divinité. Il faut dire que, de nos jours, la ferveur des tadins va s'amortissant : leurs expiations sont moins rigoureuses et moins rudes ; ce n'est guère qu'à des époques solennelles, et en face d'un grand concours de monde, qu'ils se dévouent à des risques sérieux ; car le fanatisme a aussi sa vanité. L'une de ces expiations est celle de la fête du feu, où les pénitens marchent nu-pieds sur des charbons allumés ; l'autre est celle que l'on nomme *djampe*: elle a lieu au moyen d'un échafaud à deux ou trois étages, du haut duquel les dévots se précipitent sur des matelas en paille ou en coton, garnis de poignards, de sabres, de couteaux et d'autres instrumens tranchans. Les brames qui tiennent le matelas cherchent à atténuer le danger de la chute, car ce qui importe, ce n'est pas que la blessure soit mortelle, mais qu'il y ait beaucoup de sang répandu. Aux fêtes de Kaly, l'une des plus solennelles qui se célèbrent à Calcutta et aux environs, Solvins raconte que les pieds baignaient dans le sang. Quand le djampe est fini, on se rend à la pagode, au bruit d'un orchestre assourdissant, et les pénitens jouent en route avec le feu et le fer ; ici se perçant la langue avec une aiguille ; là, se traversant les doigts avec du fil de fer ; ailleurs se tailladant le corps de cent vingt blessures, nombre cabalistique, nombre de rigueur. Il en est même qui se pratiquent au dessus des hanches des ouvertures dans lesquelles ils passent des cordes, des tuyaux de pipes et des roseaux. Encore si ces fanatiques agissaient dans un but personnel ; si ces mutilations, ces larges entailles qui déchirent leurs chairs, étaient faites et souffertes à leur intention, on pourrait plaindre cette monomanie religieuse ; mais le côté atroce de ces scènes publiques, c'est que les pénitens sont pour la plupart de pauvres diables, qui se martyrisent ainsi pour le compte des riches , et moyennant salaire. On donne le nom de tadins à ces péni- tens des castes inférieures.

BONZES ET BRAMES DE L'HINDOUSTAN.

Les diverses populations de l'Hindoustan, étant de mœurs et d'habitudes différentes, vivent en- semble sans se mêler jamais. A côté des castes distinctes' des Hindous, on reconnaît les mu- sulmans, les uns sectateurs d'Aly, les autres de Mahomet, à leurs traits réguliers et nobles, à leurs membres musculeux, à leur figure grave et composée, à leur turban blanc et à leurs lar- ges pantalons. Les adorateurs de Wishnou por- tent d'ailleurs au milieu du front deux raies blanches séparées par une raie jaune. Ces mar- ques faites avec de la bouze de vache, sont re- nouvelées chaque matin. Les bonzes, espèce de flagellans hindous, exagèrent aussi ce signe extérieur de dévotion; ils se zèbrent le corps avec cette poudre blanchâtre. Les vêtemens des Hindous consistent en un pantalon de toile blanche serré par le bas ; les hommes du peu- ple ont les épaules nues ; les classes riches por- tent une chemise en coton. Le costume des femmes varie davantage ; tantôt c'est une jupe de guinée bleue, de cotonnade blanche ou rayée, qui descend jusqu'à mi-jambe , puis une pagne

jetée en travers du sein et qui retombe sur l'é-
paule; tantôt c'est une robe montante avec manches de corsage; d'autres fois enfin une vaste
pièce d'étoffe retenue par une ceinture.

Les aldées de Pondichéry offrent un aspect
d'aisance, leurs cases toutes semblables sont
construites en paille, et divisées en deux parties,
l'une destinée aux hommes, l'autre aux femmes.
Les meubles d'une case consistent en des nattes
étendues sur le sol, quelques peaux de bêtes ou
tapis de laine, des pièces d'étoffes et un coffre
renfermant toutes les hardes de la famille. Les
castes inférieures, celles qui vivent dans la domesticité, ou qui n'exercent que des métiers im-
purs, comme les parias, se logent dans de misérables huttes, avec une simple pagne qui leur
laisse le torse nu, et ne descend guère qu'à
mi-cuisse.

Dans une aldée, il est facile de reconnaître les
logemens des diverses castes. On distingue ceux
des brames à leur étendue, à la forme de leur
construction et à la nombreuse domesticité qui
les peuple. Les femmes en habitent la partie élevée; elles y vivent en recluses, confinées dans
leurs travaux de ménage, et tremblantes esclaves de leurs maris. L'usage a établi dans ces
contrées une ligne immense de démarcation entre l'homme et la femme. Le brame se distingue
aisément à son vêtement blanc drapé avec art
sur ses épaules, à ses membres chargés d'em-

bonpoint, à sa démarche grave, hautaine et dé-
daigneuse. Leurs épouses, que rien ne force à
des travaux pénibles, aiment beaucoup la parure.
Il en est qui portent un anneau d'or dans leur
narine fendue, ce qui n'est pas un ornement
très-agréable à la vue.

IRRUPTION DE SAUTERELLES DANS LE KAMPTI.

Le 3 octobre 1832, le Kampti fut infesté
d'une volée de sauterelles qui paraissaient venir
du sud-ouest; elles formaient un nuage épais,
large de trois milles, et s'étendant à perte de
vue; il en sortait un fort bourdonnement; tous
les arbres furent en un instant couverts de ces
insectes, que les coups de pistolet et d'autres
bruits ne pouvaient effrayer.

Quelques arbres furent en peu de secondes
totalement dépouillés, et de grosses branches
rompirent sous le poids des myriades innombrables qui s'y étaient entassées; on aurait cru
qu'ils étaient enveloppés de feuilles mortes.

Le lit de la rivière était couvert, à une épaisseur de plusieurs pouces, de sauterelles qui, incapables d'aller plus loin, étaient tombées dans
l'eau. Ce fut un régal pour plusieurs domestiques
hindous qui aiment beaucoup ces insectes. Les
jardins souffrirent moins de cette irruption qu'on
ne l'avait craint d'abord, parce que les sauterelles préférèrent le parkinsonia à des arbres
plus précieux.

SINGULIER FEU FOLLET OBSERVÉ SUR LES BORDS DE L'INDUS.

Au confluent de l'Indus et de la rivière de Caboul, à un demi-mille d'Attok, on voit un phénomène curieux, qui a été décrit ainsi par M. Burnes : « On aperçoit constamment dans cet endroit un feu follet ; deux, trois et même quatre lumières sont visibles à la fois, et continuent à briller pendant toute la nuit. On croirait, au premier coup d'œil, que c'est la réflexion de l'eau sur le rocher devenu poli par l'effet du courant ; mais comme il ne se montre que dans un lieu particulier, que toute la rive est ainsi polie, et qu'il est confiné à un espace de quelques pieds, ce n'était ni ne pouvait être une illusion. Les indigènes ne sont pas en état d'en rendre raison, et sa continuité pendant la saison des pluies est, suivant eux, ce qui rend ce météore vraiment inexplicable. Il existe une tradition populaire à ce sujet. Le vaillant Man-Singh, qui porta la guerre au-delà de l'Indus pour se venger des musulmans, livra une bataille dans cet endroit ; quelques uns regardent ces feux comme les esprits des hommes qui furent tués dans la mêlée. Quoi qu'il en soit, il n'est pas facile de résoudre le mystère relatif à ces feux follets. »

PEUPLES MONGOLIQUES.

Les Mongols sont, en général, de stature moyenne, maigres, mais forts. Leurs cheveux sont noirs; ils ont le visage brun et des joues colorées; leur tête est longue, et large par le haut; les oreilles en sont très-écartées. Leurs yeux, ainsi que ceux des Chinois, sont peu ouverts, et paraissent pour cette raison extrêmement étroits. La partie supérieure du nez est aplatie; les pommettes des joues sont saillantes et le menton est petit. Le visage du Mongol semble donc arrondi et pointu par en bas ; ses lèvres sont minces, ses dents blanches; sa barbe est peu fournie; il a l'air vif et pénétrant.

L'habitude d'être toujours à cheval, sur une selle haute, avec des étriers courts, fait que les genoux de la plupart des Mongols sont tournés en dehors, et c'est pourquoi leur marche a quelque chose de chancelant. Ils ne manquent pas d'esprit naturel; ils sont polis, doux et obligeans. Leur défaut principal est un désir immodéré du gain, qui les porte souvent à voler et à tromper. En temps de guerre, ils poussent la ruse et la finesse jusqu'à la perfidie et à la cruauté.

Les femmes ressemblent aux hommes, mais leur visage offre toujours une teinte rouge foncée et vive. Le Mongol, accoutumé depuis sa jeunesse à toutes sortes de privations, supporte sans peine l'humidité, le froid et la faim. Son habitation est une yourte, ou tente ronde, de feutre, qui, au sommet, a une ouverture par laquelle sort la fumée.

La nourriture ordinaire de ce peuple est le thé en briques ; on le fait bouillir avec un peu de millet ou de farine de millet, et on y ajoute encore du sel, du beurre, de la graisse, du lait ou de la crème. Le Mongol boit deux ou trois grandes tasses de ce thé, qui forment son repas ordinaire.

En été, les hommes portent des habits de nankin de couleurs foncées; en hiver, des pelisses de peau de mouton qui n'ont que rarement un dessus de nankin. Quand il pleut, ils se couvrent d'un manteau de drap grossier. Ils se ceignent les reins d'une courroie à laquelle sont suspendus un couteau, une bourse pour la pipe et le tabac, et par derrière un briquet garni de tout ce qui est nécessaire pour faire du feu. Leur bonnet d'été est de drap ou de coton piqué avec des rebords pareils; en hiver, de peau de mouton ou de renard. L'habillement des riches et des pauvres est en général le même. Les Mongols se rasent la barbe et la tête, ne laissant qu'une touffe de cheveux sur la partie postérieure, qu'ils tressent en queue. Les femmes, qui s'habillent parfois comme les hommes, ont ordinairement une tunique longue et sans ceinture, et par dessus une espèce de veste sans manches. De même que les Chinoises, toutes portent des pantalons larges; leurs bonnets ressemblent à ceux des hommes.

AFRIQUE.

ARABES-BÉDOUINS DE LA CÔTE DE BARBARIE.

Les véritables habitans de la côte de Barbarie, aux environs d'Alger, d'Oran et de Maroc, depuis le rivage jusqu'au grand désert, sont les Arabes, communément appelés Bédouins, tantôt cultivateurs, habitant des villages, tantôt nomades et pasteurs, vivant sous des tentes qu'ils transportent à leur gré, tous voleurs et pillards, perfides, traîtres envers nous, nos seuls mais invétérés ennemis dans cette contrée.

Ce peuple, partagé en tribus innombrables, disséminées sur tous les points de cette vaste région, la possède, la domine, et y règne en maître absolu. C'est lui qui nous en ferme tous les chemins, qui nous tient bloqués dans nos trois villes. Cependant nous traitons ces barbares en frères, car nous avons besoin d'eux. C'est le Bédouin qui approvisionne nos marchés; c'est lui qui nous apporte le blé, les légumes, le charbon, les chevaux, les bœufs, en un mot tout ce que l'on consomme; et quand il a tout vendu, il retourne chez lui, emportant notre or dans ses montagnes, sans rien acheter de nous que quelques morceaux de toile.

Ce peuple, d'un naturel très-fin et très-adroit, juge bien notre position et la sienne. Il peut en huit jours réunir sur un même point trente mille combattans armés; il ne connaît que la guerre de partisans, il la fait très-bien, et son pays y est très-favorable.

Ajoutons aussi que sa religion lui dit : Avec les chrétiens, point de conventions valables; et que le fanatisme lui fait une loi de l'assassinat d'un chrétien, ou lui représente la mort sur le champ de bataille comme désirable. Tel est l'Arabe de l'Afrique septentrionale. Il est grand, beau, agile et nerveux, extrêmement sobre, dur à la fatigue et accoutumé aux privations de tout genre, audacieux, cherchant toujours à surprendre, et toujours sur ses gardes devant l'ennemi.

UN VILLAGE DE LA SÉNÉGAMBIE.

Le village de Ghéalan est situé sur une hauteur dominant sur le lac de N'gher et ses environs. A une lieue au sud de ce village, la vue embrasse toute l'étendue du lac et va se perdre à l'horizon. Les habitans de Ghéalan sont presque tous cultivateurs; quelques uns seulement se livrent à la pêche et à la chasse. Ils sont doux, affables, paisibles; notre arrivée chez eux excita au plus haut degré leur curiosité; les hommes, les femmes, les enfans des deux sexes se groupèrent autour de nous avec une sorte d'anxiété et de précipitation difficile à décrire. Rangés autour de nous en cercle, ces nègres formaient un groupe non moins bizarre que curieux; chacun d'eux, assis sur ses talons, les coudes sur les genoux, les mains sous le menton, promenait ses regards sur chacun de nous, et ne pouvait se lasser de nous considérer fixement : nous étions les premiers blancs qu'ils eussent vus.

Ces Africains paraissent généralement bien faits, robustes et bien constitués, vigoureux et capables de supporter la fatigue; leur taille est bien prise, et pour l'ordinaire au dessus de la moyenne; leurs cheveux, comme ceux de de tous les nègres de ces contrées, sont noirs, crépus, laineux souvent et d'une finesse extrême. Ils ont aussi les yeux noirs et bien fendus, les traits de la figure assez agréables, et en général peu de barbe.

Les femmes sont peut-être encore mieux faites que les hommes. Leur peau est d'une douceur et d'une finesse singulière. Les traits de leur visage sont réguliers; elles ne ressemblent en rien, sous ce rapport, aux négresses de l'Afrique du sud. Il y en a parmi elles d'une beauté parfaite. Cependant il faut convenir qu'elles sont singulièrement déparées par le soin qu'elles prennent d'oindre leurs cheveux avec du beurre souvent rance pour les rendre plus souples et plus faciles à tresser.

Le village de Ghéalan, comme tous ceux de ce pays, est excessivement peuplé; chaque case contient de douze à quinze individus, vivant tous pêle-mêle. Leurs lits sont composés de baguettes de bois liées ensemble avec d'étroites lanières de cuir, formant une sorte de claie plus ou moins serrée. Ce treillage, dont la largeur n'excède pas quatre pieds, est étendu sur deux ou plusieurs traverses de bois, longues de six pieds environ et placées sur deux pieds fourchus et saillans d'un pied et demi au dessus du sol. Disposé de la sorte, ce fond de lit reçoit, pour tout matelas et autres accessoires, une seule natte faite avec les tiges souples et cylindriques d'une plante appelée *Cyperus articulatus*.

Tels sont, en général, les grabats de tous les habitans de cette partie de l'Afrique. Sous ce climat, les enfans vont nus jusqu'à l'âge de douze ou quinze ans, ou bien ne portent pour tout vêtement, dans la saison de l'hivernage seulement, qu'un coussabe ou sorte de blouse, sans col ni manches, pour les garantir du froid auquel ils sont très-sensibles.

Le vêtement des hommes, comme celui des femmes, consiste en deux pagnes de coton bleu, dont l'une enveloppe le bas du corps, et l'autre la partie supérieure; cette dernière est portée en écharpe par la plupart des hommes, tandis que l'autre est attachée au dessus de la ceinture.

Les femmes se coiffent avec un mouchoir de

couleur variée ou un coupon de guinée bleue.
Comme les hommes, elles ne portent pour toute
chaussure que des sandales en cuir, artistement
travaillées et garnies de courroies ornées de dessins variés.

ÉLÉPHANS DU SÉNÉGAL.

C'est surtout dans les forêts du Sénégal, éloignées des habitations humaines, que se trouvent
les éléphans réunis en troupes considérables.
Cet animal paraît avoir une prédilection marquée pour les lieux agrestes et paisibles. Sur le
bord du lac de N'gher, à peu de distance du village de Serr, on voit un des abreuvoirs fréquen-
tés par ces monstrueux quadrupèdes. C'est une
excavation large et profonde; chaque nuit ces
animaux viennent s'y rouler. Partout le sol semble s'affaisser sous leurs pieds. On reconnaît leur
nombre prodigieux à la quantité de trous profonds dont la surface du sol est comme criblée.

Les éléphans ne redoutent pas le voisinage
des hommes; cependant ils les évitent. Ils ne
voyagent que la nuit, et toujours en grand
nombre; quelquefois ils ne sont pas moins de
cent cinquante ensemble.

Les éléphans du Sénégal sont d'une taille gigantesque; ils brisent avec leur trompe des
branches d'arbres à la hauteur de quinze ou vingt
pieds. Ils sont doués d'une force prodigieuse, et

cassent des arbres qui ont cinq pieds de diamètre.

ANIMAUX FÉROCES DU SÉNÉGAL.

C'est aussi au milieu de ces mêmes forêts que
vivent les autres bêtes sauvages de cette région;
le lion, la panthère, l'hyène, le chat-tigre, le
guépard, le sanglier, l'antilope. On y rencontre
le terrible lion à crinière, poursuivant avec l'a-
charnement que donne la faim, l'agile et robuste
kobe, espèce d'antilope, que la longueur déme-
surée de ses cornes empêche de fuir comme il
le voudrait. Non loin de là, c'est la légère et timide gazelle, qui, pour échapper à la panthère,
fend l'air de ses bonds redoublés. Plus loin, derrière quelque buisson touffu, la hideuse et insa-
tiable hyène rayée dévore le cadavre putréfié
qu'elle vient d'arracher aux entrailles de la terre,
tandis que le rusé chacal plume, à quelques pas
de là, et déchire une perdrix. Sur le bord
de ces eaux stagnantes, on rencontre aussi très-
souvent le sanglier d'Éthiopie, qui, à l'aide de
ses énormes défenses, laboure partout le sol humide, pour en retirer les racines du nymphæa
qui sont très-abondantes dans ces lieux, et dont
il est très-friand.

AFRICAINS DE L'ESCALE DU COQ.

La durée habituelle de la traite de la gomme

qui a lieu dans un terrain de l'Escale du Coq,
est d'environ quatre mois ; elle n'a lieu, en général, que depuis le commencement d'avril jus-
ques et y compris le mois de juillet, époque de la
seconde récolte ; le mouvement qui se manifeste
alors à l'Escale n'est pas sans intérêt et mérite
de fixer l'attention du voyageur. Outre ces groupes de navires couverts de teintes de couleurs variées, circulent lentement les pirogues grossières
des Peulhs, qui conduisent les Maures aux bâtimens des négocians. Le teint basané de ces
Arabes accroupis dans le fond de ces bateaux,
contraste avec la figure noire et la tête crépue
de leur conducteur. A côté passe le nonchalant
mulâtre porté par un canot élégant, et fumant
tranquillement son cigarre. Puis sur la rive sablonneuse de la droite du fleuve, viennent à la
file les nombreuses caravanes de chameaux, de
bœufs, d'ânes, portant de lourdes charges de
gomme. Là, l'industrieux forgeron, agenouillé
près de son enclume, frappe à coups redoublés
le fer rouge dont il façonne les poignards.

Les femmes de ces peuples, de couleurs différentes, ajoutent à l'effet de ce singulier tableau ; il y a surtout quelque chose d'extrêmement pittoresque dans la diversité de leurs coiffures. Les unes, et ce sont généralement les
Peulhs ou Poulhs, ont la tête enduite d'une
épaisse couche de beurre : leur coiffure offre
une multitude de petites tresses nattées, aux-

quelles pendent des verroteries de plusieurs couleurs, des coquillages, des amulettes. Les Mauresses ont également les cheveux longs et flottans; elles les frottent également de graisse, et n'en forment ordinairement qu'une tresse sur le sommet de la tête, laquelle tresse elles plient et rabattent sur les côtés en l'ornant d'anneaux d'ivoire, de corail, de cuivre, de fer, d'amulettes. Les négresses du Oualo et de Saint-Louis ont aussi la tête couverte d'une couche épaisse de beurre ; leurs cheveux courts et crépus sont soigneusement arrangés en une quantité de petites nattes extrêmement fines, auxquelles elles attachent quelques pièces d'or et d'argent, des grains d'ambre, et toujours des sachets ronds ou carrés, contenant les talismans auxquels leur superstition attache un prix inestimable.

Toutes ces femmes, quoique de nations différentes, portent encore à leurs oreilles, comme objets d'ornement, d'énormes pendeloques d'or massif; à leur cou, des colliers d'ambre jaune, de corail, de grains de girofle, des perles, des verroteries; à leurs bras, des anneaux massifs d'or, d'argent, de cuivre et de fer; à la ceinture, un grand nombre de verroteries de couleurs variées; et aussi, au dessus de la cheville du pied, des anneaux, des chaînes d'or, de cuivre, de fer, de perles, et de jonc bien tressé. Chacune de ces femmes proportionne la richesse de ces objets de parure au prix que sa fortune lui permet d'y mettre. Elles prennent généralement beaucoup de soin de leurs dents qui sont blanches comme de l'ivoire; elles se les frottent continuellement avec des brins d'acacia, de saule et d'autres arbres : ces morceaux de bois ont un avantage sur les brosses dont nous faisons usage, car ils blanchissent les dents et les maintiennent parfaitement propres.

Les hommes, surtout ceux du Foutatoro, ont aussi la dégoûtante habitude de se graisser les cheveux; il les arrangent comme les femmes, mais ils ne portent sur leur front d'autre ornement que quelques sachets en toile de coton et d'une saleté repoussante, dans lesquels sont renfermés leurs gris-gris ou amulettes. En revanche, leur cou, leurs bras et leur ceinture sont chargés d'une multitude d'anneaux, de cordons en cuir auxquels sont accrochés un poignard, plusieurs cornes de chèvre, de gazelle, de mouton, des défenses de sanglier et surtout de nombreux paquets d'amulettes diversement arrangés.

L'amusement favori des peuples de cette partie de l'Afrique est le chant, la danse, la musique et le bruit du tam-tam. Cet instrument est une sorte de tambour fait avec le bout d'un tronc d'arbre creusé dont les deux ouvertures sont recouvertes d'une peau de mouton tannée et fortement tendue. Ils goûtent ce plaisir presque tous les soirs, en se réunissant sur une place au centre du village ou dans d'autres endroits plus ou moins vastes; et lorsque la lune refuse sa lumière, ils allument de grands feux pour s'éclairer.

Les jeunes gens des deux sexes ont soin de se parer de leurs beaux atours pour ce moment de récréation générale; les spectateurs et les danseurs se rangent en rond, puis un jeune homme et une jeune fille se détachent sucessivement de ce cercle et figurent, chacun à leur tour, une sorte de danse accompagnée de grimaces, de gestes et de contorsions aussi bizarres que ridicules. C'est au bruit du tam-tam, des claquemens de mains et des chants répétés par les nombreux assistans, qu'ont lieu ces danses. Ceux qui jouent le tam-tam sont réunis au centre du groupe, et font eux-mêmes toutes sortes de grimaces et de contorsions.

CHASSE DE L'AUTRUCHE DANS LE NORD DE L'AFRIQUE.

Quand les indigènes du nord de l'Afrique veulent faire la chasse à l'autruche, voici comment ils s'y prennent. Le chasseur monte sur son cheval, s'approvisionne des vivres nécessaires et prend aussi de l'eau. Il marche lentement jusqu'au milieu du jour, heure à laquelle les autruches se rassemblent par troupes de cent ou plus. Aussitôt qu'elles entendent ou voient un

homme, elles s'enfuient. On les poursuit pendant quatre heures au moins; alors, épuisée de fatigue, abattue par la terreur, consumée par la soif, l'autruche commence à ralentir sa course. Le chasseur, ayant sa provision d'eau, boit quand il est altéré; il finit par atteindre l'oiseau exténué dont les entrailles sont dévorées par la chaleur. Le chasseur le frappe alors sur la tête, et l'étend ainsi à terre. Puis il descend de cheval et coupe la tête à l'autruche.

Ordinairement le chasseur est accompagné par un homme qui porte ses provisions de vivres et d'eau. Cet homme suit la trace faite sur le sable jusqu'à ce qu'il rejoigne son compagnon. Alors ils placent l'autruche sur un chameau et la transportent chez eux.

EFFETS DU VENT DU SUD SUR LA CÔTE D'ALGER.

Le vent du sud que les naturels d'Alger nomment *betsh* [est extrêmement redoutable; c'est celui que les Arabes appellent *simoon*. Ses terribles effets dans les déserts ont été décrits par plusieurs voyageurs qui les ont éprouvés.

Quand ce vent terrible commence à souffler, les Arabes s'enveloppent la tête dans leurs bernous, et se couchent le visage contre terre en respirant le plus rarement qu'il leur est possible; les chameaux, à l'imitation de leurs maîtres, se mettent à genoux et étendent le cou en cherchant à enfoncer leur nez dans le sable.

Sur le littoral d'Alger, ce vent est annoncé par une chaleur étouffante et des brumes rousses qui couvrent toute la chaîne de l'Atlas; le thermomètre monte subitemement de 8 à 10°. Les Maures s'enferment dans leurs maisons, les Arabes désertent leurs tentes pour se réfugier dans les buissons ou sous les arbres, où ils trouvent plus de fraîcheur. Chaque bouffée de vent apporte une chaleur assez semblable à celle qui sort d'un four allumé. Alors on ne respire que très-difficilement; on éprouve des maux de tête et une courbature générale; enfin au bout de quelques heures on est plongé dans une sorte d'anéantissement complet. Dans le désert, le vent tue souvent un grand nombre d'hommes et d'animaux.

ORAGES DANS LES PARAGES D'ALGER.

Sur la côte septentrionale de l'Afrique, les orages sont moins fréquens que dans nos contrées; mais ils éclatent avec une furie dont on ne peut se faire une idée juste, si l'on n'en a pas été témoin. Des éclairs éblouissans sillonnent l'atmosphère dans tous les sens, la foudre gronde avec un fracas épouvantable; la terre est inondée par un déluge de pluie, les champs sont ravagés, les animaux noyés; quelques heures après, le soleil, par son ardeur, a enlevé entièrement l'humidité, et il ne reste d'autres traces de la catastrophe

que les couches de sable et de gravier, transpor-
tées sur le sol des plaines, et dans le fond des
vallées, des arbres renversés, des cadavres d'a-
nimaux, etc.

Ce fut par un de ces accidens soudains contre
lesquels la force et la prudence humaine ne peuvent rien, que l'empereur Charles-Quint, assié-
geant Alger, perdit en partie son armée et sa
flotte. Deux jours après son débarquement, lorsqu'il n'avait encore eu que le temps de disperser
quelques petits corps d'Arabes qui inquiétaient
ses troupes dans leur marche, des nuages s'a-
moncelèrent et le ciel se couvrit d'une obscurité
effrayante ; vers le soir, la pluie chassée par un
vent impétueux, commença à tomber avec violence ; la tempête augmenta pendant la nuit ;
les soldats, qui n'avaient débarqué que leurs armes, demeurèrent sans tente et sans abri, exposés à toute la fureur de l'orage. En peu de temps,
la terre fut couverte d'eau au point qu'ils ne
pouvaient se coucher ; leur camp, placé dans un
terrain bas, était entièrement inondé ; à chaque
pas, ils entraient jusqu'à la moitié de la jambe
dans la boue, et le vent soufflait avec tant d'impétuosité, que, pour se soutenir, ils étaient obligés d'enfoncer leurs lances dans la terre et de
s'en faire un point d'appui. Le chef des troupes
algériennes était trop actif pour ne pas saisir une
occasion si favorable d'attaquer ses ennemis. Dès
le point du jour, il fit une sortie avec ses sol-

dats, qui, ayant été sous leurs toits à l'abri de la tempête, étaient frais et vigoureux. Quelques soldats italiens qui avaient été postés le plus près de la ville, découragés et glacés de froid, s'enfuirent à l'approche de l'ennemi; ceux qui occupaient les postes moins avancés montrèrent la plus grande valeur; mais la pluie ayant éteint leurs mèches et mouillé leur poudre, leurs mousquets étaient devenus inutiles; et, pouvant à peine soutenir le poids de leurs armes, ils furent bientôt mis en désordre.

Pareil orage faillit compromettre le succès de l'expédition française à Alger en 1830. Dans la presqu'île de Sydi-Esroudj, le 16 juin, deux jours après le merveilleux débarquement de notre armée, vers les neuf heures du matin, il s'éleva un vent nord-ouest d'une violence extrême, le ciel s'obscurcit subitement, plusieurs coups de tonnerre se firent entendre, et la pluie tomba par torrens jusqu'à midi. Nos soldats, sans abri, furent mouillés jusqu'aux os. La pluie était si forte qu'il était impossible de distinguer un homme à cinquante pas de distance. Le découragement commençait à se manifester; la démoralisation n'aurait pas tardé à suivre; déjà l'on entendait crier de tous côtés : *Voici l'orage de Charles-Quint*, lorsque, sur le midi, le soleil reparut, dissipa les nuages en quelques instans, et sécha la terre et les habits en quelques heures.

CLIMAT D'ALGER.

Quoique, dans la régence d'Alger, la température soit plus élevée que sur aucun point de la côte méridionale de l'Europe, le climat est encore assez tempéré, excepté quand le vent du sud règne. En hiver, le froid n'est jamais rigoureux dans les plaines et sur les collines situées au sud du petit Atlas. Rarement on voit de la glace dans les environs d'Alger. L'hiver ou la la saison des pluies commence à la mi-novembre et dure jusqu'aux premiers jours de janvier. Avant le 15 de ce mois, la verdure, qui n'a disparu qu'au 15 de décembre, commence à reparaître sur les buissons et sur les arbres.

Au mois de juin, le soleil a repris toute sa force, les herbes commencent à se faner, les moissons mûrissent, la vigne se charge de raisins. Au mois d'août, la chaleur est à son plus haut degré. Les herbes brûlées par le soleil ont disparu partout; alors les endroits marécageux exhalent des odeurs méphitiques très-pernicieuses pour les habitans des environs. C'est l'époque des fièvres épidémiques. Dès les premiers jours de septembre, la chaleur devient insupportable. Les journées d'octobre sont extrêmement agréables. Le beau temps dure ordinairement jusqu'à la moitié du mois de novembre.

L'air est très-sain sur toute la côte de Barbarie ; mais, pendant la plus grande partie de l'année, il est extrêmement humide. Tous les instrumens de fer se rouillent en peu de temps ; les couteaux se rouillent jusque dans la poche du pantalon. Du reste, l'atmosphère est pure, les brouillards sont rares, et la brume légère qui accompagne presque toujours le lever du soleil, s'efface au bout de quelques instans.

PRODUCTIONS DU SOL DE LA CÔTE D'ALGER.

On remarque une grande puissance de végétation sur tous les terrains de la régence d'Alger. Dans les pays cultivés, on voit des vignes, des arbres fruitiers de toute espèce. Dans les terres en friche, le sol est couvert de fortes broussailles, au milieu desquelles on distingue des myrtes, des grenadiers, des orangers bien plus beaux que ceux que l'on cultive avec tant de soin en Europe.

On peut comparer la végétation du petit Atlas à celle de notre Provence. La vigne croît partout ; cette plante est d'une très-belle venue, et donne en abondance d'excellens raisins. A Oran, il existe une des plus belles treilles que l'on puisse voir. C'est un seul pied de vigne, planté à côté d'une fontaine ; son diamètre est de 8 pouces 6 lignes ; les branches forment une treille qui couvre un espace de 45 pieds de long sur 25 de large ; on y a compté jusqu'à 1000 grappes de raisin pesant chacune plus de deux livres.

L'olivier vient tres-bien aussi dans toutes les parties du territoire algérien. On rencontre dans l'intérieur des plaines et sur le flanc des montagnes de belles forêts de cette espèce d'arbres. Ces oliviers sont aussi gros que nos chênes ordinaires; mais comme ils ne sont pas greffés, ils ne donnent que de très-petits fruits, qui sont mangés par les oiseaux.

Parmi les autres végétaux, on distingue le dattier, le figuier de Barbarie, le jujubier et l'arbousier, qui produisent d'excellens fruits. Les céréales les plus communes sont le blé, l'orge, une espèce de millet blanc que les naturels appellent *drak*, et le riz.

L'abricotier est celui de nos arbres d'Europe qui prospère le mieux dans cette contrée; mais ses fruits sont très-dangereux; ils occasionent presque toujours des fièvres.

HABITANS DES DÉPENDANCES D'ALGER; DÉTAILS DE MŒURS.

On compte dans la partie de la Barbarie qui récemment a été conquise et traversée par l'armée française, sept races d'hommes bien distinctes; les Maures, les Berbères, les Arabes, les Nègres, les Juifs, les Turcs et les Koulouglis. Les Maures composent la population la plus nombreuse; ils sont généralement de mœurs très-douces, habitent des villes et des villages construits en maçonnerie , et ont souvent à se défendre contre les Arabes et les Berbères qui cherchent continuellement à les piller. Ces Maures ont pris, avec la religion musulmane, presque toutes les coutumes des Turcs, ainsi que leur costume. Ils sont très-paresseux et très-dévots. Ils passent la plus grande partie de leur temps , les jambes croisées sur un banc ou sur une petite natte de jonc, à fumer leur pipe et à prendre du café.

Les Berbères descendent évidemment des anciens Numides. Ce que les historiens latins ont dit des peuples de la Numidie peut s'appliquer très-bien encore aux Berbères. Ces hommes vivent dans l'intérieur des montagnes , d'où ils se précipitent de temps en temps sur les villages maures et sur les tribus arabes, et se retirent ensuite dans les montagnes avec le butin qu'ils ont fait. Les Berbères sont de taille moyenne, ont le teint très-brun sans être noirs , sont tous fort maigres et en même temps très-robustes. Ils supportent les privations avec une constance et un courage remarquables. Il y a dans leur figure une expression de cruauté qui n'est pas démentie par leur conduite. Leur costume consiste en une grande pièce de laine blanche de leur fabrique, qui leur enveloppe tout le corps , et sur laquelle ils mettent, quand il fait froid ou qu'ils vont en voyage, un manteau de la même étoffe portant un capuchon. Ils habitent de petites cabanes construites avec des branches d'arbres ou des roseaux enduits de terre grasse. Ils entendent fort bien l'agriculture et sont très-industrieux.

A part quelques Berbères qui ont embrassé l'islamisme, le reste de la nation n'a pour ainsi dire pas de religion. Ils mettent toute leur confiance dans les *marabouts*, auxquels ils rendent une espèce de culte. Ce sont des hommes plus instruits que les autres et fort adroits, qui ressemblent assez aux devins de village. Les hommes de la tribu dans laquelle vit un marabout, ne font jamais une grande entreprise sans le consulter. Ce sont les marabouts qui président à toutes les transactions importantes, soit entre particuliers, soit entre tribus. Lorsqu'un marabout meurt, les Berbères lui élèvent un tombeau magnifique, qu'ils ornent le mieux qu'ils peuvent, et dans lequel ils vont à chaque instant consulter les mânes de celui qu'ils ont chéri et révéré pendant sa vie. Le tombeau d'un marabout se nomme aussi marabout.

Les Arabes qui vivent dans les plaines de la régence d'Alger sont absolument les mêmes que ceux de l'Égypte et de toutes les autres parties de l'Afrique. Ils sont divisés par tribus qui ont chacune un chef que l'on appelle cheik. Ils habitent sous des tentes qu'ils transportent avec eux, quand ils changent de place.

Les nègres vivent au milieu des Arabes et des Maures et proviennent d'esclaves qui ont obtenu leur liberté. Les Arabes et les Maures ont en outre beaucoup d'esclaves nègres des deux sexes, qui leur tiennent lieu de domestiques, et dont ils prennent le plus grand soin.

Les juifs sont très-nombreux dans presque toutes les villes de la régence d'Alger. Là, comme partout ailleurs, ils s'adonnent au commerce, au brocantage. Tant que le despotisme turc pesa sur cette contrée, ils furent assujettis à un joug presque semblable à l'esclavage; et leurs fers ne furent brisés qu'au moment où nos étendards victorieux furent arborés en 1830 sur les principaux édifices d'Alger et des villes de sa dépendance.

Les Turcs, qui pendant trois siècles ont possédé ce pays dont ils s'étaient emparés en venant le secourir contre les Espagnols, formaient la principale force militaire de la régence. Ils s'y mariaient avec des filles maures ou avec des femmes chrétiennes prises par les corsaires et vendues comme esclaves. Les enfans nés du mariage des Turcs avec les esclaves chrétiennes étaient considérés comme Turcs, et jouissaient des mêmes droits que leurs pères. Mais ceux qui sortaient de l'alliance des Turcs avec les filles des Maures rentraient dans la classe des parens de leurs mères. Ceux-ci portaient et portent encore le nom de Koulouglis.

Le costume des Koulouglis est le même que celui des Maures et des Turcs; mais on y remarque une sorte de coquetterie qui leur sied à merveille. Ils sont généralement beaux hommes, ont la peau blanche et les muscles très-prononcés; la tranquillité et la douceur sont peintes sur leur figure. Ils sont de la religion musulmane dans laquelle ils sont nés; mais ils la professent avec cette indifférence qui leur est naturelle pour toutes choses.

CHASSE AU LIONCEAU SUR LA CÔTE D'ALGER.

Les habitans des montagnes de l'Atlas chassent beaucoup le lion et le tigre dont ils vendent la peau à des prix très-élevés. Ils ont une méthode pour prendre les lionceaux qui suppose autant de sang-froid que d'habileté.

Dans la saison où les lionnes mettent bas, ceux qui cherchent les lionceaux découvrent facilement, par les empreintes laissées sur le sable ou sur l'argile, les endroits où les lions ont leurs petits. Ils savent par expérience que le père ou la mère se trouve toujours auprès d'eux; l'un les garde pendant que l'autre va chercher leur nourriture. Quand la mère est de garde, elle a les yeux constamment ouverts et se tient prête à dévorer les animaux et les hommes qui oseraient s'approcher de ses chers nourrissons. Mais le père n'a pas la même vigilance; à peine s'est-il couché près de ses petits, qu'il s'endort d'un sommeil profond.

Le Berbère qui a découvert des lionceaux, observe attentivement les promenades du père et de la mère, jusqu'à ce qu'il se soit bien assuré des heures de garde de chacun. Alors, profitant de l'absence de la lionne, il monte à cheval, et s'approche autant que possible de l'asile des jeunes lionceaux. Il descend pieds nus, court aux petits, en saisit deux sans éveiller le père, retourne à son cheval encore plus vite qu'il n'était venu, monte dessus et se sauve au galop emportant sa proie. Il arrive quelquefois cependant que le lion, éveillé par les cris de ses petits, dévore le cavalier et son cheval.

MARIAGES DES MAURES ALGÉRIENS.

Les mariages se font chez eux par arrangement entre les parens ou par commérage, sans que les enfans se soient jamais vus. Lorsque ces préliminaires ont eu lieu, les pères, qui sont tombés d'accord pour unir leurs enfans, se rendent chez le cadi (juge), et devant ce magistrat ils déclarent leurs intentions et stipulent la somme que le futur est convenu de donner à son épouse. Après cette déclaration, qui est inscrite sur un registre, le cadi fait apporter de l'eau sucrée qu'il boit avec les contractans; ensuite ils se prosternent tous les trois, et adressent à Dieu une prière pour lui demander de bénir l'union qu'ils viennent de conclure. Avant de se séparer, les parens fixent, devant le cadi, le jour où la jeune fille sera conduite chez son époux. En attendant ce moment, la fiancée travaille à faire une chemise et une culotte pour son mari, qui doit s'en parer le jour de ses noces.

Ce jour arrivé, la jeune épouse prend un bain; puis on la pare de ses plus beaux habits; le dedans de ses mains et le dehors de ses pieds sont teints en rouge avec du henné; on lui dessine une fleur au milieu du front; ses sourcils sont peints en noir; on dessine, avec un bouchon brûlé, des signes en forme de zigzag sur ses mains; et assise très-gravement sur un divan, elle attend le coucher du soleil, époque à laquelle ses parens, et ceux de son futur, hommes et femmes, ainsi que ses meilleures amies, qui ont ordinairement assisté à sa toilette, viennent la prendre pour la conduire à son mari. Deux vieillards prennent alors la jeune épouse par la main, et se mettent en marche vers sa future habitation, suivis de toutes les personnes réunies autour d'elle, dont plusieurs portent des lanternes allumées, et font entendre de temps en temps le cri de joie des Algériens, *you! you! you!* Dans la maison du futur, une chambre décorée et illuminée avec des bougies et des verres de couleur a été préparée à l'avance; la jeune épouse y est conduite avec toutes les femmes qui l'ont accompagnée. Là on leur sert un souper, et elles restent jusqu'à minuit à boire, manger et se divertir entre elles. Les hommes, qui sont demeurés sous la galerie, soupent ensemble dans une autre pièce. Le mari n'est point avec eux; il mange tout seul, dans une chambre à part. A minuit, chacun se retire et les deux époux restent libres.

CHASSE DE L'HIPPOPOTAME.

Si l'on considère le volume et le poids du corps, l'hippopotame (cheval de rivière), doit occuper le troisième rang parmi les quadrupèdes. Devenu rare en Égypte, où jadis il était très-multiplié, il ne se montre plus en grand nombre que dans la Nubie, vers le Darfour, dans la partie supérieure du cours du Nil; toutefois, on n'en prend guère plus de deux par an dans le Dongola, contrée de la Nubie qui longe le Nil pendant plus de soixante lieues.

La chasse de cet animal est aussi dangereuse que celle du tigre et du lion. Pour ne pas s'exposer à perdre l'hippopotame, qui se jette dans la rivière dès qu'il se sent blessé, il est indispensable de suivre ses mouvemens dans l'eau. L'arme avec laquelle les chasseurs nubiens commencent l'attaque est une lance de fer bien aiguisée sur les trois quarts de sa longueur, terminée en pointe aiguë, et qui, lancée par un bras vigoureux, entre dans les chairs après avoir percé la peau très-dure et très-épaisse de l'hippopo-

tame. A l'autre extrémité de cette lance ou harpon, on attache une longue corde, que l'on
termine par un flotteur en bois léger. Le chasseur tient le harpon dans sa main droite, avec
une partie de la corde déployée, et dans sa main
gauche le reste du cordage et le flotteur.

Dès que l'animal est découvert, le harpon-
neur s'approche jusqu'à la distance de six ou
sept pas au plus, et lance le trait fatal ; le blessé
plonge soudain, entraînant avec lui le fer, la
corde et le flotteur. Si le chasseur n'a pas su
déguiser son approche, ou s'il n'a pas frappé
assez juste ou assez fort, sa vie est en danger.
Un hippopotame est ordinairement du poids de
quatre ou cinq bœufs, quelquefois il est d'un
poids si considérable qu'on est dans la nécessité
de le dépecer dans l'eau même ; puis on réunit
dans la barque ces masses de chair que l'on n'aurait pu soulever sans les diviser préalablement.

LA TRIBU DES BOSCHIMANS EN AFRIQUE.

Les Boschis ou Boschimans forment une race
de sauvages répandus sur la partie occidentale
du midi de l'Afrique, dans les plaines immenses
bornées au nord par la colonie du cap de Bonne-
Espérance. C'est une variété de la race hotten-
tote.

Les Boschimans sont sauvages, cruels et misérables. Loin de former une nation, ils ne sont

même pas réunis en sociétés particulières. Ils se groupent seulement en familles, et ne se rassemblent jamais que pour piller ou pour résister aux attaques de leurs voisins. Ils ne se livrent point à la culture des terres; le chien est leur seul animal domestique; des racines, des reptiles, des grillons, des larves de fourmis, des sauterelles, sont leur alimens les plus habituels. Ils n'ont point d'habitation, ils se couchent sur le sable, exposés à toutes les intempéries de l'air.

Les armes des Boschimans sont des javelines, des flèches courbées qu'ils empoisonnent et qu'ils lancent avec une adresse extraordinaire à de grandes distances. En général, ils ne sont pas d'une taille très-élevée; la couleur de leur peau est un jaune foncé; leur chevelure, qui ressemble à la laine, est en tresses serrées; quelquefois la partie supérieure de leur front est ceinte d'un étroit bandeau de poils bordé de touffes en forme d'ornement, et ce bandeau sert à retenir quelques unes des plus petites flèches, tandis que les plus longues sont enfermées dans un carquois de bois d'aloès, jeté avec l'arc derrière les épaules.

NATION DES GALLAS.

Les Gallas, qui, depuis la fin du seizième siècle, ont été pour l'Ethiopie des ennemis acharnés, sont regardés par les Abyssins,

comme originaires de la côte orientale de l'A-
frique. Ils habitaient de toute antiquité au
sud de l'Abyssinie, et on a cru reconnaître leur nom sur l'inscription d'Adulis, parmi
celui des nations vaincues par Ptolémée. Leurs
traits physiques semblent les rattacher aux
tribus nomades de l'Afrique méridionale; petits de taille, la couleur de leur peau est d'un
brun foncé, mais leurs cheveux longs et plats
les distinguent essentiellement de la race nègre.
Divisés en tribus nombreuses qui n'ont de lien
commun que le langage, ils ont toute la férocité
et la malpropreté des plus sauvages peuplades.
Ils ne mangent que de la viande crue, boivent le
sang des animaux dont la chair les nourrit, et
dont les intestins sont ensuite disposés en colliers ou en coiffures horribles à voir. Armés de
longs bâtons durcis au feu, de boucliers en peau
de bœuf, ils font contre leurs ennemis des incur-
sions rapides et désastreuses. Leur soif du sang
n'épargne rien; aussi, malgré l'imperfection des
armes dont ils font usage, leur cruauté bien
connue, les cris farouches qu'ils font entendre
dans les combats, ont-ils pendant long-temps
jeté parmi les Abyssins une impression de terreur qui ne leur permettait pas de résister.

C'est au milieu des forêts que les Gallas se
réunissent pour choisir leur chef. Là, ils se placent à l'ombre de l'arbre appelé Wansey, remarquable par ses belles fleurs blanches, et auquel ils

semblent rendre une espèce de culte. On discute avec rigueur les titres des prétendans : celui qui réunit les suffrages, parce qu'il a été heureux à la chasse et brave à la guerre, reçoit une couronne de feuilles cueillies sur l'arbre sacré; on lui met en main un de ses rameaux pour sceptre, et le premier acte de son autorité doit être une expédition contre quelque peuplade ennemie. Ces monarques, dont le palais est une cabane, cependant sont gardés avec soin par les plus illustres guerriers de la nation; si quelqu'un se présente pour parler au prince, on l'assaille d'abord à coups de bâton, et si, malgré cet accueil, il persiste dans sa demande, on l'introduit en grande pompe comme un homme brave qui ne s'est pas laissé décourager. Le jésuite Lobo, qui avait lui-même été reçu de cette manière, prétend, peut-être par rancune, qu'il n'a pu découvrir chez ces peuples aucune trace de religion. Il paraît cependant qu'en outre de l'espèce de culte qu'ils rendent à l'arbre Wansey, ils ont conservé en grande partie l'ancien sabéisme et adorent les étoiles.

Non seulement la polygamie est permise aux Gallas, mais, comme une nombreuse famille est chez ce peuple primitif le meilleur garant d'une grande puissance, les femmes elles-mêmes sont les premières à solliciter leur mari de prendre une autre compagne. Tout sentiment de tendresse ou de jalousie cède chez elles au désir de

voir le chef de famille protégé par de nombreux
enfans ; la seule préférence qu'elles ambition-
nent est d'être chargées par leur époux de choisir la jeune fille qui viendra partager son amour.
La vie nomade des Gallas, leur ignorance de
l'agriculture, la rapidité de leurs excursions dans
des pays montagneux et stériles, rendent difficiles à concevoir leurs moyens d'existence au
milieu de marches continuelles. Bruce prétend
que leur aliment le plus ordinaire en voyage est
une espèce de pâte faite avec du café en poudre
et du beurre, mêlés dans des proportions telles
qu'elle conserve une assez grande consistance.
Il ne leur en faut qu'une boule de la grosseur
d'une petite pomme, pour supporter beaucoup
mieux qu'avec toute autre nourriture des journées entières de fatigues et de combats.

TRIBUS DES SCHANGALLAS.

Les Schangallas, qui se répandent pendant
l'été dans les plaines situées entre le Tacazé et
le Mareb, n'y ont d'autre asile que les arbres
des forêts. Rien de plus pittoresque que leurs
demeures ; les branches inférieures de l'arbre
qu'ils ont choisi sont dépouillées de leurs rameaux, puis courbées par force et ramenées de
tous côtés vers la terre, dans laquelle est im-
plantée leur extrémité. Couvertes ensuite avec
des peaux d'animaux sauvages, elles présentent

une espèce de pavillon dont le centre est occupé par le tronc de l'arbre qui ombrage de son large sommet cette retraite improvisée. C'est à l'abri de ces agrestes édifices que les Schangallas passent la belle saison, et les nombreux animaux qui peuplent ces solitudes deviennent la proie de leur courage ou de leur adresse. Quand les pluies du tropique inondent le bas pays, leurs retraites cessent d'être habitables : ils se retirent alors dans des cavernes qu'ils se sont creusées au fond des montagnes, et redeviennent ainsi les Troglodytes des vieux récits de la Grèce.

N'ayant pour exister que les produits de leur chasse, les Schangallas sont dès l'enfance d'habiles archers; leurs arcs ont une grandeur et une élasticité extraordinaires. A chaque pièce de gibier tombée sous leurs coups, ils entourent leur arme d'une bandelette étroite prise dans la peau de l'animal qu'ils viennent d'abattre, et lorsque l'arc est entièrement recouvert de ces anneaux, il se raidit au point qu'il devient impossible de s'en servir et que le chasseur doit l'abandonner pour en prendre un autre. Quelle que soit la cause de cet usage, M. Bruce a voulu y trouver un motif pour identifier les Schangallas avec les Éthiopiens Macrobiens d'Hérodote. Suivant le voyageur écossais, l'arc envoyé par le roi des Macrobiens à Cambyse aurait été une de ces armes devenues des trophées inutiles, et les Éthiopiens eux-mêmes auraient été aussi inhabiles à le courber que les Perses qui l'essayèrent en vain. Bien qu'habiles à la chasse, et ne craignant pas d'aller attaquer dans leurs retraites l'éléphant et le rhinocéros, les Schangallas, sans autres armes que leurs flèches et divisés en tribus peu nombreuses, sont le plus souvent incapables de résister aux Abyssins. Quelquefois ils ont fait, à la faveur des dissensions qui troublèrent l'Abyssinie, des excursions dans ces contrées, mais la plupart du temps, traqués par les gouverneurs des provinces voisines du pays qu'ils habitent, ils sont pris et réduits en esclavage. Vigoureux et dociles, leur possession est une richesse pour les Abyssins; aussi ces malheureuses tribus, vouées pendant la belle saison aux chances d'une captivité qui ne se termine plus qu'avec leur vie, n'ont de sécurité que lorsque, enfermées dans leurs cavernes, elles se voient protégées par les torrens d'eau qui dans l'hiver s'élancent de leurs montagnes et les enserrent de leurs flots rapides.

INVASION DE SAUTERELLES DANS LE TIGRÉ.

Pendant le séjour de M. Gobat en Abyssinie durant les dernières années qui viennent de s'écouler, un de ces innombrables essaims de sauterelles qui amènent la famine à leur suite, vint fondre sur le Tigré, ravager ses campagnes, et achever de porter la désolation et le désespoir dans une contrée déjà si malheureuse par suite des guerres civiles.

M. Samuel Gobat, envoyé par la société épiscopale d'Angleterre pour prêcher l'Evangile en Éthiopie, ayant été témoin des ravages de ces insectes, a tracé un tableau animé de leur passage. Il était enfermé chez lui, lorsqu'il entendit tout à coup un bruit semblable à celui d'une grêle qui tomberait à quelque distance. Il sortit à l'instant, et fut surpris de voir la lumière du soleil comme obscurcie ; les sauterelles remplissaient l'air, et ce n'était encore que l'avant-garde. Bientôt, du côté du nord, on vit s'élever de terre comme un faible nuage ; puis, cette espèce de vapeur, devenant un brouillard épais, produisit une obscurité si grande, que les gens du pays eux-mêmes avaient peine à croire qu'elle pût être causée par des sauterelles. Quelques instans après, il n'y avait plus moyen d'en douter : on en était entouré de manière à ne point distinguer autre chose. Elles faisaient un bruit semblable à celui de la mer après un orage ; et si un enfant s'éloignait de quelques pas dans les champs, il s'élevait un tel tourbillon autour de lui qu'il disparaissait comme sous un voile. Ce fléau, si terrible pour les provinces orientales, paraît être beaucoup plus rare au-delà du Tacazé.

ART DRAMATIQUE CHEZ LES ABYSSINS.

On pourrait presque mettre l'art dramatique au nombre des talens que les Abyssins cultivent avec le plus de succès ; du moins ils prennent le plus grand plaisir à voir un caractère qui offre quelque côté ridicule, représenté en charge par des espèces de bouffons, qui, au dire des voyageurs, ne manquent ni de naturel ni de finesse. Tantôt l'acteur imitera les manières simples et rampantes d'un ambitieux qui veut parvenir : il fait les saluts les plus profonds, parle à voix basse ; puis, feignant d'avoir reçu du chef quelques encouragemens, il relève l'épine dorsale, s'approche, parle plus haut ; et quand enfin il est censé avoir obtenu ce qu'il demande, rien de plus éclatant que la voix, rien de plus insolent que les manières du parvenu. Une autre fois l'acteur représentera la jactance d'un chef peu renommé pour sa bravoure, la veille de la bataille. Il harangue ses soldats, parle de son courage, de son impatience d'en venir aux mains ; puis, comme si l'on entendait les sons lointains du tambour, il change de langage : les ennemis sont peut-être bien nombreux, la prudence commanderait la retraite, tant de guerriers confiés à sa responsabilité lui font une loi de ne point exposer des vies si précieuses pour l'état. Enfin, le bruit approchant, sa langue se glace, ses pieds s'agitent, ses mains tremblent, sa vue se trouble, et il finit par jeter son fusil pour s'enfuir à toutes jambes.

TRIBU SAUVAGE DU DÉSERT DE SAHARA.

M. Cochelet, connu par son voyage en Afrique, donne une peinture fidèle des sauvages qui l'attaquèrent, lui et ses compagnons, lors de leur naufrage sur la côte de Sahara. « Nous étions environnés, dit-il, de quelques groupes de femmes et d'enfans, qui commençaient à nous insulter, et riaient sans pitié de notre douleur. Les seuls hommes qui restaient sur le rivage étaient Fairry, auquel le soin de notre surveillance paraissait confié, et deux autres Arabes, qui se disposèrent bientôt à nous quitter pour aller joindre ceux qui pillaient déjà le navire. Des coups de hache redoublés se faisaient continuellement entendre, et ces deux hommes restés en arrière brûlaient du désir de prendre leur part du butin. Nous apprîmes, en les entendant appeler plusieurs fois, qu'ils se nommaient, l'un Hamet, et l'autre Sinné. Ils n'avaient paru là veille qu'au moment de notre combat, de sorte que je n'avais guère songé alors à les examiner. Les voyant aussi près de moi, cet examen, quand je n'aurais pas eu le dessein de le faire, serait devenu involontaire, par le saisissement que me causa leur présence. Si tous les autres m'avaient

paru horribles, il ne me reste pas d'expression
pour dépeindre ceux-ci. Sinné surtout était remarquable ; sa couleur n'était pas entièrement
celle d'un nègre, mais s'en rapprochait beaucoup. Un morceau d'étoffe grossière et déchirée,
qui le couvrait à peu près autour de la ceinture,
formait son seul vêtement. Plusieurs amulettes
en cuir, suspendues à son cou, composaient sa
parure. Il était armé d'un fusil maure, et d'un
poignard attaché par une corde à son côté, ainsi
qu'une corne de bœuf qui lui servait de poire à
poudre. Sa taille était moyenne, mais sa tête,
naturellement petite, paraissait monstrueuse,
par la quantité énorme de cheveux qui la couvraient. Ces cheveux retombaient sur ses oreilles
et ses joues, et produisaient l'effet d'une multitude d'écheveaux de laine noire dans un grand
désordre. Une barbe semblable, extrêmement
longue et touffue, masquait de la même manière
le bas de son visage, de sorte que, pour se faire
une idée de la figure de ce personnage, il faut
pouvoir se représenter, si cette supposition singulière peut être faite, deux yeux petits, vifs et
menaçans, qui sortiraient de la toison d'un be-
lier noir. De souvenir j'ai fait son portrait ; mais
en vain j'ai essayé de rendre entièrement son
effrayant aspect ; je suis resté bien au dessous de
la vérité.

» La présence de cet homme était d'autant
moins propre à diminuer nos craintes, que ceux

qui composaient le reste de la bande, sans être toutefois comparables en laideur à Sinné, se rapprochaient beaucoup de lui par leur extérieur repoussant. Cependant j'ai lieu de croire que ces sauvages sont plus faits pour inspirer la terreur au premier abord, par leur figure effrayante, qu'ils ne sont réellement redoutables par leur courage. Quand un peu de calme succéda au premier saisissement que nous dûmes naturellement éprouver, nous reconnûmes que le nombre des misérables au pouvoir desquels nous étions tombés, n'excédait pas vingt-cinq. S'ils ne nous eussent pas enlevé nos armes, que la prudence nous avait conseillé de leur abandonner, nous aurions pu nous défaire facilement de ces barbares lorsque nous étions encore réunis ; mais, dans la confusion et le trouble de nos idées, ne pouvions-nous pas supposer que ce nombre prendrait de l'accroissement, et n'avions-nous pas à redouter l'arrivée d'un renfort de semblables brigands ? Regardons plutôt comme la chose la plus favorable pour nous, l'effet du hasard par lequel aucun d'eux n'est tombé sous nos coups. La mort d'un de ces hommes, n'en doutons pas, fût devenue, à moins d'une fuite précipitée, le signal de la nôtre, et nous n'eussions pas échappé à une vengeance qu'ils nous ont si souvent fait craindre, lorsque même nous ne leur opposions aucune résistance. »

L'ÉNÉFICE OU GRAINE DU DÉSERT.

On trouve en grande abondance au sud du cap Bojador une graine ou fruit que les Ouadlims et les Mouslemines nomment *énéfice*, et qui leur est d'un grand secours, lorsqu'ils viennent à manquer d'eau dans leurs courses à travers les solitudes sablonneuses et stériles du Sahara.

Cette graine, de la grosseur d'une petite cerise sèche, est également ridée comme elle, et conserve sa couleur rouge. Son goût est légèrement pimenté, et laisse momentanément dans la bouche la fraîcheur de la menthe. Elle est connue dans le désert, au moins dans certaines parties, sous le nom d'*énéfice*.

L'énéfice ne pourrait remplacer long-temps une autre nourriture; mais elle est souvent d'un grand secours dans les longs trajets, quand toute autre provision vient à manquer. Alors elle devient, pendant quelques jours, le seul aliment des hommes et même des animaux, et, par son transport facile, donne aux Arabes, qui s'en munissent toujours, le moyen de pénétrer dans les parties les plus arides du désert.

CAMP D'UN CHEF D'ARABES MOUSLEMINES.

« Le camp pouvait avoir une circonférence d'environ deux cents toises, et son emplacement, dans lequel on remarquait seulement une douzaine de tentes, était privé de la végétation et des arbustes qui couvraient les environs et toute la plaine. La tente de Sidy Hamet et de sa famille, un peu moins basse et plus spacieuse que les autres, occupait le milieu de l'enceinte. La nôtre se trouvait immédiatement derrière, et les autres tentes, qui servaient d'abri à des familles, reconnaissant plus particulièrement l'autorité de ce chef, étaient placées aux deux côtés de la sienne. Ces tentes, faites en tissus provenant du poil des chameaux, et qu'un piquet surmonté d'une espèce de panier soutenait dans le milieu, avaient peu d'ouverture ; elles étaient fixées de tous côtés par des chevilles enfoncées dans le sol, et ces chevilles recouvertes par des pierres qui les assujettissaient.

» L'intérieur de celle de Sidy Hamet se distinguait par un tapis. Quant aux propriétaires des autres tentes, ils n'avaient qu'une natte faite de joncs ou de roseaux. Sur cette natte repose chaque famille ; les hommes, les femmes et les enfans y dorment pêle-mêle. Des espèces de chevalets qui soutiennent des outres remplies d'eau ou de lait, quelques vases en bois, et dont Sidy Hamet avait seulement un plus grand nombre que les autres, forment à peu près le mobilier de cette population errante, qui remplace, par l'indépendance et la liberté, ce qui lui manque des commodités et des agrémens de la vie.

»Vers le milieu du jour, l'extrême chaleur et l'éloignement de la plus grande partie des hommes enlevaient au camp presque tout son mouvement. On remarquait seulement, à l'entrée des tentes, quelques femmes occupées à broyer, entre deux pierres, l'orge qui devait servir le soir au repas des Arabes; d'autres femmes filaient le poil du chameau, également à l'abri des rayons du soleil. Mais combien cette tranquillité même avait à nos yeux un caractère imposant, et quel mélange de sentimens et de pensées, inconnues jusqu'alors, fit naître en moi l'aspect de ces lieux, si différens de tout ce que l'on peut imaginer! Qu'on se figure un ciel de feu formant notre horizon; vers l'est, seulement quelques montagnes d'une couleur assez sombre; de nombreux troupeaux de chèvres paissant çà et là; plus de mille chameaux dominant toute végétation, arrêtés, avec la tranquillité naturelle à ces animaux, dans diverses positions, et composant, à une demi-lieue du camp, un cercle presque immobile. Qu'on se figure surtout, au milieu de cette vaste plaine, notre isolement, nos souvenirs, nos regrets, nos incertitudes, et peut-être comprendra-t-on une partie de l'émotion qui nous agitait, et des sensations que nous éprouvions.

»Le soir, le tableau s'animait davantage. Le coucher du soleil prescrit au voyageur le terme de sa journée, et devient, pour les maîtres d'un camp, le moment de remplir les devoirs de la touchante hospitalité qui distingue l'Arabe des autres peuples de la terre. Dans toutes les directions, nous apercevions des voyageurs; les uns, réunis en troupe, arrivent légèrement montés; les autres, souvent en chantant, suivent isolément leurs chameaux chargés. Chaque Arabe agenouille le sien devant la tente de Sidy Hamet, et vient aussitôt, tenant son fusil d'une main, toucher de l'autre, qu'il reporte ensuite à sa bouche, la tête de son hôte, en signe de respect. Sidy Hamet félicite chacun sur son heureuse arrivée, et rend les nombreux salamalecs qu'il reçoit, sans s'informer si le voyageur appartient à une tribu amie ou ennemie; il est Arabe, et cette qualité lui suffit pour avoir des droits à son hospitalité. Bientôt le camp se change en mosquée, et une prière générale réunit tout le monde. Les voyageurs se forment ensuite en groupe, et s'accroupissent, pour manger en commun, dans une gamelle que l'on met au milieu d'eux, le repas qu'on leur apprête, et dont Sidy Hamet, sans y toucher, fait les honneurs par sa présence.

»Le retour des troupeaux augmente encore le mouvement de ce tableau. A l'entrée de la nuit, ils se rapprochent du camp, et chaque troupeau, par un instinct particulier, vient se ranger devant la tente à laquelle il appartient. C'est alors le moment d'une agitation bien remarquable, agitation que l'on concevra facilement, si on se représente toutes les femmes mêlées dans la foule de ces nombreux troupeaux, s'occupant à traire les chèvres et les femelles des chameaux. Cette opération a lieu au milieu du bruit extraordinaire dont font retentir les airs plus de deux cents animaux, les uns par leurs bêlemens répétés, les autres, par les cris qu'ils jettent, lorsqu'on les force à s'agenouiller.

» Mais à cette extrême agitation succède bientôt un calme profond. Les habitans du camp rentrent dans leurs tentes. Les voyageurs, groupés en dehors, dorment, enveloppés dans leurs haïques, à côté des feux qui s'éteignent. Les bestiaux, ramassés les uns près des autres, restent immobiles jusqu'au matin. Tout repose enfin; le silence qui règne dans le désert a pénétré dans le camp, et ne doit plus être troublé qu'au retour du jour. »

(Extrait d'un voyage en Afrique.)

VENGEANCE D'UNE FEMME ARABE.

Un Français, retenu captif par une des tribus nomades de l'Arabie, raconte un fait qui prouve combien est puissant le désir de la vengeance chez ces habitans du désert, même chez les femmes.

« Vers le soir, dit le narrateur, les familles arabes chez lesquelles nous avions passé la nuit précédente, arrivèrent avec quelques chameaux qui portaient leurs tentes et leurs bagages. Décidées à nous suivre, par l'inconstance naturelle à ces peuples errans, ou par leur curiosité insurmontable, elles venaient prendre position dans le camp, dont la tranquillité fut momentanément troublée le lendemain par une des femmes appartenant à ces nouvelles familles.

» Cette femme, animée d'une rage incroyable, accourt subitement vers notre tente, un sabre à la main. Nous pensions, avec quelque raison, que nous étions les objets de son animosité, lorsque nous la vîmes s'élancer sur une vieille Arabe mêlée dans la foule qui nous environnait, et la frapper plusieurs fois sur la tête de l'arme qu'elle agitait avec fureur. Le chef interposa tout de suite son autorité, et nous apprit que la vieille Arabe habitait un camp voisin, et avait, les jours précédens, tué le fils de l'autre, qui voulait se venger. Cette scène causa une vive agitation, et pouvait avoir des suites, par les partis différens que les hommes commençaient déjà à embrasser. Enfin, on parvint heureusement à séparer ces deux femmes, et la vieille, s'éloignant précipitamment à travers les monticules de sable, où on la poursuivait en la couvrant de huées et en lui jetant des pierres, alla rejoindre son camp. »

SÉJOUR DE SIDY MOHAMMED, NÉGOCIANT DE RABAT,
A LA COUR DU ROI DE TIMECTOU.

Au moment où le négociant de Rabat passa la porte, on lui prit son fusil et son poignard, qu'on promit de lui rendre à son départ. On ne souffre pas que les Maures soient armés dans l'intérieur de la ville, qu'ils peuvent parcourir librement jusqu'au soleil couchant. Alors ils sont obligés de rentrer dans leur quartier, qui est entouré d'un mur. Ce mur n'a qu'une porte gardée pendant la nuit par des nègres.

Le quartier des Maures est dans le voisinage du palais du roi. Ce palais, dont Sidy Mohammed eut l'occasion de voir l'intérieur, l'étonna moins par son étendue que par les ornemens en or dont il est décoré. Il remarqua plusieurs tours au milieu de l'enceinte qui le renferme; il comparait ces tours, qu'il disait cependant bien autrement considérables, à celle de la maison du cheik Ibrahim.

Le roi ne régnait que depuis deux ans (1813 et 1814). Il avait succédé à son père, qui avait été assassiné. Sidy Mohammed le vit plusieurs fois. Ce négociant était depuis environ quinze jours à Timectou, lorsqu'on y annonça l'arrivée d'un grand nombre de prisonniers faits par l'armée du roi dans une contrée éloignée. Ce prince se rendit sur la vaste place qui avoisine son palais, et la seule qui soit dans la ville, pour être témoin de leur entrée. Sidy Mohammed, qui en était également spectateur, vit arriver le sultan de Timectou, précédé de beaucoup de soldats, et entouré d'une suite nombreuse. Des nègres placés auprès de lui jouaient de divers instrumens; d'autres, rangés sur une même ligne, et le visage tourné de son côté, dansaient en reculant, et accompagnaient leur danse d'un chant très-animé, et en battant la mesure avec leurs mains.

Ce jour-là, le sultan nègre avait la tête ornée d'une grande quantité de plumes d'autruche; il était vêtu de plusieurs haïques de Fez, que les femmes seules portent dans l'empire de Maroc. Ses pieds, ses mains et son cou étaient surchargés d'une infinité de bijoux en or.

Les prisonniers, parmi lesquels on remarquait à peu près un tiers de femmes et quelques enfans, étaient des nègres du Bambara; Sidy Mohammed en estima le nombre à plus de trois mille, ils défilèrent devant le sultan, et on les fit entrer ensuite dans une grande cour attenante à un des bâtimens de la place.

Le lendemain, ils furent vendus sur cette place même, où se tient tous les jours un grand marché qui présente un mouvement extraordinaire, et sur lequel les Maures ont des boutiques qui leur sont particulièrement affectées. Sidy Mohammed acheta vingt nègres et cinq négresses, en paiement desquels il donna seulement cinquante haïques communs. Chaque haïque revient à dix francs. Mais il ne put terminer son achat qu'avec l'assentiment des officiers du roi, qui vinrent auparavant choisir un certain nombre de nègres pour son service. Presque tous les prisonniers furent achetés par les Maures, qui se disposèrent à les faire partir pour le Maroc par la première caravane.. Ces nègres, quoiqu'ils eussent été vendus, ne furent livrés à leurs propriétaires qu'au moment du départ, usage qui est constamment observé, autant pour la sûreté des acheteurs que pour maintenir l'ordre dans la ville.

L'intérieur de Timectou présenta à Sidy Mohammed l'aspect d'un camp immense, ou plutôt celui d'une multitude de douares (camps des Maures) réunis. Les maisons, presque toutes isolées et placées sans alignement, figurent de grandes tentes. Elles n'en ont cependant que la forme, puisqu'elles sont carrées, et recouvertes ordinairement par une espèce de terrasse. Le palais du roi est construit en pierres blanches. Une cinquantaine de maisons, appartenant aux premiers personnages, et celles qui sont destinées à des établissemens publics, sont aussi bâties de la même manière; mais toutes les autres, sans aucune exception, sont faites d'une terre rougeâtre, semblable à celle qu'on emploie à Ouadnoun.

VENT DU DÉSERT, NUÉES DE SAUTERELLES ET ORAGE A OUADNOUN.

Dans son *Voyage en Afrique*, M. Cochelet rapporte ce qui suit : « Le 23 ou le 24 septembre 1819 (il ne m'est pas possible de me rappeler très-exactement le jour), au moment ou le soleil s'élevait au dessus d'un horizon chargé de vapeurs, un vent brûlant et impétueux, qui venait du sud-est, à travers le désert, fondit avec fureur sur Ouadnoun. Une nuit étouffante, pendant laquelle nous n'avions aspiré qu'un air enflammé, précéda l'arrivée de ce fléau. Bientôt nous n'entendons qu'un cri d'effroi dans toute la ville. Voulant connaître la cause de cette alarme subite, M. Scheult et moi nous sortions à l'instant. Aussitôt nous voyons les habitans courir de tous côtés, et s'envelopper la tête dans leurs haïques, pour se préserver de la funeste influence d'un vent qui peut donner la mort ; mais en même temps ils cherchent à se garantir des ravages d'un autre fléau dont ils prévoient l'approche, ét dont le premier n'est que le précurseur. Partout on allume des feux autour des jardins, et, avant que l'ennemi arrive, on jette, pour l'éloigner, des cris qui annoncent l'épouvante qu'il inspire. Mais rien ne peut l'empêcher d'avancer ; et nous découvrons bientôt, dans la direction du vent, de nombreux nuages noirs qui, peu d'instans après, arrivent avec non moins d'impétuosité, et se répandent autour de nous. Une multitude prodigieuse d'énormes sauterelles s'abattent de tous côtés sur les arbres, sur l'herbe, sur les jardins, et menacent de dévorer dans un moment toute la végétation.

» L'imminence du péril fit augmenter sur-le-champ les moyens de défense. A la vue de ces insectes, qui apportent le ravage et la destruction, on allume de plus grands feux; les cris redoublent d'une manière effrayante, et les habitans, à leur vive satisfaction, voient enfin partir ces escadrons dévastateurs, qui s'élèvent successivement de toutes parts, en produisant, pour ainsi dire, le bruit d'une charge de cavalerie. Ils fuient bientôt épouvantés, en formant au dessus de nous des nuages si épais et si noirs, qu'ils nous couvrirent momentanément de leur ombre.

» L'allégresse que causa le départ de cette armée ennemie peut seule se comparer à l'effroi qu'avait inspiré sa subite apparition. Cette allégresse s'accrut encore par un événement d'une nature plus satisfaisante, et qui paraissait aussi peu prévu que le premier.

» Pendant la nuit qui suivit ce jour de terreur, le tonnerre ne cessa de gronder au dessus d'Ouadnoun, et les échos des montagnes voisines retentirent sans discontinuer des nombreux éclats de la foudre. Ce bruit imposant, et nouveau pour nous en Afrique, troublait pour la première fois la tranquillité d'un ciel que nous avions presque toujours vu pur et azuré. L'atmosphère était chargée de nuages. Ils causaient une si profonde obscurité, qu'ils empêchaient de rien distinguer. Seulement ces gros nuages chassés par le vent cachaient et montraient successivement quelques étoiles qui apparaissaient ainsi par moment. Enfin, vers minuit, ils crevèrent; la pluie tomba avec abondance, et bientôt en si prodigieuse quantité, qu'il sembla qu'elle devait détruire et délayer en quelque sorte les maisons de terre qui en étaient inondées.

» A la pointe du jour, des cris de joie répétés avec enthousiasme frappèrent nos oreilles; et à travers ces cris, dont l'air retentissait, nous entendîmes le bruit inconnu d'un torrent qui coulait avec fracas à peu de distance de notre habitation. La curiosité engagea encore plusieurs de nous à sortir, et nous aperçûmes toute la population, hommes, femmes et enfans, qui se rendait, en manifestant sa joie par les plus vifs transports, du côté de la rivière de Noun. Quelle fut notre surprise! le lit de cette rivière, que nous avions toujours vu desséché, ces rochers brûlés, qui, pendant la moitié de l'année, avaient repoussé les rayons du soleil, se trouvaient recouverts par l'eau avec une telle abondance, qu'on n'apercevait plus que quelques pointes élevées qui figuraient de petites îles dominées par des lauriers-roses. Cette eau arrivant des montagnes remplissait en entier le lit du torrent, et lui donnait un aspect imposant. Les habitans ne pouvaient trop apprécier ce bienfait du ciel après une, longue sécheresse; aussi ils exprimèrent leur reconnaissance par les démonstrations d'une gaîté si folle, que plusieurs des femmes et enfans entrèrent en dansant dans les endroits où la rivière avait le moins de profondeur. »

DESCRIPTION DU JARDIN DE L'EMPEREUR DE MAROC.

Nous empruntons au voyageur que nous venons de citer la description suivante, qui nous semble aussi curieuse que nouvelle : « Dès que le jour parut, je me levai pour examiner les lieux où je m'étonnais de me trouver, et dont je n'avais encore qu'une idée imparfaite. M'avançant sur la terrasse qui tenait au pavillon, je vis la vaste étendue du jardin, que je n'avais pu bien juger la veille. Cette première impression que l'on éprouve, sans pouvoir la rendre, lorsque le retour de la lumière découvre aux yeux un site agréable et encore inconnu, la fraîcheur du matin, le parfum exhalé par mille orangers couverts de fleurs, l'aspect de plusieurs fontaines abondantes, tant de jouissances enfin auxquelles nous n'étions plus accoutumés, laissent dans mon âme un délicieux souvenir.

» La hauteur des murs qui entourent le jardin me frappa d'abord ; ils ont l'élévation de ceux de la ville, et sont crénelés de la même manière. Le pavillon, appuyé contre leur surface, est situé au nord dans la partie opposée au palais du gouverneur. Une seule enceinte de murs renferme ce palais et le jardin, les sépare de la ville et leur sert de rempart. Dans une des tours élevées de distance en distance sur le mur, on apercevait une pièce de canon en fer. Elle paraissait destinée à tenir éloigné, dans la campagne, en temps de guerre, l'ennemi qui aurait tenté de s'approcher de la ville du côté du pavillon.

» Ce pavillon, composé de cinq pièces, dont la plus grande se trouve au milieu des quatre autres, ne laisse pas d'être remarquable par sa distribution commode et la manière élégante avec laquelle il est décoré. Il a trois entrées : la principale, en face de l'allée d'orangers, est précédée par une terrasse et une galerie qui a trois ouvertures cintrées par en haut. Les deux autres sont, l'une à droite, l'autre à gauche du bâtiment. On ne pouvait rien supposer de plus riche que les ornemens de la pièce principale, quoiqu'elle fût dégarnie des divans et de l'ameublement qui l'embellissent pendant le séjour du sultan. Le plafond, en bois peint de plusieurs couleurs, imitant une tente, attira surtout mon attention par sa charpente extrêmement soignée. Une couronne de soleils dorés, appliquée sur le mur, et assez semblable à du stuc, formait la bordure qui entourait la pièce à sa plus grande hauteur, immédiatement au dessous du plafond ; et le parquet de la chambre était une espèce de mosaïque composée d'une infinité de très-petits carreaux de faïence de diverses couleurs. Les portes, quoique dégradées par le temps, brillaient encore par les dorures qui en étaient bien conservées. Un énorme oranger et un dattier chargé de ses fruits touchaient la terrasse attenante au bâtiment, et confondaient leurs feuillages avec les tuiles vertes qui le recouvraient à l'extérieur. »

PESTE DE TANGER EN 1818 ET 1819.

La première importation de la peste à Tanger paraît avoir eu lieu à la fin de mai 1818, par la frégate anglaise *le Tage*, arrivant d'Alexandrie d'Égypte, et ayant à son bord, outre deux fils du sultan et leur suite, un grand nombre de pèlerins de retour de la Mecque, et quelques femmes, dont trois odalisques destinées pour le harem impérial de Méquinez. Peu de jours après l'arrivée de ce bâtiment, plusieurs personnes de la ville moururent avec tous les symptômes qui caractérisent la maladie.

12*

Dans la matinée du 2 juin suivant, un autre navire anglais, venant aussi d'Alexandrie avec quatre cents pélerins, se présenta également dans la baie de Tanger.

Les consuls, informés de l'arrivée de ce nouveau bâtiment, s'étaient réunis quinze jours auparavant, et avaient arrêté de demander au sultan la conduite qu'ils devaient tenir à l'égard de la quarantaine qu'ils désiraient lui voir faire. L'empereur, en réponse à leur demande, leur avait donné la permission de s'opposer au débarquement des pélerins, et avait fixé lui-même le temps de la quarantaine, en indiquant le lieu où elle devait être faite.

Dans cette circonstance, le gouvernement maure donna la mesure exacte de la sincérité qui dirige ses relations commerciales et politiques. Le bâtiment n'eut pas plus tôt jeté l'ancre dans la rade, que le consul de service descendit à la hâte vers le port, et alla y joindre, pour faire exécuter les ordres de Muley-Soliman, l'administrateur de la marine, Lamarty. Cet administrateur lui déclare qu'il est autorisé par l'empereur à permettre sur-le-champ l'entrée de Tanger aux pélerins, qui peuvent introduire les marchandises qu'ils apportent avec eux, et à l'appui de cette assertion, lui montre une lettre de son souverain. Le consul, saisi d'étonnement, montre vingt fois à Lamarty la dépêche du sultan qui dit le contraire. Pour terminer la discussion, l'administrateur de la marine demande froidement si la lettre reçue par les consuls *est datée*; on procède à la vérification, on reconnaît qu'elle ne l'est pas. « La mienne a une date, dit l'administrateur, ainsi la vôtre est nulle. »

Outrés de ce manque d'égards, les consuls se bornèrent à demander, par une lettre respectueuse, l'explication d'une telle contradiction. Le sultan répondit simplement que Lamarty l'avait induit en erreur. Le gouvernement, dans la plupart des circonstances, montre ce même caractère de duplicité; rarement l'empereur refuse de faire droit à une demande, mais un ordre contraire annule bientôt la faveur qu'il a pu accorder.

On ne peut que difficilement se faire une idée du peu de considération dont jouit le corps consulaire. Croira-t-on que, lorsque les délégués des puissances européennes se présentent pour la première fois à l'empereur, leur réception a lieu ordinairement dans la rue, au milieu des décombres et de la poussière, où, sans aucune distinction, ils sont mêlés au milieu du peuple et des soldats. En 1815, lorsque Muley-Soliman vint à Tanger, il s'assit sur les marches d'un escalier tombant en ruine pour recevoir la visite des consuls. Cette manière de traiter publiquement des personnes revêtues d'un caractère respectable, et de ne les recevoir encore que précédées par des présens qui annoncent une espèce de soumission, ne contribue pas peu à avilir les chrétiens aux yeux des sujets, témoins de leur humilité et du dédain que leur témoigne le souverain.

Cependant les consuls, piqués d'avoir été joués lorsqu'on donna, malgré leur opposition, l'entrée aux pélerins de retour de la Mecque, manifestèrent hautement leur mécontentement, et cessèrent d'avoir des rapports avec les habitans.

Peu de temps après, la peste étendit progressivement ses ravages. A la fin de juillet, on compta cent quarante-quatre morts. Le nombre des malades était déjà considérable; mais peu de personnes mouraient encore, et le fléau ne trouva d'abord des victimes que parmi les vieillards et les enfans. Dès les premiers jours d'août, les consuls engagèrent M. Sola, qui arrivait de Fez, à examiner attentivement la nature de l'épidémie. Le résultat de ses observations ne laissa aucun doute sur son caractère, qui était celui de la peste du Levant. Pendant le mois d'août, elle emporta trois cent douze personnes, et les trois mois suivans en virent périr treize cent vingt-deux, dont quarante-quatre moururent le même jour. Cependant la période du déclin de l'épidémie devint sensible vers le commencement de janvier 1819, et l'extinction du mal eut lieu dans la seconde semaine de mai, c'est-à-dire quatorze mois après son invasion. Alors on rérifia que le fléau destructeur avait causé une mortalité de 2,234 individus, savoir : 1,970 Maures, 257 juifs et 7 chrétiens, sur une population de dix à onze mille habitans, dont à peu près 9,000 Maures, 1,523 juifs et 115 chrétiens.

Les remarques générales qui ont été faites sur la nation et le développement de la peste méritent d'être publiées.

Les bubons, les charbons et les taches violettes ont été les symptômes les plus communs.

La prédisposition particulière est absolùment nécessaire pour gagner la peste : mais il est impossible de former même des conjectures au sujet des causes de cette prédisposition , qui, avec le contact matériel des objets infectés, détermine le développement du typhus.

Il paraît que l'air ne sert jamais de véhicule à la contagion. On a même observé que la peste se gagne difficilement hors des maisons. A Tanger, il y a peu de personnes qui l'aient prise dans les rues. M. Sourdeau, M. Sola et quelques autres chrétiens, ont passé tous les jours au milieu des Maures et des juifs, sans autre précaution que celle de ne pas se frotter contre leurs vêtemens.

L'activité contagieuse de la maladie a été tout aussi violente et aussi funeste vers l'époque de son extinction finale, que dans la période de sa plus grande intensité.

L'usage interne de l'huile d'olive prise en dose

de quatre jusqu'à huit onces, au premier instant de l'attaque, a eu d'exellens effets ; ce remède peut être considéré comme à peu près
spécifique.

M. Colaço, consul Portugais à Larache, a répandu en Europe, plus qu'elle ne l'était encore,
la connaissance de cet important remède, et,
pour en rendre l'usage universel, a fait circuler
dans l'empire, avec le consentement du sultan,
un écrit arabe contenant une instruction sur le
mode de l'administrer.

Des inoculations, faites avec soin par M. Sola,
sur quatorze déserteurs espagnols, ont prouvé
que l'huile anéantit, ou du moins neutralise en
partie le venin de la peste.

Les Maures et les juifs, qui ont pour les remèdes internes une répugnance presque invin-
cible et qui tient du fanatisme, consentirent,
du moins un grand nombre, à faire usage de
l'huile, suivant le mode rendu public. L'influence de ce remède salutaire empêcha sensiblement les progrès du mal, et celle du climat
en tempéra également l'excès ; mais ces tristes
résultats eussent été encore moins affligeans,
sans l'habitude qu'ont les femmes maures (habitude à laquelle aucun danger ne peut les faire
renoncer) de se précipiter en pleurant sur les
corps de celles qui viennent à mourir. Cette com-
munication propageait rapidement l'épidémie ;
et la vente, faite immédiatement sur la place pu-

blique, des hardes des pestiférés, lui donnait encore plus d'extension.

Ce n'est qu'avec un sentiment douloureux que
l'on peut retracer le triste spectacle que présentait Tanger pendant ce temps de calamité : il
est impossible d'en imaginer un plus affligeant.
Une famine affreuse joignait ses ravages à ceux
de la maladie; le blé manquait presque entièrement; les habitans des campagnes, et une partie de ceux de la ville parcouraient tristement
les champs, pour arracher à la terre, à défaut
d'autre nourriture, une plante bulbeuse nommée *hierna*. La ville retentissait le jour des cris
aigus et des lamentations qui s'élevaient des maisons. Les chants que faisaient entendre continuellement dans les rues les Maures qui portaient les victimes au lieu de la sépulture, jetaient
l'effroi dans l'âme des habitans. Enfin, la contagion devint tellement meurtrière, que plusieurs, parmi ceux qui en furent attaqués, pas-
sèrent dans un instant de la première atteinte du
mal à la mort.

VENGEANCE ATROCE D'UN FRÈRE CONTRE SON FRÈRE.

Des traits d'une vengeance abominable, à
laquelle la peste elle-même fournissait des armes, augmentèrent plusieurs fois l'horreur du
triste tableau que nous venons de mettre sous les

yeux du lecteur. Pendant le fort de l'épidémie, un Maure, qui était en discussion avec son frère pour affaires d'intérêt, se trouve gravement attaqué. Cet homme, sentant sa fin prochaine, rassemble le peu de force qui lui reste encore, et sort de son habitation malgré la fièvre qui le dévore. Déjà livide et défiguré, il pouvait à peine se traîner, et, pour se soutenir, il s'appuyait à chaque instant le long des murs des maisons. Dans cet état, il parvient, après beaucoup d'efforts, jusqu'à celle de son frère. L'ayant trouvé entouré de sa femme et de ses enfans, il demande la permission de l'embrasser lui et les siens. A peine son frère y a-t-il consenti, que le moribond, qui vient de le serrer dans ses bras, le regarde avec un sourire que la douleur rend plus affreux, et lui dit : « Je vais bientôt mourir; » mais ne crois pas jouir long-temps du bien que » je laisse après moi; j'ai la peste, et tu ne tar- » deras pas à me suivre. » Ce monstre exécrable étant rentré chez lui, mourut quelques heures après. Son malheureux frère échappa à la contagion qu'il avait voulu lui communiquer, mais ses deux enfans y succombèrent dans la même journée.

JUSTICE EXPÉDITIVE A MAROC. — DÉTAILS SUR LES EXÉCUTIONS DES CONDAMNÉS.

La justice est prompte et barbare dans l'empire de Maroc ; mais le courage et la résignation des patiens est peut-être encore plus extraordinaire. On va le voir par le récit de plusieurs faits d'une date encore récente.

Un juif pris de vin entre dans une mosquée, et il lui suffit de proférer la prière du musulman pour le devenir. Le lendemain, revenu de son ivresse, il court chez le gouverneur, et témoigne le désir de renoncer à la religion qu'il regrette d'avoir embrassée. Le gouverneur écrit sur-le-champ au sultan et lui demande ses ordres à cet égard. La réponse est celle-ci : « Qu'à l'arrivée du courrier, la tête du juif tombe et me soit envoyée. » L'ordre arriva un dimanche à trois heures ; une demi-heure après, le juif était décapité. On lui avait fait croire que le sultan voulait le voir à Méquinez, et, en le plaçant sur un mulet, on était parvenu à lui persuader qu'il partait pour s'y rendre. A peine il fut hors de la ville, qu'un des Maures qui l'accompagnaient le tira par son manteau pour le faire tomber à terre. Le malheureux croit d'abord que c'est une plaisanterie, et sourit à son bourreau ; mais sa triste erreur n'est que passagère : le Maure, avec son couteau, lui coupe, ou plutôt lui hache bientôt la tête, qui est mise dans un sac de cuir, et envoyée à l'empereur.

Les exécutions se font en quelque sorte au rabais ; l'exécuteur est celui qui demande le moindre salaire. Quelquefois les peines infligées n'entraînent pas la mort, et on se borne à cou-per soit un pied, soit une main au condamné.

On raconte qu'un habitant de Tanger, auquel on allait couper la main droite, demanda au cadi qui devait présider à l'opération, la permis-sion de la baiser avant qu'elle fût clouée, suivant l'usage, à la porte de la ville. Ayant obtenu ce qu'il désirait, il adressa d'abord ces paroles à cette partie de lui-même : « Adieu, ma chère » main, qui m'as rendu tant de services. Nous » allons être séparés pour toujours. Je vais te » remplacer par ta sœur. Elle me servira à son » tour dans les ablutions, et pour manger, mais » c'est ce qui m'afflige, puisque la loi accordait » à toi seule la permission de prendre notre nour-» riture. Adieu donc, ma chère main. » Après avoir prononcé ces paroles, il se plaça lui-même, pour qu'on la lui coupât, et, avec un courage vraiment stoïque, la baisa en effet plusieurs fois quand le sacrifice fut consommé.

L'indifférence avec laquelle les Maures mar-chent au supplice contribue beaucoup à fortifier leur penchant naturel à la cruauté; et l'action d'arracher la vie à un ennemi n'est regardée que comme une vengeance ordinaire par des hommes qui font eux-mêmes si facilement l'a-bandon de l'existence. Cependant ces disposi-tions sanguinaires n'excluent pas de leur part quelques qualités généreuses. Le trait suivant en est une preuve incontestable. Un soldat, qui connaissait le meurtrier de Muley-Ibrahim, assassiné dans le combat près de Zayane, poursuivait avec activité la vengeance de sa mort. Pour se soustraire à sa fureur, le coupable cherchait partout un asile; il n'en connaît pas de plus sûr que celui qu'il va implorer chez la mère même de son ennemi. Il explique à cette femme le motif de l'hospitalité qu'il sollicite. Elle l'accueille; et, au moment où son fils furieux entre dans la maison, elle donne le sein au réfugié, comme pour l'allaiter. Le soldat, saisi d'étonnement, reste immobile, et sa colère s'apaise. « Venez, lui dit sa mère, que je vous présente » un frère; il l'est devenu en prenant le même » lait que vous, et vous ne pouvez plus persévé- » rer dans vos desseins contre lui. »

INSURRECTION DANS L'EMPIRE DE MAROC EN 1819.

Une peuplade de Chelleuhs ayant refusé le paiement d'une contribution demandée par l'empereur, celui-ci, pour l'exiger, marcha vers Zayane avec une partie de son armée. Son approche fit rentrer dans l'ordre les mécontens, et aussitôt qu'il fut campé, les habitans amenèrent, en signe de soumission, une grande quantité de bœufs qui furent tués immédiatement et livrés aux soldats. Le lendemain, les mêmes habitans vinrent en procession pour renouveler leur entière soumission. Cette procession était composée d'une trentaine de femmes qui marchaient ; suivant l'usage observé en pareille circonstance, liées les unes aux autres par les cheveux, et ayant leurs couteaux entre les dents; de quelques enfans qui portaient sur leurs têtes les tablettes de l'école; de plusieurs vieillards ayant également sur la tête le Koran. La procession s'avança auprès de la tente de Soliman, en répétant plusieurs fois les cris de *vive le sultan*, et se dirigea ensuite, d'après les ordres de l'empereur, vers la partie du camp occupée par Muley-Ibrahim, un de ses fils. Ce prince demanda ce que signifiait cette cérémonie; on le lui dit, et aussitôt il eut la cruauté de commander à ses soldats de fusiller tous ces malheureux. L'ordre fut exécuté à l'instant sous ses yeux. Les femmes, les vieillards, les enfans, au nombre de plus de soixante, périrent tous, à l'exception de quatre de ces derniers, qui ne furent que blessés, et eurent le bonheur d'échapper au sort qui leur était réservé. Ces quatre enfans fuient vers leurs montagnes; ils y arrivent en jetant des cris, et se déchirant le visage avec les mains. A la nouvelle de cet affreux événement, les divers cheiks de la peuplade se rassemblent, et jurent de tirer vengeance du sang qui vient d'être versé. Chaque cheik réunit cinquante des plus braves habitans; ils chargent tous leurs fusils, montent à cheval, et, au nombre d'environ cinq cents, ils descendent dans la plaine, et se dirigent en silence vers le camp de l'empereur. Il était cinq heures du soir, lorsque le sultan vit s'avancer cette troupe; il ne conçut aucune inquiétude; elle était dans l'attitude de la soumission, et chaque Chelleuh, en descendant de cheval, tenait son fusil baissé, et paraissait implorer la clémence de l'empereur. Mais à l'approche de la nuit, à un signal convenu, les Chelleuhs, profitant de la sécurité qu'ils ont inspirée, font une décharge de leurs armes sur les soldats de Soliman, dispersés dans le camp. Les habitans de Zayane, qui attendaient le signal et garnissaient la cime des montagnes voisines, en descendent en grand nombre, et viennent augmenter la force de leur parti. En peu d'instans, l'armée surprise est mise en déroute; Muley-Ibrahim, assassiné, tombe victime de la vengeance qu'il a provoquée, et l'empereur, saisi d'effroi, se trouve abandonné dans sa tente, que la flamme commence à dévorer. Un Chelleuh y pénètre, et aperçoit un homme presque nu et désespéré. « Qui es-tu? lui crie-t-il. — Soliman! répond » l'empereur. » Le Chelleuh, guidé par l'intérêt, forme à l'instant le projet de le sauver. Il le couvre de son soulem (sorte de vêtement), le place sur ses épaules, et répond à tous ceux qui l'interrogent qu'il emporte son frère blessé. Le sultan, conduit à Zayane même, reste trois jours dans la tente de son libérateur, et celui-ci parvient ensuite à le mener jusqu'à Méquinez. A son retour dans cette capitale, Soliman paya, par le don de huit mille piastres, le service qui lui avait été rendu, et excita, envers le Chelleuh, la générosité de ses femmes, en leur disant que celles qui l'aimaient réellement devaient combler de présens son libérateur. Toutes à l'instant, pour prouver leur amour, se dépouillèrent en sa faveur d'une partie de leurs bijoux.

Ce fut peu de jours après l'heureuse arrivée du sultan à Méquinez, que les vainqueurs se présentèrent sous les murs de la ville et interceptèrent les communications. Muley-Soliman ne dut plus compter alors, pour conserver encore une portion de son autorité, que sur les trésors qu'il avait amassés, et sur les débris d'une garde exigeante dont il entretenait avec peine la fidélité par de nombreux sacrifices.

Le mécontentement qui régnait contre lui dans une grande partie de ses états était causé généralement par les restrictions imposées au commerce. L'introduction de plusieurs marchandises était prohibée, aussi bien que l'exportation d'un grand nombre d'autres, telles que la laine, l'huile d'olive, le froment, etc. La religion servait de prétexte à ces prohibitions, qui n'avaient d'autre but que de tenir le peuple dans un état de pauvreté convenable à un gou-

vernement aussi despotique. On représentait
comme criminels les rapports des Maures avec
les chrétiens, mais les Maroquins, malgré la
haine qu'ils ressentaient pour eux, consentaient
avec peine à sacrifier à ce motif leurs intérêts
personnels. Les vœux des mécontens cherchaient
un successeur à Soliman, et se portaient sur
Muley-Yezid, qui demeurait à Fez, et affectait
de vivre dans un isolement qui masquait son
ambition. Mais Muley-Soliman attendait patiemment que la volonté de Dieu et celle du prophète décidassent de son sort. Sa situation était
devenue fort embarrassante. Il accueillait sans
cesse, avec une bonté obligée, ceux de ses ennemis qui entraient journellement dans Méquinez, et leur donnait, pour calmer leur mécontentement, des sommes considérables prélevées
sur ses trésors. Les Chelleuhs, au contraire,
s'emparaient immédiatement des convois que le
sultan tentait de faire sortir de la ville. Mais avec
la même patience que lui, ils attendaient son abdication volontaire; et sa qualité de schérif, que
l'on respectait encore, paraissait seule le garantir d'un attentat à ses jours.

Au reste, cet état d'agitation et d'insurrection armée se renouvelle très-fréquemment dans
ce pays de l'esclavage et du despotisme.

TANGER ET SES ENVIRONS.

Voici le tableau de cette ville africaine tel que

nous le trouvons dans la relation d'un voyageur
que nous avons déjà souvent cité (M. Cochelet).

« La partie orientale de Tanger, visible du
consulat de France, renferme, entre autres bâtimens, la maison du consul d'Espagne et la
grande mosquée de la ville, devant laquelle on
passe en descendant la rue qui conduit au port.
L'emplacement du grand marché de Tanger est
situé hors des murs, à l'ouest de la ville. Au
pied de la maison du consulat de France, est
l'alcaisseria, où se tient le marché journalier.
Ce quartier, le plus animé de la ville, est le
centre d'un mouvement continuel. J'y avais sans
cesse sous les yeux le spectacle le plus varié. A
chaque instant du jour, un événement différent
satisfaisait ma curiosité. Tantôt les chants qui
annonçaient le convoi d'un musulman décédé
attiraient mon attention, et je voyais ceux qui
le portaient marcher à pas précipités ; tantôt,
et souvent dans le même moment, j'apercevais
le cortége d'une fiancée que l'on conduisait chez
son époux. Placée dans une espèce de panier
qui était entièrement fermé, et portée sur les
épaules de quatre hommes, elle ne pouvait être
vue de personne, et son mari, qui l'attendait,
devait seul la tirer de sa prison, et la voir lui-
même pour la première fois. Un autre jour, c'é-
tait une espèce de fou, vénéré comme un saint
à Tanger, dont les cris aigus retentissaient dans
la rue. Cet homme, qui jouait plutôt le rôle

d'imbécile qu'il ne l'était réellement, s'accroupissait auprès du mur d'une maison, et par des hurlemens et par des grimaces plus ridicules les unes que les autres, il imposait à la crédulité des passans le tribut que chacun lui accordait, soit en lui baisant la main par respect, soit en lui faisant une offrande en argent.

» Il était rare de ne pas entendre dans la rue, à chaque instant du jour, l'explosion d'armes à feu, le son étourdissant du tambour et celui des musettes. Les mariages, les circoncisions, toutes les cérémonies en général sont toujours accompagnées de cette musique discordante et de fréquens coups de fusil. Les habitans semblent prendre le plaisir le plus vif à cet exercice. Un certain nombre d'entre eux précèdent ordinairement les cortéges, s'avancent en sautant, et s'amusent, en se baissant jusqu'à terre, à faire plusieurs tours sur eux-mêmes, et à décharger leurs armes entre les jambes des spectateurs.

» Des scènes toujours nouvelles et quelquefois bizarres purent me distraire pendant les premiers jours, mais sans modérer l'ennui qui est bientôt à Tanger le partage de tous les chrétiens. Un seul plaisir, celui de la chasse, peut le tempérer, et encore faut-il l'acheter par des inquiétudes et des dangers qui empêchent maintenant de s'y livrer comme autrefois. Cependant notre consul recherchait souvent cette unique distraction, et chaque fois je l'accompagnais, ainsi que deux ou trois autres chrétiens. En vain le gouverneur nous avertissait qu'il n'y avait aucune sûreté pour nous hors de la ville. Pour tâcher d'accorder la prudence avec notre désir, nous avions le soin de nous faire suivre par deux ou trois soldats maures; mais l'escorte que nous choisissions, pour assurer notre tranquillité, me semblait plus propre au contraire à augmenter nos craintes. Le soldat qui venait le plus habituellement avec nous, et que nous regardions comme notre grand protecteur, était connu, parmi les chrétiens, pour un brigand déterminé, et on savait qu'à l'époque de la dernière guerre de la France avec l'Espagne, il avait tué de sa main quelques Français, lorsque plusieurs, fuyant dans des nacelles les pontons de Cadix, tâchèrent d'aborder la côte de Barbarie, dans l'espoir d'y trouver un refuge. Ce Maure se nommait Chebah. Un regard faux et l'expression de tous ses traits annonçaient la cruauté. On l'emmenait de préférence à un autre, parce qu'on lui supposait de l'influence sur les bandits de son espèce qui auraient pu nous attaquer. Seulement il était prudent de déposer au moment du départ, d'une manière ostensible pour cet homme, l'argent qu'on avait sur soi, et tout ce qui aurait pu, en chemin, tenter sa cupidité. Au moyen de ces précautions, on croyait pouvoir compter sur une protection dont il se faisait un revenu, puisqu'on avait soin de le bien payer au retour. »

PÉRIL D'UN VOYAGE A TRAVERS LE DÉSERT DE SAHARA.

« Si les obstacles qui ferment aux chrétiens, dit M. Cochelet, le passage du désert de Sahara, et leur interdisent, par cette région, l'approche de Timectou, ne sont pas moins insurmontables du côté du Sénégal, je n'hésite pas à avancer qu'aucun d'eux ne couronnera par le succès une entreprise aussi téméraire. L'ardeur du climat, le manque d'eau, les privations de tout genre, la haine des habitans, plus redoutable que les empêchemens naturels, sont autant de barrières qu'on ne franchira jamais. Un voyageur intrépide, excité par des conseils ou enflammé par le désir de la célébrité, peut, je le conçois, partir avec enthousiasme d'une des capitales du monde civilisé; mais bientôt son zèle se refroidira; et, en arrivant à la vue du grand désert, il reculera glacé d'épouvante. Bien que nous eussions traversé une partie de la contrée sablonneuse et aride qu'il aura à parcourir, il nous eût été impossible d'y faire un pas sans la protection de nos maîtres. Qu'on ne se fasse donc pas illusion; il sera toujours glorieux sans doute de tenter l'entreprise; mais tout voyageur chrétien doit craindre de périr bientôt, ou sous le poids des privations, ou victime de la haine des habitans ; à moins que, réduit lui-même en esclavage, il n'échappe heureusement à la mort, en donnant, comme nous, une rançon. M. Ritchie n'a pu résister à l'influence désastreuse du climat, et a péri à peu de distance de Tripoli. M. Roentgen, voyageur allemand, a été assassiné quelques années auparavant dans les environs de Mogadore.

S'il est pour un Européen un moyen d'arriver jusqu'au Soudan, c'est d'emprunter le masque de la religion musulmane. Ce moyen peut sembler bizarre, mais il n'en existe pas d'autre. Plusieurs personnes sensées établies dans l'empire de Maroc, et qui connaissent les dangers de ce voyage, pensent qu'il faudrait qu'un chrétien consentît à devenir en apparence prosélyte de la religion qui peut seule lui ouvrir un passage moins dangereux ; et, dans cette hypothèse, qu'après avoir rompu d'une manière éclatante avec le consul de sa nation, il embrassât ostensiblement la loi de Mahomet. Il faudrait aussi qu'il adoptât tous les usages, et commençât même à se marier. D'abord il irait habiter une autre ville de l'empire, et s'y livrerait à un commerce quelconque. Ses relations le meneraient insensiblement jusqu'aux villes frontières du désert, où se rassemblent les caravanes destinées pour Tinectou. Il y formerait des liaisons avec les cheiks les plus influens parmi les Maures indépendans. Il devrait, pendant quelques années, les continuer par de fréquens voyages à Aka et à Ouadnoun. Après cinq ou six ans, lorsqu'il aurait acquis une assez grande connaissance de l'arabe, et obtenu, de la part des Maures les plus méfians, la confiance qu'il doit avoir principalement le but d'inspirer, il tenterait l'aventure, en se confondant parmi les marchands qui composent une caravane. Un voyageur aussi déterminé aurait encore bien des dangers à courir; mais il réussirait peut-être, s'il réunissait à la force physique celle que donne un grand courage, et s'il se cachait surtout sous le voile impénétrable d'une discrétion à toute épreuve.

LE LAC QUIFFOUA.

Le lac Quiffoua est entouré au nord et au sud de montagnes nommées par les indigènes *Moutcunda gia iaïba risoumba* (Mont des mauvaises odeurs). Cette dénomination lui vient de l'odeur fétide qui s'en exhale, et qui est sensible à une assez grande distance; elle est très-désagréable et empêche les nègres de respirer librement.

Il coule de ces montagnes un bitume; pendant le jour, il en sort des vapeurs épaisses qui, condensées par la fraîcheur de la nuit, tombent sur les terres voisines, et remplissent l'atmosphère de particules qui gênent la respiration;

elle devient alors tellement pénible, que les nègres s'empressent de fuir ces lieux. Les eaux du lac sont couvertes d'un bitume épais, et qui a même de la consistance. Une partie est du naphte, qui s'élève du fond du lac; et l'autre du pissaphalte, qui découle des montagnes. Ces deux substances forment à la surface du lac une croûte assez épaisse pour intercepter complétement les rayons du soleil; ce qui conserve aux eaux la même température le jour que la nuit.

Aucun poisson ne vit dans ces eaux dont l'émanation cause une toux assez forte; elles ont un goût huileux. Les montagnes qui entourent ce lac offrent une surface unie; elles ne sont habitées par aucun animal, la végétation y est presque nulle; leur aspect jette la tristesse dans l'âme. Le sable des bords du lac est mêlé de petits fragmens de lave noire; on aperçoit de la pouzzolane grise sur le flanc d'une montagne. M. Douville rapporte, dans son voyage en Afrique, qu'il y trouva une brèche composée de lave grise et de morceaux de pierre calcaire presque réduite à l'état de marbre.

Il pense, d'après les observations que ce lac et ses environs lui ont fournies, qu'il doit sa naissance à l'affaissement du terrain creusé par l'écroulement des voûtes des cavités profondes qui le soutenaient. C'est ce que semblent prouver d'ailleurs les bitumes qu'il vit s'élever du fond du lac, et découler des montagnes voisines.

Les eaux qu'il reçoit des hauteurs qui l'environnent ne sont pas assez abondantes pour l'alimenter, et fournir la quantité de celles qui en sortent; il doit donc être entretenu par des sources intérieures.

DÉTAILS SUR LES MAMELOUKS.

Commençons par le costume particulier de cette fameuse milice égyptienne. D'abord c'est une ample chemise de toile de coton claire et jaunâtre, par dessus laquelle on revêt une espèce de robe de chambre en toile des Indes, ou en étoffes légères de Damas ou d'Alep. Cette robe, appelée *antari*, tombe du cou aux chevilles, et croise sur le devant du corps, jusque vers les hanches où elle se fixe par deux cordons. Sur cette première enveloppe vient une seconde, de la même forme, de la même ampleur, et dont les larges manches tombent également jusqu'au bout des doigts. Celle-ci s'appelle *caftân*; elle se fait ordinairement d'étoffes de soie plus riches que la première. Une longue ceinture serre ces deux vêtemens à la taille, et partage le corps en deux paquets. Pardessus ces deux pièces en vient une troisième, que l'on appelle *djoubé*; elle est de drap sans doublure, elle a la même forme générale, excepté que ses manches sont coupées au coude. Dans l'hiver, et souvent même dans l'été, ce *djoubé* est garni d'une fourrure et devient *pelisse*. Enfin, on met par-dessus ces trois enveloppes une dernière que l'on appelle *beniche* : c'est le manteau ou l'habit de cérémonie. Son emploi est de couvrir exactement tout le corps, même le bout des doigts, qu'il serait très-indécent de laisser paraître devant les grands. Sous ce beniche, le corps a l'air d'un long sac d'où sortent un cou nu et une tête sans cheveux, couverte d'un turban. Celui des Mamelouks, appelé *qâouq*, est un cylindre jaune, garni en dehors d'un rouleau de mousseline artistement composé. Leurs pieds sont couverts d'une chaussure de cuir jaune qui remonte jusqu'aux talons, et d'une pantoufle sans quartier, toujours prête à rester en chemin. Mais la pièce la plus singulière de cet habillement est une espèce de pantalon dont l'ampleur est telle que dans sa hauteur il arrive au menton, et que chacune de ses jambes pourrait recevoir le corps entier : ajoutez que les Mamelouks le font de ce drap de Venise, qu'on appelle *saille*, qui, quoique aussi moelleux que l'Elbeuf, est plus épais que la bure ; et que pour marcher plus à l'aise, ils y renferment, sous une ceinture à coulisse, toute la partie pendante des vêtemens dont nous avons parlé. Ainsi emmaillotés, on conçoit que les Mamelouks ne sont pas des piétons agiles ; mais ce que l'on ne conçoit qu'après avoir vu les hommes de divers pays, c'est qu'ils regardent leur habillement comme très-commode. En vain leur objecte-t-on qu'à pied il empêche de marcher, qu'à cheval il charge inutilement, et que tout cavalier démonté est un homme perdu ; ils répondent : *c'est l'usage*, et ce mot répond à tout.

Voyons si l'équipage de leur cheval est mieux raisonné. Depuis que l'on a pris en Europe le bon esprit de se rendre compte de chaque chose, on a senti que le cheval, pour exécuter ses mouvemens sous le cavalier, avait besoin d'être le moins chargé possible, et l'on a bien allégé son harnais autant que le permettait sa solidité. Cette résolution, que le dix-huitième siècle a vu éclore parmi nous, est encore bien loin des Mamelouks, dont l'esprit est resté au douzième siècle; toujours guidés par l'usage, ils donnent au cheval une selle dont la charpente grossière est chargée de fer, de bois et de cuir. Sur cette selle s'élève un troussequin de huit pouces de hauteur, qui couvre le cavalier jusqu'aux reins ; pendant que sur le devant un pommeau, saillant de quatre à cinq pouces, menace sa poitrine quand il se penche. Sous la selle, au lieu de coussins, ils étendent trois épaisses couvertures de laine : le tout est fixé par une sangle qui passe sur la selle, et s'attache, non par des boucles à ardillons, mais par des nœuds de courroies peu solides et très-compliqués. D'ailleurs, ces selles ont un large poitrail et manquent de croupières, ce qui les jette trop sur les épaules du cheval. Les étriers sont une plaque de cuivre plus longue et plus large que le pied , et dont les côtés, relevés d'un pouce, viennent mourir à l'anse d'où ils pendent. Les angles de cette plaque sont tranchans, et servent, au lieu d'éperons, à ouvrir les flancs par de longues blessures. Le poids ordinaire d'une paire de ces étriers est de neuf à dix livres, et souvent ils passent douze et treize. La selle et les couvertures n'en pèsent pas moins de vingt-cinq ; ainsi le cheval porte d'abord un poids de trente-six livres, ce qui est d'autant plus ridicule que les chevaux d'Egypte sont très-petits. La bride est aussi mal conçue dans son genre ; elle est de l'espèce qu'on appelle *à la genette*, sans articulation. La gourmette, qui n'est qu'un anneau de fer, serre le menton au point d'en couper la peau ; aussi tous ces chevaux ont les barres brisées et manquent absolument de *bouche* : c'est un effet nécessaire des pratiques des Mamelouks, qui, au lieu de la ménager, comme nous, la détruisent par des saccades violentes ; ils les emploient surtout pour une manœuvre qui leur est particulière : elle consiste à lancer le cheval à bride abattue , puis à l'arrêter subitement au plus fort de la course ; saisi par le mors , le cheval raidit les jambes, plie les jarrets , et termine sa carrière en glissant d'une seule pièce, comme un cheval de bois. On conçoit combien cette manœuvre répétée perd les jambes et la bouche ; mais les Mamelouks lui trouvent de la grâce, et disent qu'elle convient à la manière de combattre. Du reste, malgré leurs jambes en crochets, et les perpétuels mouvemens de leur corps, on ne peut nier qu'ils ne soient des cavaliers fermes et vigoureux, et qu'ils n'aient quelque chose de guerrier qui flatte l'œil même d'un étranger; il faut convenir aussi qu'ils ont mieux raisonné le choix de leurs armes.

La première de leurs armes est une carabine anglaise d'environ trente pouces de longueur, et d'un calibre tel, qu'on peut lancer à la fois dix à douze balles, dont l'effet, même sans adresse, est toujours meurtrier. En second lieu, ils portent à la ceinture deux grands pistolets qui tiennent au vêtement par un cordon de soie; A l'arçon pend quelquefois une masse d'armes dont ils se servent pour assommer. Enfin sur la cuisse gauche pend à une bandoulière un sabre courbe, d'une espèce peu connue en Europe; sa lame, prise en ligne droite, n'a pas plus de vingt-quatre pouces; mais, mesurée dans sa courbure, elle en a trente. Cette forme, qui nous paraît bizarre, n'a pas été adoptée sans motifs; l'expérience apprend que l'effet d'une lame droite est borné au lieu et au moment de sa chute, parce qu'elle ne coupe qu'en appuyant. Une lame courbe, au contraire, glisse par l'effort du bras, et continue son action dans un long espace. Les barbares, dont l'esprit s'exerce de préférence sur les arts meurtriers, n'ont pas manqué cette observation, et de là l'usage des cimeterres si général et si

ancien dans l'Orient. Le commun des Mamelouks tire les siens de Constantinople et d'Europe; mais les beks se disputent les lames de
Perse et des anciennes fabriques de Damas (je
dis anciennes, car aujourd'hui on n'y fabrique
plus d'acier), qu'ils paient jusqu'à quarante et
cinquante louis. Les qualités qu'ils en estiment
sont la légèreté, la trempe égale et bien son-
nante, les ondulations du fer, et surtout la finesse
du tranchant. Il faut avouer qu'elle est exquise;
mais ces lames ont le défaut d'être fragiles comme
le verre.

L'art de se servir de ces armes fait le sujet de
l'éducation des Mamelouks et l'occupation de
toute leur vie. Chaque jour, de grand matin,
la plupart se rendent dans une plaine hors du
Caire, et là, courant à toute bride, ils s'exercent
à sortir prestement la carabine de la bandoulière,
à la tirer juste, à la jeter sur la cuisse pour saisir un pistolet qu'ils tirent et jettent par dessus
l'épaule, puis un second, dont ils font de même,
se fiant au cordon qui les attache, sans perdre de
temps à les replacer. Les beks présens les encou-
ragent, et quiconque brise le vase de terre qui
sert de but, reçoit des éloges et de l'argent. Ils
s'exercent aussi à bien manier le sabre, surtout
à donner le coup de revers qui prend de bas en
haut, et qui est le plus difficile à parer. Leurs
tranchans sont si bons et leurs mains si adroites,
que plusieurs coupent une tête de coton mouillé

comme un pain de beurre. Ils tirent aussi l'arc, quoiqu'ils l'aient banni des combats ; mais leur exercice favori est celui du *djérid*. Ce nom, qui signifie proprement *roseau*, se donne en général à tout bâton qu'on lance à la main, selon des principes qui ont dû être ceux des Romains pour le *pilum*. Au lieu de bâton, les Mamelouks emploient des branches fraîches de palmier effeuillées. Ces branches, qui ont la forme d'une tige d'artichaut, ont quatre pieds de longueur et pèsent cinq à six livres. Armés de ce trait, les cavaliers entrent en lice, et, courant à toute bride, ils se le lancent d'assez loin. Sitôt lancé, l'agresseur tourne bride, et celui qui fuit poursuit et jette à son tour. Les chevaux, dressés par l'habitude, secondent si bien leurs maîtres, qu'on dirait qu'ils y prennent autant de plaisir ; mais ce plaisir est dangereux, car il y a des bras qui lancent avec tant de raideur, que souvent le coup blesse et même devient mortel. Malheur à celui qui n'esquivait pas le djérid d'Aly-Bek ! Ces jeux, qui nous semblent barbares, tiennent de près à l'état politique des nations. Il n'y a pas trois siècles qu'ils existaient parmi nous, et leur extinction est moins due à l'accident de Henri II ou à un esprit philosophique qu'à un état de paix intérieure qui les a rendus inutiles. Chez les Turcs, au contraire, et chez les Mamelouks, ils se sont conservés, parce que l'anarchie de leur société a continué de faire un besoin de tout ce qui est relatif à la guerre. Voyons si leurs progrès dans cette partie sont proportionnés à leur pratique.

ART MILITAIRE SOUS LES MAMELOUKS.

Dans notre Europe, quand on parle de troupes et de guerre, on se figure sur-le-champ une distribution d'hommes par compagnies, par bataillons, par escadrons; des uniformes de tailles et de couleurs diverses, des formations par rangs et lignes, des combinaisons de manœuvres particulières ou d'évolutions générales; en un mot tout un système d'opérations fondées sur des principes réfléchis. Ces idées sont justes par rapport à nous; mais quand on les transporte aux pays dont nous traitons, elles deviennent autant d'erreurs. Les Mamelouks ne connaissent rien de notre art; ils n'ont ni uniformes, ni ordonnance, ni formation, ni discipline, ni même de subordination. Leur réunion est un attroupement, leur marche est une cohue, leur combat est un duel, leur guerre est un brigandage. Ordinairement elle se fait dans la ville même du Caire. Au moment où on y pense le moins, une cabale éclate, des beks montent à cheval, l'alarme se répand, leurs adversaires paraissent; on se charge dans la rue le sabre à la main; quelques meurtres décident la querelle, et le plus faible ou le plus timide est exilé. Le peuple n'est pour rien dans ces combats :

que lui importe que les tyrans s'égorgént ? Mais on ne doit pas le croire spectateur tranquille au milieu des balles et des coups de cimeterre : ce rôle est toujours dangereux ; chacun fuit du champ de bataille jusqu'au moment où le calme se rétablit. Quelquefois la populace pille les maisons des exilés, et les vainqueurs n'y mettent pas d'obstacle. A ce sujet, il est bon d'observer que ces phrases usitées dans les nouvelles d'Europe : *Les beks ont fait des recrues, les beks ont ameuté le peuple, le peuple a favorisé un parti,* sont peu propres à donner des idées exactes. Dans les démêlés des Mamelouks, le peuple n'est qu'un acteur passif.

Quelquefois la guerre est transportée à la campagne, et les combattans n'y déploient pas plus d'art; le parti le plus fort ou le plus audacieux poursuit l'autre. S'ils sont égaux en courage, ils s'attendent ou se donnent un rendez-vous, et là, sans égards pour les avantages de position, les deux troupes s'approchent en peloton, les plus hardis marchent en tête. On s'aborde, on se défie, on s'attaque ; chacun choisit son homme ; on tire si l'on peut, et l'on passe vite au sabre. C'est là que se déploient l'art du cavalier et la souplesse du cheval. Si celui-ci tombe, l'autre est perdu. Dans les déroutes, les valets, toujours présens, relèvent leurs maîtres, et s'il n'y a pas de témoins, ils l'assomment pour prendre la ceinture de sequins qu'il a soin de porter.

Souvent la bataille se décide par la mort de deux ou trois personnes. Depuis quelque temps surtout, les Mamelouks ont compris que leurs patrons, étant les principaux intéressés, devaient courir les plus grands risques, et ils leur en laissent l'honneur. S'ils ont l'avantage, tant mieux pour tout le monde; s'ils sont vaincus, l'on capitule avec le vainqueur, qui souvent a fait ses conditions d'avance. Il n'y a que profit à rester tranquille; on est sûr de trouver un maître qui paie, et l'on revient au Caire vivre à ses dépens jusqu'à nouvelle fortune.

PILLAGE D'UNE CARAVANE EN ÉGYPTE.

Une riche caravane voulut passer de Suez au Caire en 1779. Cette entreprise eut l'issue la plus malheureuse. La caravane était composée d'officiers et de passagers anglais, et de quelques prisonniers français qui étaient venus sur deux vaisseaux débarquer à Suez pour passer en Europe par la voie du Caire. Les Arabes bédouins du *Tôr*, informés que ces passagers seraient accompagnés d'un riche chargement, résolurent de les piller et les pillèrent en effet à cinq lieues de Suez. Les Européens, dépouillés nus comme la main, et dispersés par la frayeur, se partagèrent en deux bandes. Les uns retournèrent à Suez; les autres, au nombre de sept, croyant pouvoir arriver au Caire, s'enfoncèrent dans le

désert. Bientôt la fatigue, la soif, la faim et l'ardeur du soleil les firent périr les uns après les
autres. Le seul M. de Saint-Germain, de l'île de
France, résista à tous ces maux. Pendant trois
jours et deux nuits, il erra dans ce désert aride
et nu, glacé du vent du nord pendant la nuit
(c'était en janvier), brûlé du soleil pendant le
jour, sans autre ombrage qu'un seul buisson,
où il se plongea la tête parmi les épines, sans
autre boisson que son urine. Enfin, le troisième
jour, ayant aperçu l'eau de *Berket-el-Hadj*, il
s'efforça de s'y rendre ; mais déjà il était tombé
trois fois de faiblesse, et sans doute il fût resté à
sa dernière chute, si un paysan, monté sur son
chameau, ne l'eût aperçu d'une grande distance.
Cet homme charitable le transporta chez lui, et
l'y soigna pendant trois jours avec la plus grande
humanité. Au bout de ce temps, les négocians
du Caire, informés de son aventure, firent apporter M. de Saint-Germain à la ville. Il y arriva
dans l'état le plus déplorable. Son corps n'était
qu'une plaie, son haleine était celle d'un cadavre, et il ne lui restait que le souffle de la vie.
Cependant, à force de soins et d'attentions,
Charles Magallon, qui l'avait reçu dans sa maison, eut la satisfaction de le sauver et même de
le rétablir. On a beaucoup parlé dans le temps
de la barbarie des Arabes, qui cependant ne
tuèrent personne. Aujourd'hui l'on doit blâmer
l'imprudence des Européens, qui, dans toute

cette affaire, se conduisirent comme des fous. Il régnait parmi eux la plus grande discorde, et ils avaient poussé la négligence au point de n'avoir pas un pistolet en état : toutes les armes étaient au fond des caisses. D'ailleurs, il paraît que les Arabes n'agirent pas de leur propre mouvement; des personnes bien instruites assurent que l'affaire avait été préparée à Constantinople par la compagnie anglaise de l'Inde, qui voyait de mauvais œil que des particuliers entrassent en concurrence avec elle pour le débit des marchandises du Bengale ; et ce qui s'est passé dans le cours despoursuites a prouvé la vérité de cette assertion.

FORMALITÉS JUDICIAIRES USITÉES EN ABYSSINIE.

Dans tout procès, soit devant le gouverneur de la province, soit devant une cour de *Chammergildas*, le plaignant et le défendeur se tiennent debout, ayant leurs vêtemens attachés autour de leur ceinture et laissant nue la partie supérieure du corps; cet usage est toujours observé, même dans la saison la plus rigoureuse. Les *tovverkiés* ou défenseurs se tiennent aussi debout à côté d'eux, plaidant leurs causes d'un ton de voix très-élevé et offrant continuellement de parier des mulets, des vaches, des moutons ou des *wakihs* d'or qu'ils prouveront telles ou telles accusations qu'essaieront de nier le plaignant ou le défendeur, et quand les paris sont acceptés , ils deviennent le profit du gouverneur.

Souvent ils s'engagent aussi à perdre un mulet ou un *wakih* d'or s'ils disent un mot avant que l'autre ait fini son discours. Mais il arrive fréquemment que les faussetés que le premier raconte causent à l'autre une telle fureur que, quoique ordinairement il tienne sa main devant sa bouche , il oublie qu'il s'est engagé à ne pas parler. Il laisse donc éclater sa colère et s'écrie *assert* (mensonge)! Il est aussitôt saisi par un domestique du gouverneur ou espèce d'huissier dont le devoir est de surveiller ce genre de délit; celui-ci l'oblige à donner sur-le-champ caution pour le pari qu'il a perdu ; ou bien on lui met une chaîne au poignet , et on l'attache avec un des domestiques du gouverneur jusqu'à ce qu'il ait payé la somme ; cependant il est rare qu'il ne se trouve point parmi les assistans quelqu'un qui donne la garantie. Ces sommes font également partie du bénéfice du gouverneur. Pearce , qui a fait un long séjour en Abyssinie, rapporte qu'un important personnage de sa connaissance perdit dans un seul pari cinquante mules blanches, qui sont les plus estimées ; il ajoute qu'il n'avait proposé ce pari que pour faire parade de ses richesses.

DANSE DES ABYSSINS OU ABYSSINIENS.

En Abyssinie, la danse consiste plutôt dans le

mouvement de la tête et des épaules, que dans celui des jambes ou des pieds. Quand les Abyssiniens dansent plusieurs ensemble, ils forment un cercle et tournent; de temps en temps les hommes sautent très-haut, pendant que les femmes se baissent peu à peu en faisant des mouvemens de tête, d'épaules et de poitrine, jusqu'à ce qu'elles soient presque accroupies à terre; elles se relèvent ensuite vivement et on tourne comme auparavant.

MUSIQUE ABYSSINIENNE.

Voici le détail des instrumens de musique qui sont le plus fréquemment employés dans cette contrée africaine.

Les trompettes sont ordinairement faites de peau d'éléphant, excepté la grande ouverture d'en bas qui est un cou de calebasse; elles rendent un son effrayant. Les fifres sont d'un bois dur creusé, et ils ont trois trous pour les doigts de la main gauche; on souffle par le bout; ils ont à peu près un pied trois quarts de long; leur son est très-sauvage, surtout lorsqu'il est accompagné par un petit instrument appelé *tora*, qui a huit pouces de long, dans lequel on souffle aussi par une extrémité, et qui rend un son bas, lourd et rauque; trois joueurs de trompettes, trois fifres et un tora, avec un tambour long, plus étroit à une extrémité qu'à l'autre, et que l'on frappe avec les mains sur les deux bouts, complètent la musique d'un chef de district.

La musique d'un ras ou gouverneur est composée du même nombre d'instrumens, et en outre de quarante-quatre gros tambours, chacun accompagné d'un petit. Ces tambours ont la forme des timbales d'Europe et sont creusés dans un tronc de gros arbre. Ils sont recouverts de peaux de vaches, et, vu leur lourdeur, on les pose sur des mulets, le gros du côté droit et le plus petit du côté gauche. Les hommes sont assis derrière ; ils ont dans la main gauche un petit bâton et dans la droite un autre plus gros et qui se termine par une courbure. Les provisions, renfermées dans des sacs de cuir, placées sous les tambours, empêchent ces lourds et massifs instrumens d'écorcher le dos des animaux qui les portent. Ces tambours rendent un son martial, et sont battus ensemble et avec régularité pendant leur marche, mais avec peu de variété.

Quant aux instrumens à cordes, les Abyssiniens ont une espèce de violon qui consiste en un morceau de bois carré, creusé et muni d'un manche long d'à peu près un pied et demi. La partie concave est couverte d'une peau, sur laquelle est placé le chevalet. Il n'y a qu'une corde, et l'archet est un bâton courbé auquel sont attachés quelques crins de cheval. On a aussi une espèce de lyre dont la partie inférieure est faite d'un morceau de bois creusé, recouvert d'une peau de vache, et au dessous est une voûte en bois d'environ deux pieds de haut, à laquelle sont attachées six cordes ; chaque corde a un morceau de bois qui fait l'office de cheville, et serre la corde autour du sommet de la partie voûtée. Cet instrument s'appelle le *tchart-chamer*. Il y en a un autre qui a presque la même forme, mais qui est plus grand ; il est composé des mêmes matières et a dix cordes ; on l'appelle *berganner*. Il y en a qui ont quatre pieds de haut et rendent des sons fort agréables. Les personnes de distinction jouent tous de ces instrumens. On frappe les cordes avec un morceau de bois ou d'ivoire que l'on tient de la main droite, tandis que l'on marque la mesure avec les doigts de la main gauche. Il y a en outre beaucoup d'instrumens pour les enfans, faits de cornes d'animaux.

Quant au chant abyssinien, il est monotone. Leurs chansons ne sauraient être gaies ; elles consistent en un ou deux vers courts, répétés à satiété et chantés d'un ton sauvage. Il y aurait quelque chose de moins désagréable dans le chant des prêtres dans les églises et les places publiques, si en même temps ceux-ci ne se livraient pas en chantant aux actions les plus inconvenantes.

DU CLERGÉ DE L'ABYSSINIE.

Au rapport de Pearce, les prêtres de ce pays

sont en général d'affligeans modèles d'incon-
duite. Ils sont enclins à l'ivrognerie et passent
pour des gloutons insatiables. Ils sont accoutumés à se battre, à se quereller, à mentir, à jurer,
à tromper et à commettre toutes sortes de mauvaises actions. Chacun se considérant comme
l'égal de tous les autres, leur discipline est très-
relâchée. Le mariage leur est permis, mais seulement une fois. Un grand nombre de jeunes
membres du clergé qui n'ont pas d'emplois par-
courent le pays et donnent des leçons à la jeunesse; mais, quoique leur salaire soit mince,
ils n'ont pas beaucoup d'écoliers; ils tiennent
ordinairement leurs écoles en plein air, excepté
dans les temps de pluie. Il paraît qu'ils connaissent jusqu'à un certain point la méthode de
Lancastre ou d'enseignement mutuel, car les
enfans les plus avancés sont chargés de donner
des leçons aux autres; les marmots sont quelquefois si turbulens et si indociles, que le maître est obligé de les mettre aux fers pour des
mois entiers. Très-peu d'Abyssiniens appren-
nent à écrire, toutefois ils croient fermement à
la puissance des charmes écrits, et ceux qui
peuvent fabriquer les caractères magiques sont
l'objet de beaucoup de respect, parce qu'on est
persuadé que, par leur puissance surnaturelle,
ils peuvent écarter des récoltes la grêle et les
sauterelles, et guérir toute espèce de maladie.

IMPOSTEURS ET CHARLATANS ABYSSINIENS.

Pearce raconte quelques anecdotes assez amusantes sur ces faiseurs de dupes.

« Je ne puis passer sous silence, dit-il, ce qui arriva un jour à l'un de ces imposteurs. Le ras m'avait souvent parlé du pouvoir qu'exerçaient ces gens-là, et combien ils étaient à craindre pour ceux qui les avaient offensés ; je répondais toujours que ce n'était qu'une sotte superstition due à l'ignorance ; qu'ils n'avaient pas plus de pouvoir que les autres, et qu'on devrait les punir comme des fourbes. Après plusieurs entretiens du même genre, je m'aperçus que le ras commençait à être de mon avis ; mais il n'osait pas le manifester, de peur de donner de l'ombrage aux prêtres.

» Un dofter ou prêtre du Gojam vint un jour prier le ras de le mettre à la tête du clergé d'un district rural, lui assurant positivement qu'il pouvait empêcher les ravages de la petite-vérole, des sauterelles et de la grêle. Le ras en souriant le renvoya à M. Coffin et à moi, qui en ce moment dînions à sa table ; en conséquence le dofter nous fit les salutations et s'adressa à nous. Il nous suivit quand nous retournâmes chez nous ; nous donnâmes l'ordre à notre portier de le laisser entrer dans la cour, puis étant allés dans la maison, nous en sortîmes bientôt avec deux grands fouets anglais. Le dofter sourit à la vue de ces longues armes et demanda à quoi elles servaient. « Nous allons te le montrer, dit M. Coffin, et j'ajoutai d'un ton très-sérieux : « Si tu peux préserver les autres de la colère de Dieu, sauve-toi de la flagellation que tu vas recevoir » ; et aussitôt nous commençâmes notre opération ; nous ne cessâmes que quand il se jeta à nos pieds, demandant pardon, et confessant qu'il n'avait pas plus de pouvoir que les autres hommes. Quand il eut fait cet aveu, nous lui fîmes bien manger de la viande crue et boire du maize et ensuite le mîmes hors de la cour ; alors il nous demanda de l'argent, ce que nous refusâmes ; il devint très-insolent. A la fin, il fatigua tellement le capitaine Coffin, que celui-ci prit son fusil, le chargea, mit par-dessus la poudre le sang d'une poule qu'il venait de tuer, courut à la porte et tira sur le dofter. Cet homme se voyant couvert de sang, s'enfuit à toutes jambes, jusqu'à ce qu'il eût atteint le sommet d'une colline où il resta jusqu'au soir ; il descendit pour lors et se rendit à la porte du ras, criant *abbaté ! abbaté !* (justice !) et se plaignant de ce que l'homme blanc avait tiré sur lui. Le ras nous envoya chercher M. Coffin et moi, pour s'informer du fait ; quand nous lui eûmes raconté l'affaire, il en rit de bon cœur et renvoya le drôle qui décampa sans que depuis on en ait entendu parler dans le pays. Pendant plusieurs semaines, le ras, à son dîner, s'égaya cordialement de cette histoire.

» Une autre fois, nous produisîmes le même effet sur un de ces imposteurs, au moyen de petards et de fusées que nous avions reçus d'Angleterre; nous les jetâmes sur le fourbe au travers du toit, pendant qu'il était enfermé dans une chambre, occupé à écrire ses charmes, et à tracer des dessins de l'enfer, du diable, etc. Il fut tellement effrayé qu'il enfonça la porte et s'enfuit, abandonnant son bonnet, son turban, et les instrumens de son art. Il n'est jamais revenu. Cette aventure amusa aussi beaucoup le vieux prince; cependant, quoique bien convaincu de l'imposture de ces misérables, il n'osa jamais en public rien dire contre eux.

» Il y avait aussi un grand-dofter qui, voyageant pendant plusieurs années dans le pays d'Enderta, avait acquis de grandes richesses, en dupant les pauvres et les ignorans. Il se rendait auprès des malades et s'occupait à purifier les endroits que l'on supposait hantés par le diable. Il avait pour habitude de commencer toujours ses opérations lorsque le soleil était à sa plus grande élévation. Il ordonnait que l'on éteignît tous les feux du lieu où il était; il s'asseyait près de la porte dans un coin bien sec, faisant retirer la foule à une certaine distance pendant qu'il priait; alors, à l'aide du fond d'une bouteille cassée, il allumait, par le moyen des rayons du soleil, du crottin séché, il jetait dessus de l'encens pour produire beaucoup de fumée, et se levant le visage tourné vers le ciel, il appelait les gens ignorans qui l'employaient, leur criaient d'un ton effrayant : Dieu m'a entendu et a fait descendre du ciel le feu pour détruire tous vos ennemis visibles et invisibles. — Je découvris cette jonglerie et obtins le même effet, en employant le fond d'une bouteille cassée, expérience que je répétai devant le ras ; malgré cela personne ne cessa de croire au dofter. »

TROUBADOURS DE L'ABYSSINIE.

Comme autrefois dans divers pays, il y a encore en Abyssinie beaucoup de gens des deux sexes qui gagnent leur vie en faisant des vers, et qui vont les réciter aux veillées. Les plus renommés sont quelquefois amenés de distances considérables pour assister aux veillées de personnes de distinction, et on les paie un très-haut prix. Pearce parle d'une femme distinguée qu'il connaissait; quoiqu'elle eût pu vivre du produit d'une propriété considérable, elle s'était adonnée dès son enfance à l'étude de la poésie et avait acquis une grande célébrité. Elle allait ainsi aux veillées, non pour aucun salaire, mais pour accroître sa réputation.

RELIGION DES ABYSSINS. — CROYANCES SUPERSTI-
TIEUSES. — CHARLATANS ET DUPES.

La religion des Abyssins est mêlée d'une foule
de superstitions qu'ils ont probablement reçues
de leurs voisins les musulmans ou les idolâtres.
Une de ces superstitions, la plus enracinée chez
eux, c'est la croyance aux boudas ou sorciers.
Tous les ouvriers qui travaillent le fer, tous les
individus de cette tribu des Falaschas qui habitent les montagnes des Samen, passent en Abyssinie pour avoir le singulier pouvoir de se trans-
former en bêtes féroces et de se livrer sous cette
forme étrange à des courses vagabondes, ce que
les paysans de quelques unes de nos provinces
de France, qui ont une croyance à peu près
semblable, appellent courir le loup-garou. Les
Abyssins citent en faveur de leur opinion le fait
que l'on trouve souvent des hyènes, ayant les
oreilles percées, ou, ce qui est encore plus décisif, portant des pendans d'oreille. MM. Pearce
et Coffin, restés en Abyssinie après le départ de
Salt, ont confirmé cette assertion, et assurent
avoir vu quelques uns de ces animaux pris ou
tués avec l'ornement qui décelait, aux habitans
du pays, leur métier de sorcier. Pour détruire
le merveilleux d'une telle histoire appuyée d'un
tel témoignage, il nous suffira de citer l'opinion
de M. Coffin à ce sujet. Comme les gens auxquels

on attribue un pouvoir surnaturel, en tirent quelque profit par la crainte qu'ils inspirent et l'empressement avec lequel on se hâte de satisfaire à
leurs demandes , M. Coffin pense qu'ils ont ima-
giné de mettre aux jeunes hyènes , qu'ils parviennent à prendre dans des piéges, les ornemens
qu'ils portent eux-mêmes ; puis ils leur rendent
la liberté, afin d'accréditer toujours davantage
une opinion qui leur est utile.

On ne doit pas être étonné que les Abyssins ,
avec cette persuasion de la *puissance des sorciers,*
attribuent à leur malveillance la plupart des
maladies qu'ils éprouvent. Dès que quelqu'un
est affecté d'une douleur ou d'un malaise, l'idée
première c'est qu'il est la proie des boudas ; et
au lieu de combattre son affection par des remèdes empruntés à la médecine, ce sont des
amulettes ou des talismans que l'on emploie pour
opérer la guérison. Si le malade en revient , les
amulettes l'ont sauvé ; s'il en meurt , les boudas
étaient trop habiles ; mais la foi dans les talismans
n'en reçoit pas la plus légère atteinte.

Une des idées les plus singulières qu'ait pro-
duites chez les Abyssins leur amour du merveilleux, c'est la persuasion intime qu'il existe une
certaine maladie causée par la présence d'un génie malfaisant qu'on ne peut chasser que par la
musique et la danse. Cette maladie, beaucoup
plus commune chez les femmes que chez les
hommes, commence par une fièvre violente,

qui dégénère ensuite en un état de langueur auquel succomberait le malade si l'on n'employait pas à temps le traitement voulu. Par l'effet de la prostration des forces vitales, la parole s'altère au point de devenir une espèce de murmure que peuvent comprendre seulement ceux qui ont été dans le même état, et à la moindre émotion, on pleure des larmes de sang. Dès que ces symptômes ne laissent plus aucun doute sur la nature du mal, tous les parens s'assemblent et se cotisent pour subvenir aux frais du traitement. La première partie de la cure à faire prendre au malheureux patient est une certaine quantité de bains d'eau froide, qui fort souvent terminent le traitement et la maladie en le faisant passer de vie à trépas; s'il a le bonheur de résister, alors arrivent les joueurs de trompette, de tambour, de guitare, de tous les instrumens connus des Abyssins, et la seconde partie du traitement commence.

M. Pearce avait un ami dont la femme fut attaquée de cette fâcheuse affection. Après avoir langui trois mois, elle était arrivée à un tel état de dépérissement, que son mari résolut d'avoir recours à la danse et à la musique, malgré les frais énormes dans lesquels devait l'entraîner ce mode de guérison. Il fit donc avertir une bande de musiciens, et emprunta à toutes ses voisines leurs colliers, leurs anneaux, leurs bracelets dont il chargea les bras, le cou et les jambes de la malade, car la toilette est encore un moyen curatif employé avec grand succès.

Le jour pris pour l'expérience, M. Pearce se rendit chez son amï pour être témoin d'une cure dont il doutait beaucoup; mais, à peine la musique était-elle commencée, qu'il fut tout surpris de voir cette femme étendue sur son lit presque sans connaissance, remuer d'abord la tête, puis les bras et les épaules, et en moins d'un quart d'heure s'asseoir sur son séant. A mesure que les musiciens pressaient le mouvement, les effets devenaient plus marqués. Bientôt elle sauta à bas de son lit et se mit à danser dans la chambre, en faisant des bonds que le plus habile danseur du théâtre de Londres, dit M. Pearce, aurait grand' peine à imiter. Si les musiciens fatigués ralentissaient un peu la mesure, elle donnait des signes évidens de malaise et d'impatience; mais s'ils redoublaient de force et de prestesse, elle paraissait comme ravie en extase, et lançait des regards de feu, dont M. Pearce avait peine à supporter l'éclat. Le lendemain, conformément à la marche du traitement, on la mena sur la place publique, où on avait préparé quelques grandes jarres de boissons fermentées, destinées à exalter les forces des musiciens et de la malade. Là, elle recommença sa danse sauvage qu'elle variait de toutes les manières les plus bizarres, et ce violent exercice dura jusqu'à la fin du jour, sans autre repos que celui qui était nécessaire pour puiser dans les jarres une nouvelle vigueur. Au moment où le soleil se couchait à l'horizon, l'infatigable danseuse s'élança hors du cercle qui l'entourait, courut pendant quelques centaines de pas avec une rapidité sans égale, et tomba sans connaissance. L'esprit malin était dompté, et dès lors la cure était complète. On reporta la malade chez elle : et lorsqu'elle revint à la vie, il ne restait en elle aucune trace de maladie de corps ni d'esprit.

Malgré un exemple si concluant, M. Pearce continua à douter tout à la fois de l'existence du mal et de l'efficacité du remède. Quelque temps après, la femme qu'il avait épousée, ayant été attaquée des premiers symptômes de ce mal si coûteux à guérir, il crut qu'il n'y avait dans tout cela d'autre malin esprit que celui de sa femme, qui pouvait être séduite par les parures, la boisson et la danse, qui forment le fond du traitement. En conséquence, il résolut d'adopter un autre système. Il eut soin d'éloigner tous les témoins; et ayant pris un grand fouet, il essaya si quelques coups, vigoureusement appliqués, auraient pouvoir suffisant pour déloger le hardi démon et faire danser sa femme avec le même succès que l'aurait fait la musique. L'expérience ne réussit nullement; la pauvre femme tomba dans un état complet de léthargie, ses membres se raidirent, et le mari repentant se hâta d'aller

acheter des parures et envoya chercher les musiciens dont les talens produisirent l'effet accoutumé. Nous laissons à la sagacité du lecteur le
soin de conclure si madame Pearce était réelle-
lement possédée, ou si son désir d'obtenir quelques bijoux était assez grand pour avoir résisté
à la correction conjugale.

VOLCAN DU MONT ZAMBI.

On doit à M. Douville la découverte d'un volcan en activité, situé dans l'Afrique méridionale. Les indigènes le nomment *moulondu
Zambi* (mont Zambi), ce qui signifie mont des
âmes, parce qu'ils regardent l'ouverture par laquelle cette montagne vomit des flammes comme
la porte qui donne aux âmes la possibilité d'entrer dans l'autre monde.

Ce mont Zambi est sur les confins des provinces de Libolo et Quisama, entre les royaumes
d'Angola et de Benguela. Etant sur le coteau
Biringu, dans le pays gouverné par le soba du
Hako, M. Douville observa toutes les nuits une
fumée noire sur le sommet d'une montagne qu'il
voyait du côté du nord.

Il crut d'abord que c'étaient des exhalaisons
de la terre qui, s'étant élevées pendant le jour,
étaient condensées par la fraîcheur extrême des
nuits; mais bientôt ayant distingué des flammes
au lieu de la fumée, il résolut d'aller examiner

14*

ce phénomène dont personne ne lui avait parlé. La seule crainte qu'il éprouvait était de se voir déçu dans l'espérance de découvrir au sein de l'Afrique méridionale une de ces montagnes ignivomes, qui mêlent l'intérieur incandescent du globe avec l'air extérieur. Il partit donc, et malgré la fatigue de traverser des coteaux escarpés et des forêts touffues dans un canton inhabité, il parvint à la base de cette montagne dont, pendant sa route, le sommet lui présentait constamment le même aspect qui l'avait frappé.

M. Douville se convainquit, par un examen attentif des environs du mont Zambi, que, depuis des siècles, il n'avait pas eu d'éruption. Il parcourut, dans les environs, une vaste étendue de terrain à travers des forêts immenses, sans rien découvrir qui pût lui faire supposer qu'un volcan existât à peu de distance. Mais au sud-sud-est, il remarqua dans la montagne un abaissement qui avait causé l'inclinaison des couches du terrain, et bientôt il reconnut que cette dépression avait été produite par l'affaissement de cavernes profondes. Il lui semblait que ce qui formait la base de la montagne n'était qu'un assemblage des décombres des corps lancés par le volcan.

Sur la première terrasse du Zambi la végétation n'était plus la même qu'à la base ; les arbres étaient plus petits, ils avaient un feuillage plus vert ; la terre n'était plus couverte d'un gazon épais, quoique l'on fût dans la saison des pluies; plus de fleurs; des plantes épineuses et dépourvues de feuilles les remplaçaient; plus de traces d'animaux carnassiers, ni même de serpens qui sont si nombreux dans ces contrées.

La surface du sol était fort remarquable; elle offrait partout des hauteurs en forme de pyramides. Au côté du nord-nord-ouest, un enfoncement considérable paraissait commencer à une grande élévation sur le flanc de la montagne et se prolonger jusqu'à la base; il ressemblait au lit que les torrens se creusent dans leur course précipitée. Sur la seconde terrasse, la végétation décroissait; on y voyait des crevasses remplies de laves, un ravin assez profond, avec un banc composé de bitume durci, de charbon végétal, de pierres à fusil, de laves noires et de pierres calcaires, le tout mêlé ensemble.

A la troisième terrasse, la végétation était presque nulle; des broussailles et une petite mousse flétrie tapissaient la terre; aucun nègre n'ayant voulu accompagner le voyageur sur cette terrasse dont l'air vif les incommodait, il ne put y faire des excavations, et en conséquence chercha un endroit où un déchirement quelconque de l'enveloppe lui permît d'observer les parties intérieures qu'elle recouvrait. Il trouva dans une cavité assez profonde du granit avec des cristaux de feldspath, et au dessus des laves à demi décomposées. Il était depuis deux jours seul sur la troisième terrasse et avait consommé la petite quantité de vivres qu'il avait apportée avec lui. Accablé de lassitude, privé de toute assistance , il ne pouvait entreprendre de continuer l'ascension de la montagne, dont la quatrième terrasse lui paraissait très-élevée , et était couronnée par le pic qui la termine. Il fut donc obligé de se borner à déterminer la hauteur de la terrasse où il s'arrêtait. Il la trouva à 3,242 mètres au dessus du niveau de l'Océan.

Pendant qu'il se reposait dans une petite cavité, avant de descendre la montagne, un orage éclata ; ce qui lui fournit l'occasion de faire au milieu et au dessus des nuages des observations sur l'atmosphère et sur les effets produits par l'électricité sur l'aiguille aimantée.

L'existence du mont Zambi avait été révoquée en doute par plusieurs auteurs. M. Douville l'a constatée d'une manière qui ne permet plus la moindre incertitude.

PIERRE MIRACULEUSE DE N'PAL.

Le village de N'pal, placé entre le pays de Cayor et celui de Oualo, est gouverné par un marabout qui en est le souverain maître. Dans toute cette contrée, les cases sont petites , mal faites et extrêmement sales. Les rues sont très-étroites, tortueuses et pleines d'immondices. Les hommes et les femmes sont très-malpropres : comme dans tous les villages nègres de cette contrée, ils se mettent beaucoup de beurre sur la tête.

Quoique meilleurs que leurs voisins, ces nègres ne sont pas exempts de superstitions. La rareté des pierres dans les environs a donné lieu à une fable, qui, bien accréditée, peut servir long-temps à la conservation de leur pays. Une seule pierre se trouve à un quart de mille, à l'est un quart sud-est du village. Les contes absurdes que l'on débite sur cette pierre la rendent curieuse. Elle est en quelque sorte le palladium de N'pal. Elle est située sur le bord d'un chemin ; sa longueur est d'un pied et demi sur huit pouces de large ; sa crête excède le sol d'environ quatre pouces ; elle est de couleur ferrugineuse et comme volcanisée. M. Caillié, voyageant dans cette contrée, voulut casser un morceau de cette pierre, mais le nègre qui l'accompagnait s'y opposa. D'après un ancien usage, tous les habitans, lorsqu'ils passent près de cette pierre, tirent un fil de leur pagne, qu'ils jettent dessus ; c'est une sorte d'offrande qu'ils lui font.

Les marabouts prétendent et se tiennent très-assurés que, quand le village est menacé de quelque danger, comme d'un pillage, cette pierre fait la veille, pendant la nuit, trois fois le tour de l'enceinte en signe d'avertissement. Alors tous les guerriers se mettent sous les armes.

Voici deux faits qu'ils racontent pour prouver la vertu de leur pierre. Les Maures, réunis aux habitans de Oualo, vinrent aux environs de N'pal pour le piller; c'était dans la saison de la sécheresse; la pierre, après avoir fait le tour du village dans la nuit, fit pleuvoir en abondance, et sortir de terre des flammes bleuâtres en si grande quantité, que les Maures en furent épouvantés. Ils prirent la fuite. Les habitans de N'pal s'étant mis à leur poursuite, en firent un massacre épouvantable, et prirent beaucoup de noirs du Oualo, qu'ils vendirent pour être exportés aux colonies.

Une autre fois, ils furent attaqués par deux rois maures qui emmenèrent avec eux quelques habitans comme esclaves. Les deux rois, suivant la tradition, tombèrent subitement malades, et moururent en route : on ne manqua pas d'attribuer leur mort au pouvoir de la pierre; mais cependant les esclaves furent enlevés, et ne reparurent plus. Enfin la vénération qu'inspire cette pierre a toujours été si grande, qu'elle est l'objet d'une sorte de culte religieux.

Il n'y a pas long-temps encore, on célébrait une fête où tous les habitans étaient obligés de se rendre. Le soir, on déposait près de la pierre des calebasses remplies de couscous bien préparés; et comme ils se trouvaient toujours mangés par les animaux, on croyait qu'un génie résidait dans la pierre; on regardait comme un heureux présage lorsqu'il acceptait l'offrande. La plus grande partie de la journée se passait en prières. Quand elles étaient finies, à un signal que donnaient les grands marabouts, tout le monde prenait la fuite. Si quelqu'un, pendant cette course, venait par hasard à tomber, cette chute était toujours regardée comme l'annonce de sa fin prochaine.

MANIÈRE INGÉNIEUSE DE FAIRE LA PÊCHE AU FILET.

Les nègres du Oualo ont un moyen très-ingénieux pour pêcher le poisson, qui est très-abondant dans les marigots ou marécages. Ils ont un filet de huit ou neuf pieds en carré, dont l'un des côtés est cousu ; deux grands bâtons flexibles sont solidement attachés par les bouts aux côtés latéraux du filet qui s'y trouvent également fixés, de manière à pouvoir ouvrir et fermer le filet à volonté ; le côté supérieur reste ouvert, ou n'est cousu qu'à moitié ; enfin, les deux bâtons étant réunis avec la main, le filet a la forme d'un sac ; les nègres enfoncent une ligne de piquets dans l'eau, de manière à couper le marigot ; ces piquets sont assez rapprochés pour ne permettre qu'aux petits poissons de passer ; ils attachent sur ces piquets, à deux pieds sous l'eau, des traverses en bois sur lesquelles ils posent les pieds. Pour prendre le poisson, ils enfoncent doucement le filet jusqu'au fond de l'eau, en tenant les bâtons écartés, c'est-à-dire le filet ouvert; puis, rapprochant les bâtons, ils le referment et le retirent de l'eau; de cette manière, le poisson se trouve pris comme dans un sac. Pour manœuvrer plus facilement, ils ont soin que les bâtons dépassent de deux pieds le haut du filet, et ils appuient ces bouts sur leurs épaules; alors les mains lui impriment le mouvement à volonté. Ils ont un morceau de bois d'un pied de long, avec lequel ils assomment le poisson, puis l'enfilent à une corde en coton, au moyen d'une aiguille en fer, et le suspendent à l'un des piquets, de manière qu'il trempe dans l'eau, jusqu'à ce qu'ils aient fini leur pêche, qui est toujours très-abondante. Les filets sont faits avec du fil de coton retors, de la grosseur du fil à voile.

Les pêcheurs fendent le poisson et le font sécher pour aller le vendre dans les villages éloignés des bords du fleuve; ils en font un commerce assez étendu.

COMMENT LES MAURES D'AFRIQUE FONDENT LE FER.

Les Maures d'Afrique fondent le fer; ils en fabriquent des serrures, des entraves et différens ouvrages. Pour le fondre, ils creusent dans la terre un trou d'un pied et demi de profondeur, au dessus duquel ils élèvent un four en forme de pyramide d'environ cinq pieds de haut, en laissant à la base quatre ouvertures pour y adapter des soufflets. Ils remplissent le fourneau de minerai concassé en petits morceaux; puis le chauffent avec de la fiente de mouton, qui, lorsqu'elle est séchée, fait un feu très-ardent. Quatre hommes placés aux ouvertures du fourneau soufflent continuellement jusqu'à ce que le fer soit fondu, puis le laissent refroidir sans lui donner aucune forme, ce qui le rend très-difficile à travailler; aussi préfèrent-ils beaucoup celui que leur vendent les Européens.

OUADATS, MENDIANS ET VAGABONDS AFRICAINS.

Il existe chez les Maures un genre de vagabonds nommés *ouadats*. Ce sont des tribus errantes qui mènent une vie misérable, n'ayant souvent ni tentes pour se loger, ni bestiaux pour subvenir à leurs besoins. Ces *ouadats* sont d'ailleurs trop paresseux pour travailler; ils regardent le travail comme un déshonneur, préférant courir de tente en tente et mendier honteusement leur nourriture.

Ces parasites incommodes sont d'une insolence sans égale. Quand ils arrivent dans un camp, ils y portent le désordre; on entend de toutes parts les disputes qu'ils occasionent par leur exigence. Malgré leur ton arrogant, on leur accorde ce qu'ils demandent ; car s'ils allaient se plaindre dans leurs tribus que tel camp les a mal reçus, les hassanes des *ouadats* voleraient les troupeaux de ce camp pendant qu'ils seraient à paître dans les bois , et les marabouts seraient obligés de payer plusieurs têtes de bétail pour recouvrer le reste. Les troupes d'ouadats sont composées de femmes et d'enfans ; on y voit rarement des hommes ; ils vont à pied ou montés sur des ânes ; c'est toujours chez le chef du camp qu'ils se présentent, et celui-ci est chargé de leur procurer des vivres. Lorsqu'on ne veut pas qu'ils séjournent , on leur donne pour trois ou quatre jours de provisions , et on les congédie ; alors ils vont dans un autre camp où ils mendient encore ; et comme ils savent qu'on leur fournira toujours à manger, quand ils ont reçu des denrées au-delà de leurs besoins présens, ils les vendent pour de la guinée (espèce d'étoffe), et souvent même aux personnes qui leur donnent l'hospitalité. S'ils n'ont point de bestiaux pour porter ce qu'on leur donne , on leur en prête pour aller jusqu'au camp voisin. Ils ne s'arrêtent que chez les marabouts.

Lors de la récolte des gommes, ces mendians vont chez les marabouts, les suivent dans les forêts, s'en font nourrir, et en arrachent, à force d'importunités, de bonnes parties de gomme , qu'ils portent aux escales ou marchés et qu'ils vendent pour de la guinée. Les marabouts n'osent les refuser ; car les ouadats se réuniraient, les battraient et pilleraient leur gomme. Tel est le genre de vie de ces sortes de gens.

MÉDECINE PRATIQUÉE CHEZ LES MAURES D'AFRIQUE.

Les Maures, en général, ne sont pas sujets à de graves maladies, ce qu'ils doivent à leur grande sobriété; mais ils sont très-sensibles aux souffrances; le moindre mal les abat. Un homme, pour un léger mal de tête, se plaint comme un enfant. Voici les remèdes dont l'usage est le plus répandu parmi eux. Dans toutes leurs maladies, ils observent la diète, et ne prennent qu'un peu de lait pour nourriture; mais quand ils sont convalescens, ils ne mangent que de la viande pour accélérer leur rétablissement. Lorsqu'ils ont mal à la tête, ils se la serrent avec un bandeau, le plus fortement qu'ils peuvent. Pour le rhume, ils s'introduisent du beurre fondu dans le nez, au moyen d'un petit vase auquel est adapté un tuyau; ils prétendent en obtenir beaucoup de soulagement, surtout pour le rhume de cerveau.

Quand ils ont des maux d'estomac, ils font une tisane composée d'un demi-verre d'urine de chameau mêlée dans deux bouteilles d'eau. L'écorce de mimosa, brûlée et réduite en poudre, sert pour toutes sortes de coupures, brûlures,

—contusions, etc.; on en fait un onguent en la mélant avec du beurre, et l'on en frotte la partie malade deux fois par jour. Ils traitent les douleurs avec la feuille de *bauhinia* pilée, mêlée avec de la gomme réduite en poudre et un peu d'eau; ils en mettent une couche sur la partie affectée; la gomme, en séchant, forme une croûte qu'ils laissent tomber d'elle-même; ils font quelquefois brûler la gomme pour s'en servir. Le froid leur occasione souvent des douleurs à la figure; ils ont pour cette partie du corps un remède particulier; c'est une pierre rouge fort dure qu'ils trouvent sur les montagnes; ils la broient en la frottant fortement sur un caillou; ils en obtiennent une poudre avec laquelle ils frictionnent à sec la partie malade. On voit souvent des personnes qui ont la moitié de la figure rouge, quelquefois un œil ou un coin de la joue. Ils nomment cette pierre *lahméré*; c'est une espèce de sanguine : ils en font de l'encre rouge en la délayant avec de l'eau gommée.

Ils sont sujets à la fièvre : ils n'y connaissent point de remède; mais quand ils en sont atteints, ils boivent du lait gommé. Les purgatifs sont rarement employés, quoiqu'ils en connaissent l'usage. Ils ramassent le séné; lorsqu'ils veulent s'en servir, ils le pilent dans un mortier avec quelques fruits de *zizyphus lotus*, délaient la poudre dans une bonne quantité d'eau, et la donnent à boire au malade.

La gale, si commune chez les nègres, est assez rare chez les Maures. Quand quelqu'un en est atteint, il évite tout le monde; l'entrée de la mosquée lui est interdite; une natte placée dans un coin de la tente, lui sert de lit, et personne ne boit à sa calebasse, jusqu'à sa parfaite guérison. On le traite avec de la poudre à tirer détrempée dans l'eau, dont il se frotte tout le corps.

FIN DU PREMIER VOLUME.

TABLE.

Avant-propos.   v

AMÉRIQUE.

Lacs du Canada.   1
La pêche chez les Indiens.   3
Le kaïman ou crocodile des Florides.   5
Education des enfans indiens de l'Amérique.   6
Danses.   8
Jeux.   9
Serpens d'Amérique.   10
Naissance des enfans.   13
Funérailles indiennes.   16
Chasse du bison.   17
Médecine chez les Indiens.   18
Sauvages assemblés en conseil.   20
Funérailles des chefs de Natchez.   22
Epreuves des jeunes sauvages pour la guerre.   23
Combats des tribus indiennes.   24
Le meurtrier indien.   26
Etat actuel des sauvages de l'Amérique septen-
trionale.   27
Des États-Unis d'Amérique.   30
Population et accroissement successif des États-
Unis.   32
Des habitans des États-Unis d'Amérique. —
Détails de mœurs.   36
Autres détails de mœurs concernant les États-
Unis.   42
Quelques villes des États-Uunis : Douvres,
Chester.   44

Philadelphie. 46
Des quakers d'Amérique. 48
Boston. 51
New-York. 52
Pont naturel de l'Icononzo. 55
L'oiseau moqueur. 57
Chiens de Terre-Neuve. 59
Peuplades américaines qui se nourrissent de terre. 61
Peuplades qui habitent les arbres. 62
Arbre à pain. 64
Fièvre jaune à la Havane. 65
Mœurs de la Havane. 67
Insecte curieux de la Havane. 69
Des esclaves à Cuba. ibid.
Fourmis du Brésil. 70
Bambou du Brésil. 72
Climat du Brésil. 74
Les Poulo-Ouat, groupe de l'Archipel des Carolines. 76
Ponts de la Colombie. 79
Chasse au miel dans le nord de l'Amérique. 80
Indiens charruas. 82
Mœurs des tribus sauvages de la Plata. 85
Tribu indienne des Arrouaks. 90
Anthropophages sur les rives de l'Essequibo. 91
Habitans de Rio-Grande. 92
Crocodiles d'Amérique. 94
Le mancenillier. 95
Le guaco. 96
Le serpent appelé l'alligator. 97
Habitans des Llanos de l'Apuré. ibid.
Lézard d'Amérique guérissant la lèpre. 99
Montagnes et forêts dans le voisinage de Caracas. 101
Reptiles de la Guiane. 104
Les naturels de la Guiane. 105
Les Patagons. 109
Les indigènes de la Terre-de-Feu. 112

Les Péons au Brésil. 114
Les chiens des Esquimaux. 115
Les Hottentots. 118

ASIE.

La vallée de la mort à Java. 121
Brûlement des pounghis ou prêtres birmans. 122
Culture du coton chez les Birmans. 124
Sur le culte du Gange. 125
Du deuil chez les Siamois. 128
Pénalité en vigueur à Siam. 129
Bandits et assassins de l'Inde. *ibid.*
Jardins flottans de Kachémyre. 133
Livre turc de dimensions gigantesques. 135
Abeilles kachemyriennes. *ibid.*
Imposteur d'un nouveau genre dans l'Hindous-
   tan. 138
Des Parsis ou Guèbres du Caucase. 139
Incendies des steppes du Caucase. 141
Chasse à l'ours et au léopard dans les régions
   caucasiennes. 142
Les chakals du Caucase.—Anecdote à leur sujet. 143
L'oiseau exterminateur des sauterelles. 145
Habitans des montagnes de la Géorgie. 146
Mœurs mingréliennes. 147
Des Tcherkesses ou Circassiens. 148
Religion et rites religieux des Tcherkesses. 149
Législation tcherkesse. 150
Danse circassienne. 151
Mariages chez les Tcherkesses. 152
Charlatanisme des médecins en Circassie. 153
Bravoure des Tcherkesses. 154
Funérailles des Tcherkesses. 156
Cérémonies funèbres des Tartares-Koumouks. 157
Repas des Tcherkesses. 158
Singes d'une pagode hindoue. 59

Brigands des montagnes de la Perse.   160

Chasse aux bêtes sauvages dans l'Orient.   164

La grande muraille de la Chine.   167

Puits de feu à la Chine.   170

Pêche des esturgeons dans les environs du Caucase.   172

Bénarès.   174

Bain d'Orient.   177

Sacrifice du chameau.   179

Combat d'éléphans.   180

Fête du moharem, et description de l'Imam-Baureh.   182

Combat d'un tigre et d'un éléphant.   185

Le Siphon.   187

Description de Calçutta.   189

Pondichéry.   191

Madras.   192

Bombay.   194

Caractères et mœurs des Parsis.   198

Seringapatam, capitale de l'empire de Mysore.   201

Pagode de Tanjore.   204

Pagode d'Éléphanta.   205

Fête des Hindous.   ibid.

Brahmine se soutenant en l'air sans aucun support visible.   209

Pêche par le moyen des loutres dans l'Hindoustan.   210

Condition des femmes dans l'Hindoustan.   212

Tours singuliers exécutés par des jongleurs indiens.   213

Funérailles des Hindous.   216

Cérémonie du bûcher des veuves de l'Hindoustan.   217

Pénitences indiennes.   221

Bonzes et brames de l'Hindoustan.   224

Irruption de sauterelles dans le Kampti.   226

Singulier feu follet observé sur les bords de l'Indus.   227

Peuples mongoliques. 228

AFRIQUE.

Arabes-Bédouins de la côte de Barbarie. . 231
Un village de la Sénégambie. 232
Éléphans du Sénégal. . . 235
Animaux féroces du Sénégal. 236
Africains de l'Escale du Coq. . . *ibid.*
Chasse de l'autruche dans le nord de l'Afrique. . 240
Effets du vent du sud sur la côte d'Alger. 241
Orages dans les parages d'Alger. . . 242
Climat d'Alger. . . 245
Productions du sol de la côte d'Alger. 246
Habitans des dépendances d'Alger; détails de
    mœurs. . . . 247
Chasse au lionceau sur la côte d'Alger. 251
Mariage des Maures algériens. . 252
Chasse de l'hippopotame. 254
La tribu des Boschimans en Afrique. 255
Nation des Gallas. 256
Tribus des Schangallas. . 259
Invasion de sauterelles dans le Tigré. 261
Art dramatique chez les Abyssins. 263
Tribu sauvage du désert de Sahara. 264
L'énéfice ou graine du désert. 267
Camp d'un chef d'Arabes mouslemines. 267
Vengeance d'une femme arabe. 271
Séjour de Sidy Mohammed, négociant de Rabat,
    à la cour du roi de Timectou. 273
Vent du désert, nuées de sauterelles et orage à
    Ouadnoun. 276
Description du jardin de l'empereur de Maroc. 279
Peste de Tanger en 1818 et 1819. 281
Vengeance atroce d'un frère contre son frère. 287
Justice expéditive à Maroc. — Détails sur les
    exécutions des condamnés. 288

Insurrection dans l'empire de Maroc en 1819.   291

Tanger et ses environs.   295

Péril d'un voyage à travers le désert de Sahara.   299

Le lac Quiffoua.   301

Détails sur les Mamelouks.   303

Art militaire sous les Mamelouks.   310

Pillage d'une caravane en Égypte.   312

Formalités judiciaires usitées en Abyssinie.   313

Danse des Abyssins ou Abyssiniens.   314

Musique abyssinienne.   315

Du clergé de l'Abyssinie.   318

Imposteurs et charlatans abyssiniens.   320

Troubadours de l'Abyssinie.   322

Religion des Abyssins. — Croyances superstitieuses. — Charlatans et dupes.   322

Volcan du mont Zambi.   322

Pierre miraculeuse de N'pal.   332

Manière ingénieuse de faire la pêche au filet.   335

Comment les Maures d'Afrique fondent le fer.   336

Ouadats, mendians et vagabonds africains.   337

Médecine pratiquée chez les Maures d'Afrique.   339

FIN DE LA TABLE DU PREMIER VOLUME.